Der Mann mit dem Geheimnis

Ein Roman

Fergus Hume

Writat

Cette édition parue en 2024

ISBN : 9789359945118

Publié par
Writat
email : info@writat.com

KAPITEL I.

EIN UNERWARTETES TREFFEN.

„Mit ängstlicher Angst bin ich dir aus dem Weg gegangen, du heimgesuchtes Übel meiner frühen Tage, doch durch einen Trick des Schicksals treffen wir uns wieder; ich bitte dich, Herr, lass mich weit weggehen. Und platziere die tosenden Meere zwischen uns beiden. Es gibt aber Trauer in unserer Kameradschaft.

Es war die Hauptstraße zum Dorf Garsworth , breit, tief zerfurcht und etwas grasbewachsen, mit einer hohen Hecke aus gelb blühendem Ginster auf der einen Seite und einem zerlumpten, zerbrochenen Zaun auf der anderen Seite, über den sich ein Mann in Meditation versunken, seine Augen auf die untergehende Sonne gerichtet.

Der morsche und moosbewachsene Zaun verlief am Rande eines kleinen Hügels, dessen Hang kürzlich abgeerntet worden war, und war jetzt mit borstigen gelben Stoppeln bedeckt, die durch kahl aussehende Flecken bräunlicher Erde durchzogen waren.

Am Fuße des Hügels floss der schmale Fluss Gar, dessen träges Wasser träge zwischen den niedrigen Schlammbänken dahinrollte, gesäumt von Reihen von Kopfweiden und üppigen Gräsern, die die Höhlen der Wasserratten verbargen. Dahinter, in Richtung der fernen Hügel, erstreckten sich die feuchten, melancholischen Moorlandschaften mit ihren langen Reihen schleimiger Gräben, stillen Teichen mit schwarzem Wasser und vereinzelten Gruppen verkümmerter Bäume. Noch weiter entfernt erschien ein spärlicher Waldrand, über dem der quadratische, graue Turm einer Kirche zu sehen war, und über allem glänzte ein zorniger roter Himmel, der von dünnen Linien schwerer Wolken durchzogen war und sich tiefschwarz von dem akzentuierenden purpurnen Licht dahinter abhob.

Es war eine schrecklich aussehende Szene, denn über der brütenden Einsamkeit und Trostlosigkeit der Moore flackerte das wilde Scharlachrot des Sonnenuntergangs und verwandelte die schlanke Linie des Flusses und die düsteren Wasserlachen in die Farbe von Blut, als ob sie war von der ägyptischen Pest heimgesucht worden.

Ein kühler Wind, schwer vom ungesunden Miasma der Moore, wehte über die feuchte Erde, und über der Ebene schwebte ein dunstiger weißer Nebel, der die verkrüppelten Bäume hinter seinem schattigen Schleier unheimlich und gespenstisch aussehen ließ.

Der Mann, der sich über den Zaun beugte, nahm eine Zigarette aus dem Mund und zitterte leicht.

"Pfui!" Er murmelte mit einem unruhigen Schauder: „Es ist wie im Tal des Schattens des Todes." Dann steckte er sich die Zigarette zurück und betrachtete weiter die unheimlich wirkende Landschaft, auf die der Begriff in einzigartiger Weise anwendbar war.

Es war ein seltsames Gesicht, auf das das rote Sonnenlicht schien, es war lang und schmal, mit Laternenkiefern und einer dünnen, falkenähnlichen Nase. Fadenförmige schwarze Augenbrauen in einer geraden Linie über durchdringenden dunklen Augen und ein spärlicher schwarzer Schnurrbart, der an den Enden munter über fest geschlossenen Lippen gedreht war. Lockiges Haar in der Farbe von Ebenholz, das länger getragen wurde als gewöhnlich und an den Schläfen grau durchzogen war, tauchte unter seinem weichen, hellen Haar hervor, um das ein blaues Taschentuch mit weißen Flecken gewickelt war. Ein wütendes, leichenhaftes Gesicht mit dem hageren Ausdruck von jemandem, der ein schnelles Leben geführt hatte; dennoch wirkte es voller Lebhaftigkeit und nervöser Energie.

Er war groß, weit über dem Durchschnitt, mit abfallenden Schultern und einer schlanken, gut gebauten Figur, gekleidet in einen groben Anzug aus grauem, selbstgesponnenem Stoff, den er mit einer gewissen natürlichen Anmut trug. Seine Füße waren wohlgeformt und trugen hellbraune Stiefel , und seine langen und schlanken Hände waren die eines Künstlers.

Vielleicht war er nicht wirklich gutaussehend, aber er hatte eine gewisse unverschämte Spur von Rücksichtslosigkeit an sich, die zu seinem spanisch aussehenden Gesicht passte und ihn sofort als Bohemien abstempelte. Ein Mann, der sich um niemanden kümmerte, solange seine persönlichen Wünsche befriedigt wurden, ein Mann, der vor nichts zurückschreckte, um diese Wünsche zu befriedigen, kurz gesagt, ein Mann, der fünfundvierzig Jahre auf der Welt gelebt hatte, ohne einen einzigen Freund zu finden; Diese Tatsache spricht für sich. Basil Beaumont war ein gründlicher Halunke, immer am Rande des Abgrunds, doch wie durch ein Wunder verlor er nie das Gleichgewicht. Er hatte viele Männer und Frauen fasziniert, aber sie fanden seine Freundschaft immer zu teuer, um sie aufrechtzuerhalten; Daher war das Ergebnis immer dasselbe: Sie zogen sich früher oder später unter irgendeinem Vorwand zurück und ließen ihn einsam und allein zurück.

Mr. Beaumont rauchte eine Zigarette – er rauchte immer Zigaretten –, morgens, mittags und abends befanden sich diese tödlichen kleinen

Papierrollen zwischen seinen dünnen Lippen, und obwohl die Ärzte ihn vor der Gefahr für seine Nerven warnten, lachte er darüber Krächzen .

„Nerven, mein lieber Herr", sagte er leichthin; „Männer in meiner Position können es sich nicht leisten, nervös zu sein; sie sind ein Luxus für die Reichen und Dummen. Warum sollte ich nervös sein? Ich trinke nicht; ich laufe nicht mit den Frauen anderer Männer davon; das tue ich nicht." Ärgere dich über das Unvermeidliche – bah! Rauchen ist mein einziges erlösendes Laster.

Er hatte jedoch noch eine Reihe anderer Laster, die viele junge Männer als kostspielig empfanden. Zwar trank er selbst nicht, aber er verführte andere dazu, und er begehrte auch nicht die Frau seines Nachbarn , dennoch war er keineswegs abgeneigt, die Rolle des Sir Pandarus von Troja zu spielen, sofern dies in seinem eigenen Interesse lag Also. Außerdem spielte er.

Es war diese schreckliche Leidenschaft – die selten, wenn überhaupt, überwunden wurde –, in der er sein größtes Vergnügen fand. Der mit grünem Stoff bedeckte Tisch, die aufgemalten Hieroglyphen der Karten, die Hoffnungen, die Ängste, die Gewinne, die Verluste waren für ihn alles andere als eine Darstellung seines täglichen Lebens im kleinen Maßstab. Er spielte mit Männern, wie er mit Karten spielte, erzielte in beiden Fällen unterschiedliche Glücksmomente und riskierte sein Glück im Spiel des Lebens ebenso rücksichtslos wie im Baccarat-Spiel. Er war ein Halunke, ein Schurke, ein Räuber von tiefster Farbe, bankrott in Geld und Illusionen; Dennoch hielt er sich stets an die Grenzen des Gesetzes und sündigte darüber hinaus auf äußerst vornehme Weise, was dem schmutzigen, fieberhaften Leben, das er führte, seine abstoßendsten Züge raubte.

Warum dieser künstliche Mann, der nur im Schein der Gaslampen lebte und wie eine Eule das suchende Licht des Tages scheute, in ein so abgelegenes Dorf wie Garsworth gekommen war, war ein Rätsel. aber dennoch ein leicht zu lösendes Rätsel. Sein Ziel war zweifach. Erstens hatte er London verlassen, um den Forderungen hartnäckiger Gläubiger zu entgehen, und zweitens war er, da er aus dem tristen kleinen Dörfchen stammte, zurückgekehrt, um die Schauplätze seiner Jugend zu besuchen, die er seit dreieinhalb Jahren nicht mehr gesehen hatte. 20 Jahre.

Es war keine sentimentale Sehnsucht – nein, Mr. Beaumont und die Stimmung hatten sich schon lange getrennt; Aber Garsworth war ein toter und lebendiger Ort, an dem niemand auf die Idee kommen würde, nach ihm zu suchen, also konnte er dort in Sicherheit bleiben, bis er eine Chance sah, seine finanziellen Angelegenheiten zu regeln und das Arkadien, das er verabscheute, für das London zu verlassen, das er liebte.

Obwohl er von Beruf Künstler war und seit Jahren keinen Pinsel mehr angerührt hatte, hielt er es für notwendig, seine alte Anstellung als Grund für seinen Aufenthalt in Garsworth wieder aufzunehmen , denn die ehrlichen Bauern waren Basil Beaumont gegenüber etwas misstrauisch, da sein Charakter nichts Besonderes war das Beste, als er seine Heimat verließ, um sein Glück zu suchen. So lebte er ruhig im Hauptgasthof des Dorfes, trödelte auf den Feldern herum, skizzierte flüchtig malerische Landschaften und korrespondierte in der Zwischenzeit mit einem lieben Bruder Hawk in der Stadt über seine Chancen auf eine Rückkehr in die Metropole.

Seine Zigarette brannte schnell nieder, als er sich über den Zaun beugte und über seine Zukunft nachdachte. Er warf den Stumpf weg, holte seinen Tabakbeutel und ein Büchlein aus Reispapier heraus, um sich ein neues anzufertigen, und redete währenddessen mit sich selbst Mode der einsamen Männer.

„Zwei Wochen", sagte er nachdenklich, während er den Tabak geschickt zwischen seinen schlanken Fingern rollte, „zwei Wochen an diesem gesegneten Ort – nun, es gibt eine gute Sache, der Rest wird mir gut tun, und ich werde dorthin zurückkehren." Die Stadt ist stabil wie ein Stein; die Medizin ist unangenehm, aber das Ergebnis wird ausgezeichnet sein. Was für ein Pech ich in letzter Zeit hatte – alles scheint gegen mich zu sein. Ich muss große Anstrengungen unternehmen, um an etwas Geld zu kommen, oder ich Ich werde meine Tage in einem Arbeitshaus beenden – ugh!" wieder zitternd, „nicht das – Gott, wie fürchte ich mich vor Armut! Egal", fuhr er fröhlich fort und zuckte mit den Schultern, „es gibt viele Narren auf dieser Welt, und da alles für einen besonderen Zweck geschaffen wurde, nehme ich an." *Le Bon Dieu* hat Narren dazu gebracht, die Nester kluger Männer zu schmücken.

Er lachte leise über diesen Zynismus, zündete sich dann die Zigarette an, steckte sie in den Mund und fuhr mit seinem Monolog fort.

„Fünfundvierzig und ich lebe immer noch von meinem Verstand. Ah, Basil, mein Freund, du warst ein schrecklicher Idiot, und doch, wenn ich mein Leben noch einmal leben müsste, weiß ich nicht, ob ich mich anders verhalten würde. Die Umstände waren zu schlimm für mich. Mit einem gewissen Einkommen wäre ich vielleicht ein ehrlicher Mann gewesen, aber das Schicksal – Mist! – warum gebe ich dieser unglücklichen Gottheit die Schuld, die die Menschen immer zum Sündenbock für ihre eigenen Unzulänglichkeiten machen? Das bin ich selbst, und Niemand sonst sollte ich verfluchen. Nun gut, ob reich oder arm, ehrlicher Mann oder Schurke, ich werde mit dem Rest meiner Spezies durch das Tal des Schattens gehen.

Er richtete seinen Blick noch einmal auf die melancholische Szene vor ihm, als sein schnelles Ohr plötzlich das Geräusch von Schritten wahrnahm, die zügig die Straße entlangkamen, und er lächelte vor sich hin, als der unsichtbare Fußgänger begann, „Garryowen" zu pfeifen.

„Viel Spirituosen", murmelte er und schnippte die Asche von seiner Zigarette, „oder vielleicht nicht genug, da er sich mit irischen Melodien aufmuntern muss."

Die Schritte kamen näher, und kurz darauf blieb ein Mann mitten auf der Straße stehen, als er die reglose Gestalt sah, die träge am Zaun lehnte. Ein mittelgroßer, blonder, rotgesichtiger Mann in einem Wanderanzug, mit einem Rucksack auf der Schulter und einem schweren Stock in der Hand.

„Hallo!" rief er und klopfte mit seinem Stock auf den Boden: „Wie weit ist es bis zum Dorf?"

Basil Beaumont zuckte leicht zusammen, als er die Stimme hörte, dann huschte ein böses Lächeln über sein Gesicht, als er sich träge umdrehte, um die Frage zu beantworten.

„Etwa eine Meile, Nestley ", antwortete er deutlich.

Während er sprach, stieß der Fußgänger einen Schrei aus und sprang mit einem gemurmelten Fluch auf die Stelle zu, wo der andere stand.

„Beaumont!" flüsterte er und schreckte beim Anblick dieses spöttischen, mephistophelischen Gesichtsausdrucks zurück, der über seine Emotionen lächelte.

„Zu Ihren Diensten", sagte Beaumont und steckte achtlos die Hände in die Taschen. „Und was machen Sie in diesem Teil des Landes, Doktor Duncan Nestley ?"

Nestley antwortete nicht, sondern starrte den Künstler starr an, als wäre er in Stein verwandelt, doch der andere blickte ihm ruhig in die Augen und schien über den prüfenden Blick ziemlich amüsiert zu sein.

„Man braucht lange, um einen alten Freund zu erkennen ", bemerkte er schließlich und blies einen dünnen Rauchkranz aus.

„Freund", wiederholte Nestley mit einem tiefen Seufzer und erholte sich. „Ja, du warst mein Freund, Basil Beaumont."

"Warum waren'?" fragte der Künstler kühl.

„Weil du es warst, der mein Leben fast ruiniert hätte", antwortete Nestley mit tiefer Stimme.

Beaumont lächelte düster.

„Ich", sagte er spöttisch. „Mein guter Freund, du tust mir zu viel Ehre . Ich würde es nie wagen, eine so gefeierte Person wie Duncan Nestley , FRCS und zwei weiß was für andere Buchstaben des Alphabets zu ruinieren."

Der Fußgänger drehte sich heftig zu ihm um, trat vor und trat ihm mit geballten Fäusten entgegen. Der Künstler errötete nie, sondern beäugte seinen wütenden Gegner fest. Also fiel Nestley , während der ganze Zorn aus seinem Gesicht erstarb, mit einem trüben Lachen in seine frühere Position zurück.

„Sie haben die einzige Tugend eines Schurken, wie ich sehe", sagte er bitter. "Mut."

„Ein Mann mit einer Tugend und zehntausend Verbrechen", zitierte Beaumont leichthin. „Glaube, es ist etwas, in diesem degenerierten Zeitalter auch nur eine Tugend zu haben. Wohin gehst du?" fügte er hinzu, als Nestley sich abwandte.

"Gehen?" wiederholte der Arzt heftig. „Überall, solange es von dir entfernt ist."

Beaumont hob affektiert überrascht die Augenbrauen, dann zuckte er mit den Schultern und holte seine Uhr heraus.

„Es ist jetzt zwischen fünf und sechs Uhr", sagte er und legte es wieder zurück, „und bis wir Garsworth erreichen , das nächstgelegene Dorf, wird es dunkel sein. Ich bleibe dort, aber wenn Sie möchten." Gehen Sie noch einmal zurück, um dem moralischen Aussätzigen auszuweichen. Ich gehe davon aus, dass Sie Shunton um zwölf Uhr erreichen werden.

„Ich gehe nicht mit dir", wiederholte Nestley entschlossen, als der Künstler die Straße betrat.

„„Niemand hat Sie bestraft, Sir', sagte sie", erwiderte Beaumont höhnisch und schlenderte weiter. „Auf Wiedersehen, eine angenehme Reise."

Nestley schaute zum Himmel, an dem das rote Licht schnell erlosch. Ein paar Sterne schimmerten in der blassen Farbflut , und die kühle Brise wurde kälter, während der Nebel wie ein dicker weißer Schleier über den Moorlandschaften lag. Ihm war kalt und er hatte Hunger, und so entschied ihn die Aussicht, etwas zu essen und eine Nachtruhe zu bekommen, anstatt erschöpft nach Shunton zurückzutrotten . Er schüttelte sich ungeduldig, machte ein paar Schritte vorwärts und hielt dann unentschlossen inne.

„Bah! Warum sollte es mich stören?" sagte er wütend zu sich selbst. „Beaumont kann mir jetzt nichts mehr anhaben. Nach fünf Jahren sehe ich kaum noch, wie sich sein Einfluss auf mich auswirken könnte. Ich werde es trotzdem wagen."

In der Ferne konnte er die große Gestalt des Künstlers sehen, die gemächlich dahinschlenderte. Nachdem er einen Moment innegehalten hatte, um seine Pfeife anzuzünden, schritt er schnell hinter ihm her. Während er das tat , schoss ihm blitzschnell der Satz durch den Kopf: „Führe uns nicht in Versuchung“, und ein Schauer, der nicht vom kalten Wind herrührte, lief über seinen Körper, aber er tat die Warnung mit „…“ ab ein unruhiges Lachen und folgte schnell den Spuren seines bösen Genies.

KAPITEL II.

SEIN BÖSES GENIE.

„Viel Kummer hast du mir einst gebracht, du hast mein Leben durch giftige Worte und Taten befleckt , heilige Gedanken ins Böse verwandelt – hast mir Angst gemacht, den furchtlosen Blicken ehrlicher Männer ins Auge zu sehen, damit sie meine schnell erlernten Teufelien nicht erspähen und weinen könnten." , ‚Aus, aus, dieser Kerl ist ein Schurke.'"

Garsworth war eines dieser seltsamen , altmodischen Dörfer, die aufgrund ihrer isolierten Lage dennoch die primitive Einfachheit früherer Zeiten bewahrt haben. Der nächste Bahnhof, Duxby Junction, zu dem Dampf und Elektrizität ständig die Nachrichten aus der Welt transportierten, war ganze zwanzig Meilen entfernt, so dass die Landbevölkerung in diesem abgelegenen Dorf nur wenig von den Taten der Nationen hörte. Sie begnügten sich damit, in einem Zustand arkadischer Unwissenheit zu verharren, wie es ihre Vorfahren vor ihnen getan hatten.

Es gab nicht einmal eine Postkutsche nach Duxby , und das einzige Kommunikationsmittel waren die Karren der Fuhrleute, die wöchentlich, träge von ihren schlanken Pferden gezogen, die staubige Hauptstraße entlang fuhren. Die nächstgelegene Marktstadt war Shunton , fast so ruhig und primitiv wie Garsworth , und die robusten Bauern, die an Markttagen dorthin gingen, verkauften ihr Vieh und ihren Weizen, nahmen die kleinen Nachrichten auf, die von Duxby dorthin gelangt waren , und kehrten dann perfekt in ihre Häuser zurück zufrieden mit dem Leben und mit sich selbst. Wohlhabende Leute waren diese Freibauern, denn viele reiche Höfe lagen versteckt in den weiten Moorlandschaften – Höfe, die über viele Generationen hinweg vom Vater auf den Sohn übergegangen waren, und da weder Agrarunruhen noch leidige Pachtfragen bis zu dieser abgelegenen Gegend vorgedrungen waren Sie bestellten ihr Land, blickten zu ihren Grundbesitzern auf und führten ihr eintöniges Leben in Frieden.

Das nach einem primitiven Grundriss erbaute Dorf bestand aus einer langen, breiten Straße, an der eine ähnliche Straße quer verlief, so dass die kleine Stadt in vier fast gleiche Abschnitte unterteilt war. Wo sich die vier Straßen trafen, erschien ein großer offener Platz, der als Dorfplatz diente, in dessen Mitte ein antikes Steinkreuz mit kunstvollen Schnitzereien stand, das von der Zeit stark abgenutzt war und angeblich von einem gewissen Geoffrey Garsworth nach seiner Rückkehr errichtet worden war der dritte Kreuzzug.

Als Beweis dafür waren zwischen den Schnitzereien Darstellungen von Palmzweigen und Jakobsmuscheln zu sehen, die beide symbolisch für die östliche Vegetation und Pilgerwanderungen standen; aber Dr. Larcher , der Pfarrer von Garsworth – ein begeisterter Archäologe – behauptete, dass das Kreuz dort von den Zisterziensermönchen aufgestellt worden sei, die einst ein Kloster in der Nähe des Dorfes bewohnten. Der würdige Pfarrer, der von Natur aus eher polemisch war, pflegte bei diesem Thema herzlich zu werden und vertrat eine starke Meinung über das Kreuz und die Kirche, und er war bereit, diese Meinung jedem neugierigen Fremden mitzuteilen, der zufällig einen Antiquar finden wollte Neigungen.

Und es war eine wunderschöne alte Kirche mit unregelmäßiger Architektur, mit schweren Steinsäulen, die Rund- und Spitzbögen im normannischen romanischen Stil trugen, bemerkenswert schönen Buntglasfenstern und einem hohen, kunstvoll geschnitzten Dach aus dunkler Eiche. Am Ende des Dorfes, in der Nähe der Brücke, fiel der Friedhof, auf dem er stand, bis zum Flussufer ab, und zeitweise fiel der mächtige Schatten des quadratischen Turms über den Bach.

Etwas weiter unten befand sich das Pfarrhaus, das im malerischen Tudor-Stil aus grauem Stein erbaut war und an drei Seiten einen grünen Platz umschloss, während die vierte zum Gar hin offen war. Von seinem Gelände aus konnte man die anmutige Spannweite der Brücke sehen, ein etwas modernes Bauwerk, das zu einer weiten, mit goldenem Ginster bewachsenen Gemeinde führte, und weit in der Ferne, inmitten eines dichten Waldes aus Buchen, Ulmen und Eichen, erhoben sich die Türme von Garsworth Grange, wo der Lord of the Manor lebte.

Das Dorf besaß nur ein Gasthaus mit dem urigen Namen „Das Haus des guten Lebens“, ein altes Gebäude, das genauso fantastisch war wie sein Name. Etwas abseits von der Straße gelegen, war es aus grauem Stein gebaut, mit schweren Balken, die im altmodischen Stil in die Wände eingelassen waren, und das obere Stockwerk ragte auf schwerfällige Weise über das untere hinaus, so dass es offenbar jeden Moment drohte, aus dem Gleichgewicht zu geraten. Es gab breite, rautenförmige Fensterflügel, auf deren breiten Simsen Reihen von Blumentöpfen mit leuchtend scharlachroten Geranien standen, und auf der linken Seite ragte ein hoher Giebel in einiger Entfernung vom Hauptgebäude hervor, während in der so gebildeten Ecke war die riesige Veranda mit ihren sperrigen Bänken für die Bequemlichkeit der Dorffreunde. Der Raum davor bestand aus Kopfsteinpflaster und reichte bis zur Straße, und dort stand die hohe Stange mit dem schwingenden Schild, auf die als Zeichen der guten Laune im Inneren mutig ein Baron aus Rindfleisch und ein Krug Bier gemalt waren. Das Dach bestand aus grauem und verwittertem Stroh und war rund um die Fenster und Dachvorsprünge sauber gestutzt, während darüber die großen

Stapel gedrehter, rot gefärbter Schornsteine ragten. Alles in allem ein typisches englisches Gasthaus aus der Zeit der Postkutschen, äußerst respektabel und äußerst konservativ.

Es war ziemlich dunkel, als Dr. Nestley diesen Hafen der Ruhe erreichte, aber das großzügige Licht im Inneren strömte in rötlichen Strömen aus den Fenstern und verbreitete eine äußerst einladende Atmosphäre der Behaglichkeit. Die Tür stand weit offen und ließ eine Flut sanften Lichts in die kühle Dunkelheit fallen, und der Neuankömmling konnte das Gemurmel von Männerstimmen hören, ab und zu ein raues Lachen, während der Geruch von abgestandenem Tabak die Atmosphäre durchdrang. Offensichtlich feierten die Dorfklatscher ein großes Fest, und als Nestley die Veranda betrat, sah er undeutlich durch die rauchbedeckte Luft einige von ihnen, die im Schankraum saßen, stetig an ihrer Pfeife pafften und mit großer Zufriedenheit ihre Krüge leeren.

Job Kossiter , der Wirt dieses Vergnügungshauses, erschien bald als Antwort auf Nestleys gebieterische Aufforderung und wartete schweigend auf die Bestellungen. Ein großer, dicker Mann war Herr Kossiter , mit einem großen, fetten, vor Gesundheit geröteten Gesicht, einem Gehirn von Rinderlangsamkeit und der Angewohnheit, alle gestellten Fragen auf meditative Weise zu wiederholen, um sich Zeit zu geben, über seine Antwort nachzudenken.

„Ich möchte für heute Nacht ein Bett, Vermieter", sagte Nestley , lehnte sich an die Wand und betrachtete die rundlichen Proportionen meines Gastgebers, „und jetzt etwas zu essen."

Herr Kossiter richtete seine Ochsenaugen auf den Fremden und wiederholte die Worte langsam wie ein Kind, das seine Lektion lernt.

„Er möchte", bemerkte Hiob unbeirrt, „ein Bett für heute Nacht und etwas zum Essen; Herr, Sie können sie beide haben."

„Da haben Sie recht", antwortete der Arzt fröhlich. „Bereiten Sie sofort etwas vor und zeigen Sie mir ein Schlafzimmer. Ich möchte meine Hände waschen."

„Er will", wiederholte Kossiter mechanisch, „sich die Hände waschen. Margery!"

Als Antwort auf diesen Anruf trat eine aufgeweckte, forsch aussehende junge Frau in einem gepflegten bedruckten Kleid vor und konfrontierte Nestley .

„Er will", sagte Job und blickte von Margery zu Nestley , „ein Bett, einen Schlafplatz zum Essen, ein Zimmer und eine Wäsche." Dann, nachdem er alle erforderlichen Informationen gegeben hatte, rollte er langsam davon, um sich um die Bedürfnisse der Bauern im Schankraum zu kümmern, während

Margery mit einer Stimme, die so scharf war wie ihr Aussehen, Nestley aufforderte , ihr in sein Zimmer zu folgen.

„Herrgott, Sir", sagte sie schrill und stolperte leichtfüßig die Treppe hinauf, „wenn ich nur gewusst hätte , wie Sie sind Komm schon , ich hätte die Dinge ein bisschen klargestellt, aber Vater sagt es nie, Vater nicht.

„Er wusste nicht, dass ich komme", antwortete Nestley , als er das Schlafzimmer betrat und seinen Rucksack abnahm. „Ich bin ein Zugvogel – bring mir heißes Wasser."

„Ja, Sir", antwortete Margery und blieb mit der Hand auf der Türklinke stehen, „und gibt es etwas zu essen, Sir?"

„Natürlich – kaltes Rindfleisch, Gurken – was auch immer es gibt. Ich bin zu hungrig, um lecker zu sein."

„Sie werden nicht mit dem anderen Herrn zu Abend essen, oder?" fragte Margery: „Mr. Beaumont, Sir."

„Nein, nein", antwortete Nestley barsch, ein dunkler Schatten huschte über sein Gesicht. "Ich möchte allein sein."

„Sehr gut, Sir", sagte Margery, ziemlich beunruhigt über seinen Tonfall. „Ich bringe das heiße Wasser, Sir – ja, Sir."

Sie schloss die Tür hinter sich, und Nestley , der sich auf das Bett setzte, kaute wild an seinem Schnurrbart.

„Unter demselben Dach", knurrte er bösartig. „Ich weiß nicht, ob ich weise bin – pshaw, das spielt keine Rolle, er wird mir nicht noch mehr schaden, ich habe kein Geld und Beaumont ist es egal, etwas für nichts zu tun–" - Meine Armut ist mein bester Schutz gegen ihn.

In diesem Moment klopfte Margaret an die Tür und reichte ihr heißes Wasser, also verschob er seine Ideen zum Thema Mr. Beaumont, während er sich respektabel machte. Nachdem er sich den Straßenstaub von Gesicht und Händen gewaschen hatte, bürstete er seine Kleidung, ordnete sein Haar und ging dann in den Salon des Gasthauses hinab, wo ein reichlich gedeckter Esstisch auf ihn wartete und Margery die Lampe anzündete.

Der Salon war ein malerischer Raum mit niedriger Decke und allen Ecken, seltsamen Schränken und unnötigen Nischen an unerwarteten Stellen, schweren, schwarzen Eichenmöbeln, Körben voller Wachsfrüchte und Papierblumen, einem kleinen Harmonium in einer Ecke und einer allgemeinen, intensiven Atmosphäre Sauberkeit und Komfort. Dr. Nestley entließ Margery und bereitete ein ausgezeichnetes Abendessen aus einer Runde Corned Beef zu, schob aber den Krug Bier, der neben ihm stand, weg, füllte ein Glas mit Wasser und trank es aus. Nachdem er seine Mahlzeit beendet hatte, zündete er seine Pfeife an, zog mit einem Seufzer der Dankbarkeit seinen Stuhl an das Feuer und gab sich seinen Überlegungen hin. Die Lampe leuchtete in schwachem, gelbem Licht, aber der rötliche Schein des Feuers erhellte den Raum und glänzte auf den polierten Möbeln und der Gipsdecke. Wirklich ein angenehmer Ort zum Träumen, aber dem Stirnrunzeln auf Nestleys Gesicht nach zu urteilen, waren seine Gedanken alles andere als angenehm, denn tatsächlich dachte er an Basil Beaumont. Ob ein mitfühlendes Gefühl oder eine Ader tierischer Anziehungskraft den Gegenstand seiner Überlegungen zu sich zog, ist schwer zu sagen, aber nach sehr kurzer Zeit wurde die Tür lautlos aufgestoßen und Mr. Beaumont schlenderte kühl und selbstgefällig in den Raum.

Dieser unwillkommene Eindringling ging zum Kamin, lehnte sich gegen den Kaminsims und blickte mit einem milden Lächeln auf den empörten Nestley herab .

„Hast du dein Abendessen genossen?" fragte er kühl und nahm seine Zigarette heraus.

„Es ist nicht besser, dich zu sehen", knurrte der Arzt und zog kräftig an seiner Pfeife.

„Unser ausgezeichneter Duncan", bemerkte Mr. Beaumont leichthin, „ist ziemlich verärgert."

Über diese unverschämte Beobachtung begann Nestley wütend zu werden.

„Welches Recht haben Sie, in diesen Raum zu kommen?" fragte er wütend.

„Das beste Recht der Welt", erwiderte Basil ruhig. „Es ist ein öffentlicher Raum; ich gehöre zur Öffentlichkeit – also nutze ich ihn."

Dr. Nestley runzelte erneut die Stirn und sein eher schwacher Mund bebte nervös, als er das ruhige Gesicht des Mannes betrachtete, der am Kaminsims lehnte. Beaumont seinerseits steckte die Hände in die Taschen, schlug die langen Beine übereinander und begann, nachdem er die im Sessel kauernde Gestalt neugierig betrachtet hatte, mit zart modulierter Stimme zu sprechen, was einer seiner größten Reize war.

„Wir waren vor fünf Jahren Freunde, Nestley , doch jetzt begegnen wir uns als Feinde. Normalerweise bin ich nicht neugierig; aber ich gestehe, ich würde gerne den Grund wissen."

„Sie wissen es gut genug", sagte Nestley mürrisch.

„Ah! Lassen Sie mich sehen. Ich glaube, Sie haben mich heute Abend unterwegs beschuldigt, Ihr Leben ruiniert zu haben. Bitte sagen Sie mir, wie – ich glaube nicht", bemerkte Mr. Beaumont nachdenklich, „ich glaube wirklich nicht." Ich habe mir Geld von dir geliehen.

Dr. Nestley nahm seine Pfeife heraus und hob die Hand, um das nervöse Zittern seines Mundes zu verbergen. Der Künstler rauchte ruhig weiter und wartete darauf, dass der andere etwas sagte. Als Nestley dies sah , setzte er sich mit großer Anstrengung auf seinem Stuhl auf und sah ihn fest an.

„Hör mir zu, Basil Beaumont", sagte er langsam. „Als ich dich vor fünf Jahren traf, war ich noch ein Junge----"

„Ja, ein schreckliches Junges", antwortete Beaumont unverschämt. „Ich habe dir alles beigebracht, was du weißt."

„Das hast du", erwiderte Nestley bitter und stand auf. „Du hast mir Dinge beigebracht, von denen ich besser nichts wusste. Ich hatte ein wenig Geld ----"

„Ich habe beim Kartenspielen einigermaßen gewonnen", murmelte Beaumont kühl.

„Das hat mir nichts ausgemacht", sagte Nestley , der in einem Zustand unkontrollierbarer Aufregung im Raum auf und ab ging, „das hatten Sie, und willkommen – man muss wohl für seine Erfahrung bezahlen. Nein, das war es." nicht das Geld, aber ich habe dir die Schuld dafür gegeben, dass du mir beigebracht hast, übermäßig viel Wein zu trinken.

"ICH!" sagte Basil überrascht, „warum, ich trinke nie zu viel Wein, wie könnte ich es dir also beibringen?"

"Ah!" antwortete der andere bedeutungsvoll und hielt in seinem Gang inne, „Dein Kopf ist zu stark – meiner nicht. Ich war ein kluger Junge und würde in meinem Beruf wahrscheinlich gut abschneiden. Du hast mich kennengelernt, als ich nach London kam – mochte." Aus irgendeinem unerklärlichen Grund kam er zu mir und unternahm es, mir zu zeigen, was du Leben nennst. Mit meiner schwachen Konstitution und meiner überanstrengten Organisation war Alkohol für mich wie Gift – es machte mich zu einem Wahnsinnigen. Ich mochte es nicht – das hatte ich Keine erbliche Liebe zum Alkohol, aber du warst immer an meiner Seite und verlocktest mich, noch ein Glas zu trinken. Mein schwächerer Wille wurde von deinem stärkeren überwunden. Ich trank, und es machte mich wütend, was dazu führte, dass ich tausend Torheiten beging Ich war nicht verantwortungsbewusster als ein Kind. Ich habe mir angewöhnt, den ganzen Tag etwas zu trinken. Du hast mich ermutigt – Gott weiß warum, außer deinen eigenen egoistischen Zielen. Wäre ich bei dir geblieben, wäre ich in einer Irrenanstalt gewesen oder in der Gosse, aber, Gott sei Dank, mein besserer Engel hat gesiegt, und ich habe den Bann gebrochen, den du über mich gehalten hast. Indem ich dich und das verrückte Leben, das ich damals führte, zurückließ, wurde ich ein völliger Abstinenzler, zu welchem Preis ich dir nicht sagen muss- -Niemand kann jemals die Kämpfe und Qualen verstehen, die ich durchgemacht habe, aber am Ende habe ich gesiegt. Fünf Jahre lang habe ich keinen Tropfen Alkohol getrunken, und jetzt – jetzt, wo ich den Teufel besiegt habe, der mich einst besessen hat, treffe ich dich noch einmal – dich, der mich so beinahe mit Leib und Seele ruiniert hätte."

Beaumont rührte sich während dieser langen Rede, die Nestley mit großer Emotion hielt, nicht, zuckte aber am Ende mit den Schultern und widmete sich der Aufgabe, eine weitere Zigarette zu machen.

„Ein sehr ausgezeichneter Vortrag", sagte er spöttisch, „in der Tat sehr ausgezeichnet, aber völlig falsch. Ich habe dich zwar in London getroffen und dich aus Freundlichkeit in eine anständige Gesellschaft eingeführt, aber ich habe dir bestimmt nicht beigebracht, ein Biest zu machen." von dir selbst, wie du es getan hast!"

„Du hast mich immer zum Trinken gedrängt."

„Nur Gastfreundschaft. Ich habe Sie gebeten, etwas zu trinken, aber ich habe mich nicht lächerlich gemacht."

„Stimmt! Du hast mich nur zum Narren gehalten. Was du nehmen konntest und was ich nehmen konnte, waren zwei sehr unterschiedliche Dinge. Was bei mir Trunkenheit war, war bei dir Nüchternheit."

Beaumont lachte und zündete sich die Zigarette an, die er gerade gemacht hatte.

„Du warst ein Idiot", sagte er höflich. „Als du herausgefunden hast, dass Alkohol dir geschadet hat, hättest du damit aufhören sollen."

„Ah! Glaubst du, das ist eine leichte Aufgabe?"

„Es wäre – für mich."

"Zu dir!" rief Nestley vehement, „ja, ein geübter Weltmann wie du hat seine Nerven und Leidenschaften gut im Griff. Ich war jung, unerfahren, enthusiastisch, du warst cool, berechnend und zynisch. Du hast dreimal so viel getrunken wie ich jemals." tat es, aber die Wirkung auf unsere Natur war eine andere. Du wurdest als ein nüchterner Mann angesehen, ich – Gott helfe mir! – als ein Trunkenbold!"

Der Künstler lächelte sarkastisch.

„Nun", sagte er kühl, „das ist alles vor fünf Jahren – warum bist du jetzt so unsympathisch?"

„Ich kann nicht vergessen, wie du versucht hast, mich zu ruinieren."

„Hmpf!" bemerkte Beaumont, als er zur Tür ging: „Es gibt nichts Schöneres, als unsere Sünden auf die Schultern anderer Menschen zu laden; das erspart so viel unnötigen Ärger. Ich möchte jedoch nicht länger streiten. Sie lehnen meine Freundschaft ab, also habe ich es getan." Mehr gibt es nicht zu sagen. Ich gehe davon aus, dass du schon weg sein wirst, wenn ich morgens aufstehe, und da wir uns in diesem Leben wahrscheinlich nicht wiedersehen werden, verabschiede ich mich.

Er öffnete gerade die Tür, als Nestley ihm antworten wollte, als plötzlich ein Geräusch zu hören war – die Stimmen von Männern, die schallend lachten, dann das scharfe Bellen eines Hundes und im nächsten Moment eine große schwarze Katze mit ganz angezogenem Fell Am Ende schoss er in den Raum, gefolgt von einem eifrigen Foxterrier in einem Zustand großer Aufregung.

KAPITEL III.

Dorfklatsch.

Es ist sehr merkwürdig, wie stolz wir darauf sind , das Leben unserer Nachbarn herauszufinden , auch wenn mit leeren Worten ein Herz gebrochen werden kann. Es ist sehr merkwürdig, wie stolz wir darauf sind, zu sagen, dass dies ein Rechen ist und dass das Glück eines Menschen durch das Böse gedeiht. Es ist sehr seltsam der Stolz, den wir empfinden, wenn wir das Leben unserer Nachbarn herausfinden .

Knurrend und spuckend, mit leuchtenden Augen und buschigem Schwanz flog die Katze schnell durch das Zimmer, machte einen Hindernislauf über mehrere Stühle und flüchtete sich schließlich auf den Kaminsims, wo sie mit gewölbtem Rücken stand und frei spuckte, während der Foxterrier schrie laut auf und versuchte erfolglos aufzuspringen.

„Was für ein Tier von einem Hund", sagte Beaumont ruhig; „Es sind natürlich Muffins."

„Vielmehr", rief eine lachende Stimme an der Tür, „kannten Sie Muffins jemals, als er keine Katze beunruhigte oder eine Ratte tötete oder etwas Anrüchiges tat?"

Der Besitzer der Stimme war ein großer junger Mann von zwanzig Jahren mit lockigem blonden Haar, einem frischen Teint und fröhlichen blauen Augen. Er sprudelte geradezu vor Gutmütigkeit und Aufregung und schien die Verkörperung robuster Gesundheit und tierischen Lebensgeistes zu sein. Plötzlich erblickte er Nestley , der in der Nähe des Kamins stand und die Szene mit einem amüsierten Lächeln beobachtete.

„Das mit meinem Hund tut mir schrecklich leid, Sir", sagte er, nahm mit einem fröhlichen Lachen seine Mütze ab und schritt durch den Raum zu Muffins, der Sprünge vorführte, die eines Akrobaten würdig waren, „aber er glaubt, dass seine Lebensaufgabe darin besteht, Katzen zu töten. also derzeit-
---"

„Er führt seine Mission mit großem Eifer aus", schloss Nestley mit einem Lächeln.

„Übrigens", warf Beaumont mit erhobener Stimme ein, „ich stelle Ihnen besser zwei Männer vor, Mr. Richard Pemberton – Dr. Duncan Nestley ."

Nestley verneigte sich etwas steif, da er der Meinung war, dass Beaumont sich mit seinem Verhalten eine ungerechtfertigte Freiheit herausnahm, doch Pemberton ergriff mit der Unbefangenheit der Jugend die Hand des Arztes und schüttelte sie herzlich.

„Freut mich, Sie zu sehen", sagte er und blickte Nestley an , „Sie werden an diesem langweiligen Ort ein perfektes Geschenk Gottes sein."

Nestley , ohne geradezu unhöflich zu sein, sich seiner Gnädigkeit nicht verweigern konnte. Da er sein Ziel erreicht hatte, Nestley als seinen Freund vorzustellen, schlenderte Mr. Beaumont mit einem zynischen Lächeln auf den dünnen Lippen aus dem Zimmer.

„Du wirst mit mir Schwerter messen, oder?" sagte er sich mit einem kurzen Lachen. „Ich würde dir nicht raten, dieses Spiel auszuprobieren, mein Freund."

In der Zwischenzeit ergriff Pemberton Muffins, der verzweifelt versuchte, seinen katzenartigen Feind zu ergreifen, woraufhin die Katze, als sie sah, dass die Luft klar war, heruntersprang und aus dem Zimmer rannte, aber der vorsichtige Muffins, der sich befreite, rannte mit der Nase hinter ihr her am Boden, mit gelegentlichem scharfen Jaulen.

„So", sagte Pemberton fröhlich, „Muffins hat einen amüsanten Abend, denn er wird die Katze nie verlassen, bis er sie zur Strecke gebracht hat."

„Die Katze tut mir leid."

„Du wirst Muffins bereuen, wenn du siehst, wie er am ganzen Körper zerkratzt zurückkommt", erwiderte der Junge, woraufhin beide lachten.

„Bleiben Sie lange hier?" fragte Pemberton und musterte den Arzt freundlich.

„Nur heute Abend – ich mache einen Rundgang", antwortete Nestley nachlässig.

„Glückspilz", sagte der andere und steckte die Hände in die Taschen. „Ich muss hier bleiben."

„Ist es dein Zuhause."

„In gewisser Weise, ja – Schuler im Pfarrhaus und all die Schießereien, wissen Sie – es ist eine Beerdigung eines Ortes in fünf Akten, aber wir schaffen es, etwas Tra-la-la daraus zu machen ."

"Wer sind wir?" fragte der Arzt, äußerst amüsiert über Mr. Pembertons Umgangssprache.

„Oh! Ich habe vergessen, dass du hier ein Fremder bist – warum, Reggy Blake, ich und Priggs ."

„ Priggs ?"

„Einer der Schüler", erklärte der kommunikative Richard, „ein lustiger Arsch – schreibt Gedichte – Zeilen an Chloe und so weiter – hat keine andere Idee als die Musen, wie er sie nennt – " scheußliche alte Kerle – Reggy ist ein guter Kerl – er ist jetzt im Schankraum – kommen Sie und sehen Sie sich den Spaß an – wir servieren den Bauern oft Bier und sie singen uns Lieder – zwanzig Verse lang und ohne Pause.

„Kennen Sie Beaumont gut?" fragte Nestley und folgte seinem jugendlichen Führer zum Schankraum.

„Nicht sehr, er ist erst seit zwei Wochen hier, aber der Pfarrer kennt ihn; er stammt aus dieser Gegend, ist kein schlechter Kerl, steht aber furchtbar gut im Gras und steht ziemlich frei auf den Hinterbeinen. Kennen Sie ihn?" ?"

„Auf meine Kosten", antwortete der Arzt bitter.

Pemberton starrte ihn an und wollte gerade nach der Bedeutung dieser seltsamen Bemerkung fragen, als aus dem Schankraum schallendes Gelächter ertönte. Er verschob seine Frage auf einen günstigeren Zeitpunkt , öffnete die Tür und trat ein, gefolgt von Duncan Nestley .

Die Augen des Arztes brannten etwas von dem stechenden Tabakrauch, aber als er sich mehr an die wolkige Atmosphäre gewöhnt hatte, befand er sich in einem langen, niedrigen Raum, um den herum etwa fünfzehn Männer auf Bänken saßen und heftig rauchten. Auf einem langen Tisch aus Dealmenholz in der Mitte standen mehrere Zinnkrüge mit Bier, und am Ende stand ein großer Krug mit dem gleichen großzügigen Getränk. Von der Decke hing eine Petroleumlampe, die ein trübes gelbes Licht verbreitete, und der Boden war mit Sägemehl bedeckt, auf dem Spucknäpfe verteilt waren.

Am Ende des Tisches saß Reginald Blake, der ebenso dunkel war wie Pemberton hell. Im Ruhezustand ein etwas trauriges Gesicht, jetzt aber voller Leben und Lebhaftigkeit. Überaus gutaussehend, mit olivfarbenem Teint, kurzgeschnittenen schwarzen Haaren und einem kleinen gleichfarbigen Schnurrbart . Als er dort saß, die Beine schwingend und bei jedem Lachen seine weißen Zähne zeigend, fand Nestley , dass er eine sehr auffällige Figur war, obwohl er in diesem gemütlichen Raum etwas fehl am Platz war.

„Sieht aus wie ein Italiener", dachte er, als er die große, geschmeidige Gestalt betrachtete, als Reginald Blake vom Tisch glitt, um ihn zu begrüßen. „Muss im Süden geboren sein, oder vielleicht ist er ein in England geborener Grieche, wie Keats."

Dick Pemberton verlor keine Zeit, stellte Nestley aber dann und wann seinem Freund vor.

„Das ist Dr. Nestley , Reggy – der Fremde hier – hat den Blues bekommen, also habe ich ihn hierher gebracht, um den Spaß zu sehen."

„Eher ein heimeliger Spaß, fürchte ich", sagte Blake und streckte mit einem offenen Lächeln seine Hand aus. „Ich freue mich sehr, Sie zu sehen, Dr. Nestley . Sie werden es laut finden, aber es ist amüsant."

„Was würde der Pfarrer sagen, wenn er wüsste, dass zwei seiner Schüler hier wären?" fragte Nestley schelmisch.

Beide jungen Männer lachten herzlich.

„Oh, der liebe alte Junge hätte nichts dagegen", sagte Pemberton und zog ein Zigarrenetui hervor, „er vertraut uns, außerdem arbeiten wir die ganze Woche hart und kommen nur samstagabends von der Kette."

„Dann", bemerkte Reggy und nahm sich eine Zigarre aus dem Etui seines Freundes, „studieren wir die Menschheit----"

„Wie im Wirtshaus gesehen", beendete der Arzt lächelnd.

„Wie im Wirtshaus gesehen", stimmte Mr. Blake ernst zu und zündete sich seine Zigarre an. „Dick und ich studieren die menschliche Natur."

„Es macht großen Spaß", bemerkte Dick vertraulich. „Wenn wir in der Stadt wären , würden wir zweifellos in ein Varieté gehen, aber hier vergnügen wir uns mit rustikaler Einfachheit."

„Diese Einfachheit ist mythisch", sagte Blake satirisch, „aber der Gesang ist amüsant – ich sage Jarx ", fügte er mit erhobener Stimme hinzu, „singen Sie uns Ihr Liedchen vor."

Jarx , ein riesiger, gutmütiger Riese, entschuldigte sich schüchtern, aber als er bedrängt wurde, trank er einen großen Schluck Bier, wischte sich mit dem Ärmel den großen Mund ab und begann, den Blick an die Decke gerichtet, zu singen. Zuerst begann er zu leise, so dass seine Stimme klang, als käme sie aus seinen Stiefeln, dann entschuldigte er sich verlegen bei der Gesellschaft und begann erneut in hoher Tonart. Dieses andere Extrem wurde als ebenso unbefriedigend empfunden, aber als er einen dritten Versuch unternahm, fand er den goldenen Mittelweg und begann ein rustikales Liedchen, dessen Refrain von der Gesellschaft feierlich gesungen wurde, während sie langsam hin und her schaukelte :

„Da ist die Schweinewanne und die Schweinewanne
und die Wanne hinter der Tür. Sie ist mit dem anderen Kerl weg
und sie wird nie mehr zurückkommen."

Vollständiger Refrain nach langer Pause. „Sie wird nicht--"

Dieses Lied umfasste durchschnittlich etwa zehn Strophen, die der Sänger gewissenhaft mit dem Refrain zu jeder Strophe vortrug, zunächst als Solo, dann mit der ganzen Kraft der Gesellschaft, die unbefangen in verschiedenen Tonarten sang, so dass das Ergebnis alles andere als harmonisch war. Mit diesen einfachen Mitteln dauerte das Lied etwa eine Viertelstunde, sehr zu Nestleys Belustigung und der der jungen Männer, die mit großer Begeisterung in den Refrain einstimmten, während Dick ernst mit seiner Zigarre dirigierte.

Mr. Jarx seine Melodie beendet hatte, nahm er unter großem Applaus wieder Platz, nahm seine Pfeife und sein Bier, und als Reaktion auf eine allgemeine Aufforderung sang ein lokaler Favorit mit schriller Stimme ein Liedchen über „Vier irische Mädchen, die von der Insel kamen". of Wight", das auch den zusätzlichen Reiz eines Tanzes hatte, dessen Musik vom Pfeifenden des Darstellers stammte, da er sein eigenes Orchester war. Diese doppelte Zurschaustellung von Genie wurde mit großer Begeisterung aufgenommen und am Ende wandte sich Nestley an die jungen Männer und fragte, ob einer von ihnen singe.

„ Reggy schon", sagte Dick prompt; „Er hat eine Stimme wie eine Nachtigall."

„Bosh!" erwiderte Reggy und errötete unter seiner dunklen Haut. „Warum ich nie in meinem Leben eine Unterrichtsstunde hatte."

„Nein, autodidaktisches Genie", sagte der unverbesserliche Dick. „Komm, alter Mann, raus damit."

so beschworen und vom Arzt gedrängt, willigte Blake ein und sang „You'll Remember Me", das altmodische Lied, das eine Welt voller Pathos enthält.

Eine Tenorstimme, rein, reich und silbrig wie eine Glocke, nicht im Geringsten kultiviert, aber mit seltener natürlicher Kraft und einer Intensität dramatischen Ausdrucks. Eine dieser mitfühlenden Stimmen, die direkt ins Herz dringen, und als Blake die ansprechenden Worte des Liedes mit ihrer eindringlichen, erbärmlichen Zärtlichkeit sang, fühlte sich Nestley seltsam bewegt. Sogar die Landleute, so langweilig sie auch waren, gerieten in den Bann dieser klangvollen Töne, und als das letzte Wort wie ein langer Seufzer verhallte, saßen sie still und nachdenklich da und wagten nicht, den Zauber durch Applaus zu brechen.

„Du hast eine große Gabe", sagte Nestley , als der Sänger aufhörte. „Eine wundervolle Stimme."

Blake errötete vor Freude über dieses lobende Wort eines Fremden, und Dick stimmte, erfreut über die Lobrede auf das Talent seines Freundes, entzückt zu.

„Es ist – ist das nicht lustig? Und er singt komische Lieder – gib uns einen alten Kerl."

Blake hätte zugestimmt, zumal die Dorfbewohner darauf bedacht zu sein schienen, etwas zu hören, das ihrem Verständnis besser entsprach als die vorhergehende Ballade, aber Nestley intervenierte hastig.

„Nein, nein", sagte er schnell und wollte seinen ersten Eindruck von dieser bezaubernden Stimme nicht dadurch verderben, dass er sie auf das Niveau eines Varieté-Gesangs herabsenkte, „tun Sie das nicht, es wird alles verderben."

Der junge Mann sah ihn überrascht an.

„Ich interessiere mich selbst nicht besonders für sie", sagte Reginald offen, „aber die Leute hier unten mögen sie lieber als sentimentale Lieder."

In diesem Moment verkündete Job Kossiter der versammelten Gesellschaft, dass es Zeit sei, die Bar zu schließen, und so war der Raum nach wenigen Augenblicken außer Nestley und seinen beiden Begleitern leer. Dick bat ihn, ein Glas Bier zu trinken, aber er lehnte ab.

„Ich trinke nie", sagte er unverblümt, „ich bin Abstinenzler."

Daraufhin öffneten beide die Augen, waren aber zu höflich, um irgendwelche Kommentare abzugeben. Um die Peinlichkeit der Situation zu lindern, begann Dr. Nestley zu sprechen.

„Ich nehme an, dass es hier unten ein paar seltsame Charaktere gibt", sagte er und stopfte sich eine neue Pfeife Tabak.

„Eher", sagte Dick prompt, „ zum Beispiel der alte Garsworth ."

„Ist das der Knappe, von dem Sie sprechen?" sagte eine gedehnte Stimme an der Tür, und als das Trio hinschaute, sah das Trio, wie Mr. Basil Beaumont den Raum betrat. Nestleys Verhalten wurde etwas steifer, als sein Feind auf sie zukam, aber Dick Pemberton wandte sein fröhliches Gesicht dem Neuankömmling zu und nickte als Antwort.

"Kennst du ihn?" er hat gefragt.

Beaumont nahm seine Lieblingsposition vor dem Feuer ein und rauchte selbstgefällig.

„Ja. Als ich diesen Ort vor dreiundzwanzig Jahren verließ, hörte ich viel über ihn.“

„Er ist ein Geizhals“, sagte Blake nachdenklich.

„Das war er, als ich ging, und ich nehme an, dass er es immer noch ist“, antwortete Beaumont, „aber nach allem, was ich gehört habe, war er in seiner Jugend ziemlich schwul.“

„Jugend“, wiederholte Dick verächtlich, „war er jemals ein Jugendlicher?“

„Ich glaube, das war er, irgendwo wegen der Sintflut. Warum er jetzt neunzig sein muss.“

„Über siebzig“, sagte Blake.

„Danke für die Korrektur“, antwortete Beaumont und warf ihm einen Seitenblick zu. „über siebzig, ja, ich würde sagen dreiundsiebzig oder vier, da er ungefähr fünfzig war, als ich ging; er hatte bis zu seinem vierzigsten Lebensjahr ein ausschweifendes Leben geführt, dann fing er plötzlich an, Geld zu sparen, warum, weiß niemand.“ "

„Oh ja, das tun sie“, sagte Reginald und nahm seine Zigarre aus dem Mund. „Mittlerweile ist es ein allgemeiner Klatsch.“

„Erzählen Sie uns alles“, sagte Nestley und ließ sich in seinem Stuhl nieder.

„Es ist eine merkwürdige Geschichte“, sagte Blake gemächlich. „Squire Garsworth führte, wie Beaumont sagt, ein schnelles Leben, bis er vierzig war, dann stieß er auf einige Bücher über die Seelenwanderung.“

„Pythagoras?“ fragte Beaumont.

„Ja, und Allan Kardec , Spiritualismus und Reinkarnation; er lernte aus diesen Büchern zu glauben, dass seine Seele in einem anderen Körper inkarniert werden würde; durch langes Studium dieser Theorie wurde er ein Monomane.“

„Mit einem Wort: verrückt“, sagte Beaumont.

Nestley wollte weder direkt noch indirekt mit Beaumont sprechen, aber diese Bemerkung appellierte an seinen Berufsstolz, deshalb sprach er.

„Monomanie bedeutet nicht notwendigerweise Wahnsinn, auch wenn es so werden kann; aber soweit ich Mr. Blake verstehen kann, scheint es mir, dass Squire Garsworth dieses Studium zu einem Hobby gemacht hat, und durch lange Konzentration darauf ist sein Hobby entstanden.“ zur Manie geworden; und wiederum hat die Krankheit, wie ich sie nennen darf, jetzt eine gefährlichere Form angenommen und ist zur Monomanie geworden, was in Wirklichkeit Wahnsinn in einem bestimmten Thema bedeutet.“

„Dann ist es Wahnsinn", beharrte Beaumont.

„In gewisser Weise ja", stimmte Nestley zu ; „Aber im Allgemeinen würde ich ihn nicht verrückt nennen, weil er seine geistige Kraft einfach auf ein einziges Thema konzentriert."

„Du wirst ihn verrückt nennen, wenn du alles über ihn hörst", sagte Dick grimmig; „Feuer weg, Reggy ."

„Mr. Garsworth ", sagte Blake, „akzeptierte die Lehre der Reinkarnation mit gewissen Modifikationen. Kardec , Pythagoras und Co. glauben, dass eine neu inkarnierte Seele keine Ahnung von ihren früheren Existenzen hat, aber der Gutsherr glaubt, dass sie alles darüber weiß." Folglich glaubt er, dass, wenn seine Seele – die derzeit im Garsworth- Körper inkarniert ist – diesen Körper verlässt, sie in einem anderen Körper des gleichen Geschlechts wieder inkarniert wird und sich an die Zeit erinnert, als sie die leitende Intelligenz von Squire war Garsworth . Mache ich mich klar?"

„Sehr klar", antwortete Nestley , „aber wenn der Gutsherr glaubt, dass die Seele ihr Gedächtnis nicht verliert, was ist dann mit seinen früheren Existenzen?"

„Er hat einen ganzen Vorrat davon" , warf Dick schnell ein, „von den Pharaonen bis hin zum Mittelalter , aber ich denke, der Garsworth- Körper ist das erste Mal, dass seine Seele in unserer modernen Zeit eine fleischliche Hülle benutzt."

„Merkwürdiger Wahnsinn", sagte Nestley nachdenklich, „wenn er nicht wütend ist , ist er kurz davor."

„Aber was hat dieser ganze Inkarnations-Humbug mit seinen geizigen Gewohnheiten zu tun", sagte Beaumont ungeduldig, „er will nicht sein Leben damit verbringen, elend zu sein."

„Genau das ist es", erklärte Reginald ruhig, „es scheint, dass er in einigen seiner früheren Existenzen unter Armut gelitten hat. Um eine solche Katastrophe aufzuhalten, spart er sein gesamtes Geld in dieser Existenz, um es in seiner nächsten Existenz auszugeben." Menschwerdung."

„Oh, er ist ziemlich verrückt", sagte Nestley entschieden.

„Aber wie will er an das Geld kommen?" bemerkte Beaumont ungläubig; „Er wird in einem anderen Körper sein und keinen Anspruch auf das Garsworth- Anwesen haben."

„Das ist sein Geheimnis", sagte Dick Pemberton, „niemand weiß es; seltsames Garn, nicht wahr?"

„Sehr", sagte Nestley tief interessiert. „Ich möchte den Fall untersuchen. Lebt er allein?"

„Nein, seine Cousine, Una Challoner, lebt bei ihm", warf Blake hastig ein, während sein Gesicht rot wurde.

„Ah", dachte Beaumont, als er das bemerkte, „ein Fall von Liebe, wie ich sehe. Ich nehme an, dass Miss Challoner nicht an seine verrückten Theorien glaubt?" fügte er laut hinzu.

„Kaum", sagte Dick verächtlich, „sie ist zu vernünftig."

In diesem Moment betrat Job Kossiter den Raum, und nachdem er die Gruppe langsam beäugt hatte, wandte er sich an Reginald:

„Wenn ich es so dreist machen darf, Herr Blake, Sir", sagte er mit seiner dicken Stimme, „würden Sie den Pfarrer bitten, zum alten Squire zu gehen?"

"Was ist los?" fragte Blake und stand auf.

„Er ist sehr krank, Sir, wie Munks sagt", sagte Kossiter und kratzte sich am Kopf, „und Doktor Bland, Sir, er ist auch krank, Sir, und kann nicht gehen, da es keinen Arzt gibt, der ihn sehen könnte." , dachte ich, der Pfarrer----"

„Kein Arzt?" warf Beaumont schnell dazwischen. „Unsinn! Dieser Herr", deutete er auf Nestley , „ist Arzt, also kann er sofort gehen."

„Oh, ich gehe", sagte Nestley und erhob sich, ziemlich froh über die Gelegenheit, den Fall zu studieren.

„Dann, Sir, wartet Munks draußen mit dem Karren", bemerkte Kossiter und ging zur Tür.

„Wer zum Teufel ist Munks ?" fragte Nestley und folgte dem Vermieter.

„Der Diener des Gutsbesitzers", rief Dick, „und ein böser alter Esel ist er."

„Ich glaube nicht, dass Sie es dem Pfarrer jetzt sagen müssen, Sir", sagte Herr Kossiter zu Reginald.

„Nein, natürlich nicht", antwortete Blake, „dieser Herr wird mehr Gutes tun ; er braucht den Arzt – nicht den Geistlichen."

„Da wäre ich mir nicht so sicher, Reggy ", sagte Dick, als sie alle hinausgingen. „Er braucht ein wenig spirituellen Trost."

„Ich denke, eine Zwangsweste wäre am besten", sagte Beaumont leise, als sie an der Tür standen, „nach Ihrer Geschichte zu urteilen."

Die beiden Jungen sagten gute Nacht und machten sich auf den Heimweg, während Mr. Beaumont sich in das Gasthaus zurückzog und Nestley , der in

den hohen Hundekarren stieg, zu seiner unerwarteten Mission in die
Dunkelheit der Nacht fuhr.

KAPITEL IV.

EIN AUSSERGEWÖHNLICHER PATIENT.

Verrückt?
Nicht das, was die Welt Wahnsinn nennt – er ist still, schwärmt nicht von seltsamen Dingen – zügelt seine Zunge mit wundersamer Weisheit – sinniert, bevor er spricht,
und doch sage ich dir, er ist verrückt, mein Herr; Der Mond herrschte bei seiner Geburt und alle
Planeten beugten sich ihrem starken Einfluss.

Wenn Dr. Nestley einfallsreich gewesen wäre, hätte er vielleicht gedacht, dass er von einer der Statuen aus der alten Kirche getrieben würde, so grimmig und steif war die Gestalt neben ihm. Munks hatte ein strenges Gesicht und ein ebenso hartes Benehmen, und in seinem Anzug aus grobem grauem Stoff sah er aus wie Don Juans Commandantore , der sich austoben wollte. Er widmete sich ausschließlich dem grobknochigen Tier, das er fuhr, und beantwortete Dr. Nestleys Fragen in einer Art, die man als munter bezeichnen könnte, wobei seine Antworten bemerkenswert einsilbig waren.

War der Knappe krank? – sehr! Was hat ihn krank gemacht? – Wusste es nicht! Wie viele Menschen lebten im Grange? – Sechs! Wie hießen sie ? – Der Knappe, Miss Una, Miss Cassandra, Patience Allerby , Jellicks und er selbst.

Da Nestley diese Art der Unterhaltung nicht besonders berauschend fand, verfiel er wieder in Schweigen, und der steinerne Munks widmete seine Aufmerksamkeit wieder dem grobknochigen Pferd.

Der Hundekarren fuhr schnell durch das schlafende Dorf mit den Häusern mit dunklen Fenstern auf beiden Seiten – über die schmale, vibrierende Brücke, unter der der düstere, graue Fluss dahinfloss – über die weite Gemeinde, wo die Ginsterbüsche fantastisch und unwirklich aussahen im Mondlicht, mit nur dem stillen Himmel über ihnen und der stillen Erde darunter – hohe Bäume auf beiden Seiten, einige leuchtend im Gelb und Rot ihres Herbstlaubs, andere dürr und kahl, ihre blattlosen Zweige bereit für den Winterschnee. So still, so still, ab und zu der traurige Schrei eines Nachtvogels aus den einsamen Sümpfen und das gleichmäßige Klopfen der Pferdehufe auf der harten, weißen Straße. Die Landschaft, grau und farblos unter dem blassen Licht des Mondes, veränderte sich mit der Geschwindigkeit eines Kaleidoskops. Zuerst die verworrenen, duftenden

Hecken, die die Straße von den abgeernteten Feldern trennten, dann ein Buchenhain, der fantastische Schatten auf den Boden warf, und dann, plötzlich wie durch Zauberei aus der Erde hervortretend, der dichte, dunkle Wald, der … umgab Garsworth Grange, als wäre es der verzauberte Palast der schlafenden Schönheit. Die rostigen Eisentore standen weit offen, und sie fuhren in den Park zwischen den hohen weißen Pfosten mit den darauf sitzenden Leoparden – die breite, gewundene Allee hinauf, in der die Bäume ihre blattlosen Äste im kalten Wind hin und her warfen – während sie hier und da anhielten Zwischendurch erschienen undeutlich die wolkigen weißen Formen von Statuen. Die Räder knirschten mit den toten Blättern, die den Weg dicht bedeckten – ein breiter Bogen der Allee und dann eine niedrige, breite Terrasse aus weißem Stein, zu der eine Reihe flacher Stufen zwischen Urnen und Statuen hinauf nach Garsworth Grange führte.

Nestley hatte keine Zeit, die architektonischen Schönheiten des Ortes zur Kenntnis zu nehmen; denn er stieg hastig aus und rannte die Stufen hinauf, während Munks , immer noch grimmig schweigsam, davonfuhr, vermutlich in Richtung der Ställe. Hier befand sich Nestley also allein in dieser geisterhaften weißen Welt, mit dem scharfen Wind, der schrill in seinen Ohren pfiff, und vor ihm eine monströse Veranda mit vielen Säulen und einer massiven Tür, die grotesk mit Eisenbeschlägen verziert war, wie der Eingang zu einem Familienmausoleum. Während er nach einer Glocke zum Läuten oder einem Klopfer zum Klopfen suchte, schwang die Tür langsam mit einem mürrischen Knarren auf, und eine große, schlanke Gestalt erschien, die eine flackernde Kerze in der Hand hielt.

War es eine der kalten, weißen Statuen in dem einsamen Garten, die durch ein Wunder zum Leben erwacht waren? – diese plötzliche Vision einer schönen, atmenden Weiblichkeit, die sich inmitten eines schwachen Heiligenscheins aus zitterndem Licht aus der Dunkelheit abhob, das rosafarbene Gesicht mit seinen perfekt gemeißelten Gesichtszügen, die sich zart unter der Krone aus blassem, goldenem Haar abheben, einem schlanken Arm, der die schwach schimmernde Kerze hält, einen beredten Finger warnend auf die vollen roten Lippen gelegt, während der geschmeidige Körper in eine lockere Kleidung gekleidet ist weißes Kleid, war in anmutiger Haltung nach vorne gebeugt. Nicht Aphrodite, diese Mitternachtsgöttin, denn das Gesicht war zu rein und kindlich für das der göttlichen Kokette, nicht Hera in der kaiserlichen Wollust unsterblicher Schönheit, sondern Hebe, strahlende, mädchenhafte Hebe, mit dem Lächeln ewiger Jugend auf den Lippen, und die vage Unschuld der Jungfräulichkeit, die in ihren verträumten Augen leuchtet.

Die Göttin erwartete offenbar, das bekannte Gesicht des Dorfarztes zu sehen; denn sie fuhr erstaunt zurück, als sie einen Fremden erblickte, und schien eine Erklärung für seinen Besuch zu verlangen. Dies richtete er schnell ein.

„Doktor Bland ist krank, das verstehe ich", sagte er höflich, „aber ich bin ein Arzt, der im Gasthaus wohnt, und da der Fall dringend schien, bin ich an seine Stelle gekommen."

Die Göttin lächelte und ihre kalte Art taute schnell auf.

„Das ist sehr nett von Ihnen, Doktor – Doktor ----"

„ Nestley ", sagte dieser Herr, „Doktor Nestley ."

„Das ist sehr nett von Ihnen, Doktor Nestley ", sagte sie mit musikalischer Stimme, „und tatsächlich *ist der Fall* sehr dringend – bitte kommen Sie herein."

Nestley trat ein, und die junge Dame schloss die schwere Tür und befestigte die unzähligen Verschlüsse. Sie fing Nestleys Blick auf, als er ziemlich verwirrt die Vielfalt der Bolzen und Ketten betrachtete, und lachte leise.

„Mein Cousin hat große Angst vor Dieben", bemerkte sie, als sie sich umdrehte, „er würde nicht in seinem Bett ruhen, wenn er nicht glauben würde, die Haustür sei verschlossen – ich muss mich übrigens vorstellen – – Una Challoner!"

„Ich habe von Ihnen gehört, Miss Challoner", sagte Nestley und sah sie bewundernd an.

"Von wem?" sie fragte schnell.

„Mr. Blake und Mr. Pemberton."

Sie errötete ein wenig und verbeugte sich hochmütig.

„Kommen Sie mit nach oben, Doktor", sagte sie und wandte sich von ihm ab.

Dr. Nestley wollte gerade folgen, als seine Aufmerksamkeit durch die unerwartete Erscheinung einer kleinen, kräftigen Dame erregt wurde, die keineswegs jung war, die jedoch in ein jugendlich wirkendes rosafarbenes Kleid gekleidet war, zu dem bemerkenswerterweise ein Tee serviert wurde - gemütlich auf ihrem Kopf sitzend, was ihr den Anschein gab, als wäre sie halb erloschen. Auch sie hielt eine Kerze in der Hand und stand grinsend und kokett vor dem Arzt.

„Stell mich vor, Una, Liebste", rief sie mit dünner, pfeifender Stimme, die bei einer so beleibten Person lächerlich wirkte. „Ich mag Ärzte so gern. Die meisten Leute tun es nicht – aber dann bin ich seltsam."

Sie war es auf jeden Fall, sowohl im Aussehen als auch im Verhalten; Aber da Una an ihre Exzentrizitäten gewöhnt war, zeigte sie keine Überraschung, sondern lächelte ernst, als sie von ihrer großen Größe auf die groteske Gestalt herabblickte.

„Doktor Nestley , das ist meine Tante, Miss Cassandra Challoner", sagte sie mit sanfter Stimme.

Miss Cassandra schüttelte ihren mädchenhaften Kopf und machte eine seltsame kleine Verbeugung, worauf der Arzt höflich reagierte, sich dann aber plötzlich an den Teewärmer erinnerte , ihn mit einem entschuldigenden Kichern wegnahm und dabei ihr krauses gelbes Haar zum Vorschein brachte.

„Zugiges Haus", sagte sie zur Erklärung ihrer eigenartigen Kopfbedeckung. „Ich bekomme neuralgische Schmerzen an der Seite meiner Nase und in meinem linken Auge. Ich bin sicher, es ist das linke, Doktor. Sehr seltsam, nicht wahr? Ich trage den Teewärmer, um die Hitze in meinem Kopf zu halten. Hitze." ist gut für die Nerven, aber als Arzt wissen Sie ja alles darüber. Wie seltsam. Ich meine, es ist doch nicht seltsam, oder?"

Wie lange sie so ziellos weitergeredet hätte, lässt sich nicht sagen, aber glücklicherweise erschien eine dritte Frau mit einer Kerze in der Hand die Treppe hinunter, was Miss Cassandras Geschwätz ein Ende machte.

„Es ist Jellicks ", sagte Miss Challoner schnell, „dem Knappen muss es noch schlimmer gehen."

Jellicks war eine hässliche alte Frau von etwa sechzig Jahren mit einem verwelkten, faltigen Gesicht, rauem, grauem Haar und einer eigenartigen zappelnden Bewegung, etwa der eines Hundes, der Unrecht getan hat und sich bei seinem wütenden Herrn einschmeicheln will. Sie schlängelte sich die Treppe hinunter, wand sich zu Una und überbrachte mit einem letzten Schwung ihre Botschaft in einem Wort und einem Flüstern.

„Wuss!" sie zischte leise und zischend .

Dr. Nestley war allmählich verwirrt über die Seltsamkeit seiner Position. Diese kalte, gewölbeartige Halle mit ihrem hohen Dach, dem mosaikartigen schwarzen und weißen Rautenpflaster und den gewaltigen Gestalten in Rüstungen auf beiden Seiten schien sein Blut in den Adern gefrieren zu lassen, und die drei Kerzen, die die drei Frauen hielten, tanzten wie Wille vor seinen Augen - Irrlichter. Ein muffiger Geruch erfüllte die Atmosphäre, und die flackernden Lichter, die nur dazu dienten, die Dunkelheit zu verdeutlichen, wirkten in seiner verzerrten Vorstellung wie Leichenkerzen. Er schüttelte dieses Gefühl mit Mühe ab und wandte sich an Miss Challoner.

„Ich glaube, ich gehe besser sofort hoch", sagte er mit lauter, fröhlicher Stimme. „Jeder Moment ist kostbar."

Miss Challoner verneigte sich schweigend und ging vor ihm die Treppe hinauf, gefolgt von den zappelnden Jellicks und der mädchenhaften Miss Cassandra, die sich weigerte, zurückgelassen zu werden.

„Nein, definitiv nein", wimmerte sie, schüttelte ihre Kerze und legte die Kuscheldecke wieder auf ihren Kopf. „Es ist wie ein Grab – der ‚Mistelzweig', wissen Sie – sehr seltsam – er könnte sterben – sein Geist und all diese Dinge – Nerven, Arzt, sonst nichts – chronisch; mütterlicherseits – Liebling, Liebling. Ich komme mir vor wie eine heimgesuchte Person im Wie heißt er? Dickens. Charmant, nicht wahr? So seltsam."

Und tatsächlich lag ein gespenstischer Hauch im ganzen Ort, als sie langsam die breite Treppe hinaufgingen und die Dunkelheit sie dicht umhüllte. Jeder Schritt schien ein Echo zu erwecken, und die bemalten Gesichter der alten Garsworths runzelten die Stirn und lächelten ihnen von den Wänden aus grotesk zu, während sie schweigend entlanggingen.

Ein breiter Korridor, eine weitere kurze Treppe und dann eine schwere Tür, unter der ein dünner Lichtstreifen zu sehen war. Una hielt hier inne, öffnete es, und die vier gingen in Squire Garsworths Schlafzimmer, das dem Arzt fast so kühl und gespenstisch vorkam wie der Flur.

Es war ein großer Raum ohne Teppich auf dem polierten Boden, kaum Möbel und ohne Licht, außer am anderen Ende, wo eine Kerze, die auf einem kleinen runden Tisch stand, schwach ein riesiges, mit Vorhängen versehenes Bett auf einem kleinen Teppichquadrat beleuchtete Darauf standen auch der oben erwähnte runde Tisch und zwei schwere Stühle, das Ganze bildete eine Art düstere Oase in der Wüste des nackten Bodens.

Auf dem Bett lag der Knappe, ein abgemagerter alter Mann mit einem Gesicht, das aussah, als wäre es aus altem Elfenbein geschnitzt, mit grimmigen schwarzen Augen und spärlichen weißen Haaren, die unter einer schwarzen Samtmütze hervorlugten. Eine Vielzahl von Kleidungsstücken lagen auf dem Bett, um ihn warm zu halten, und seine dünnen Arme und klauenartigen Hände lagen außerhalb der Decken und zupften ruhelos an der Bettdecke. Neben ihm stand eine Frau in einem schieferfarbenen Kleid mit ausdruckslosem weißem Gesicht und glattem schwarzem Haar, das über ihren fein geformten Kopf zurückgekämmt war. Sie hielt den Blick auf den Boden gerichtet und faltete die Hände vor sich, doch als sie einen seltsamen Schritt hörte, drehte sie sich um und sah den Arzt an. Es war ein seltsam trauriges Gesicht, als wäre der Schatten großer Trauer darüber gefallen und würde nie mehr verschwinden. Nestley vermutete, dass es sich hierbei um Patience Allerby handelte , sodass die Zahl der außergewöhnlichen Personen, die Garsworth Grange bewohnten, nun vollständig war.

Garsworth den Arzt eintreten hörte , stützte er sich mit der misstrauischen Schnelligkeit eines Kranken auf den Ellbogen und spähte böswillig in die Dunkelheit, wobei er aussah wie ein böser Zauberer aus alten Zeiten.

"Wer ist da?" Er fragte mit mürrischer Stimme: „Jemand, der mich ausraubt; Diebe und Schurken – alle – alle Schurken und Diebe."

„Es ist der Arzt", sagte Una und kam auf ihn zu.

„Was bringt er? Was bringt er?" fragte der Kranke eifrig: „Leben oder Tod? Sag es mir schnell."

„Ich kann es Ihnen erst sagen, wenn ich ein paar Fragen stelle", sagte Nestley und trat in den Lichtkreis.

"Ha!" rief Garsworth mit plötzlichem Misstrauen, „nicht Bland. Nein, ein Fremder. Was willst du? Wo ist Bland?"

„Er ist krank", sagte Nestley deutlich und näherte sich ihm, „und kann nicht kommen, aber ich bin Arzt und werde es auch tun."

Der alte Mann sah ihn besorgt an und schien ihn mit der wilden Intensität seines Blicks zu verschlingen.

„Schwach", murmelte er nach einer Pause, „sehr schwach, immer noch ist der Verstand im Gesicht."

Dann streckte er plötzlich seine Hand aus und ergriff die von Nestley mit seinen dünnen, klauenartigen Fingern.

„Ich werde dir vertrauen", sagte er schnell. „Du bist schwach, aber ehrlich. Rette mein Leben und ich werde dich gut bezahlen."

„Ich werde tun, was ich kann", antwortete Nestley schlicht.

Mit Mühe setzte sich der Knappe im Bett auf und wedelte gebieterisch mit der Hand.

„Schauen Sie sie alle raus", sagte er scharf und zeigte auf die Frauen. „Ich muss Ihnen sagen, was ich ihnen nicht sagen werde. Ein Arzt ist eher ein Beichtvater als ein Priester. Gehen Sie weg und lassen Sie mich bei meinem Beichtvater."

Nestley wollte gerade protestieren, aber Una legte ihren Finger auf ihre Lippen und alle drei Frauen zogen sich lautlos zurück und trugen ihre Kerzen. Als sich die Tür hinter ihnen schloss, lag der riesige Raum völlig im Dunkeln, bis auf den schwachen Schimmer der Kerze neben dem Bett, der sein Licht auf das blasse Gesicht des alten Mannes warf, der jetzt erschöpft auf seinen Kissen lag. Es war sicherlich eine sehr seltsame Situation, und Nestley , obwohl er ein moderner Arzt war, spürte, wie ihn ein kleiner

Schauer abergläubischer Ehrfurcht durchströmte. Er wollte gerade etwas sagen, als der Gutsherr sich auf die Seite drehte, ihn ernst ansah und zu reden begann.

„Ich möchte nicht, dass Sie meinen Fall diagnostizieren", sagte er mit leiser, fieberhafter Stimme. „Ich kann dir alles darüber erzählen. Deine Aufgabe ist es, Heilmittel bereitzustellen. Ich bin ein alter Mann, fünfundsiebzig Jahre alt. Es ist ein langes Leben, aber nicht lang genug für das, was ich will. Das Schwert hat die Scheide abgenutzt." – meine Seele ist in einem erschöpften Körper eingeschlossen und ich möchte, dass du die Lebenskräfte des Körpers erhältst. Ich kann mich um die Seele kümmern; du kümmerst dich um den Körper."

„Ich verstehe vollkommen", bemerkte Nestley und fühlte seinen Puls. „Nervenerschöpfung."

„Aha! Ja, das ist es. Ich habe zu hart gearbeitet und meine Nerven überfordert. Du musst sie wieder in ihren normalen Zustand versetzen. Stärkungsmittel, Elektrizität, Ruhe – was du willst, aber gib mir meine Lebenskräfte in ihrer ursprünglichen Form zurück." Kraft ."

„Das ist unmöglich", sagte Nestley schnell, „Sie sind nicht jung, denken Sie daran, aber ich werde Ihnen ein Medikament geben, das das verschwendete Gewebe ersetzt und Ihnen Linderung, wenn nicht sogar Gesundheit verschafft; aber Sie werden nie stark sein." wieder."

„Nicht in diesem Körper", rief Garsworth aus und stützte sich auf seinen Ellbogen, „nein, aber in meiner nächsten Inkarnation werde ich – ach, du siehst überrascht aus, aber du hast zweifellos von dem verrückten Knappen gehört. Verrückt!" Arme Narren, mein Wahnsinn ist ihr Verstand. Ich werde in meinem nächsten Körper jung und kräftig sein, und ich werde reich sein. Mein ganzes Leben lang habe ich für den nächsten gearbeitet, aber ich habe nicht genug Geld verdient. Nein, nicht halb genug . Mach mich wieder gesund, damit ich meine Arbeit vollenden kann, dann werde ich diesen abgenutzten Körper gerne für einen neuen verlassen. Ich werde dich bezahlen – oh ja – ich werde dich bezahlen."

Er ließ sich erschöpft auf die Kissen zurückfallen, erschöpft von der Schnelligkeit seiner Rede, und Nestley rief laut um Hilfe. Patience Allerby betrat das Zimmer und brachte auf Anweisung des Arztes etwas Wein in einem Glas. Dies hielt Nestley dem kranken Mann an die Lippen, während die Haushälterin auf der anderen Seite des Bettes die Kerze hinhielt, damit er sie sehen konnte. Der Wein flößte dem alten Mann ein fiktives Leben ein, und als Nestley sah, dass es ihm leichter ging, beschloss er, nach Garsworth zurückzukehren , um Medikamente zu holen.

Er legte die Kleidung über den Knappen und bückte sich, um zu sprechen.

„Du musst still liegen", sagte er mit langsamer Stimme, „und etwas Wein trinken, wenn du dich erschöpft fühlst. Ich werde dir heute Abend ein Beruhigungsmittel schicken und morgen früh werde ich dich besuchen."

Der Kranke, zu erschöpft, um zu sprechen, machte eine Handbewegung, um zu zeigen, dass er verstand, und legte sich bleich und reglos zurück, ganz im Gegensatz zu seiner früheren Unruhe. Nestley sah, dass die Anstrengung ihn sehr erschöpft hatte, und war umso bestrebter, ihm einen beruhigenden Trank zu geben, als jeder Anfall von Erregung seine Nerven erschöpfte und ihn schwächer machte. Aber selbst in seiner Sorge konnte er nicht anders, als er ihn so still liegen sah, während die Kerzen auf beiden Seiten des Bettes brannten, und verglich ihn in Gedanken mit einer Leiche, die zur Beerdigung aufgebahrt wurde. Der Gedanke war schrecklich, aber die Atmosphäre im Haus schien schreckliche Gedanken hervorzurufen, also eilte er zur Tür und wollte unbedingt dieses Albtraumschloss verlassen.

Patience Allerby , sanftfüßig und schweigsam, zündete ihn die Treppe hinunter an, und nachdem sie ihn sicher im Flur gesehen hatte, drehte er sich wortlos um.

„Eine seltsame Frau", dachte Nestley , während er ihr nachschaute, „und ein seltsames Haus;" Dann wandte er sich an Una und Miss Cassey, die gespannt auf seinen Bericht warteten.

„Ich habe ihm etwas Wein gegeben", sagte er und zog seine Handschuhe an. „Halten Sie ihn so ruhig wie möglich und ich schicke ihm etwas Opiat aus Garsworth ; er ist in einem sehr erschöpften Zustand und muss ruhig gehalten werden. Wie kann ich die Medizin schicken?"

„ Munks wird es bringen, wenn er dich reinfährt", sagte Una schnell. „Du kommst wieder?"

„Ja, morgen früh", antwortete er, als sie die Tür öffnete und gerade gehen wollte, als Miss Cassey ihn verhaftete.

„Einen Teil der Medizin werde ich selbst einnehmen, Doktor", sagte sie. „Ich bin so schnell aus der Fassung – schon wieder nervös – es liegt an der Familie; kommen Sie und verschreiben Sie mir morgen – ich bin so seltsam, ich glaube, es liegt am Haus – einsam, wissen Sie – Bromid ist gut." , nicht wahr? Ja, Doktor Pecks in London hat es mir gesagt. Kennst du ihn? – Nein – wie seltsam – klug auf den Nerven – meine Nerven – vergiss morgen nicht – Gute Nacht – bezaubernder Mond – ja – so seltsam."

Nestley diese zusammenhangslose Rede gehört hatte, gelang es ihm zu entkommen, er wünschte Una eine gute Nacht und ging die Treppe hinunter. Der Hundekarren wartete auf ihn, und Munks , der Stumme, fuhr ihn den ganzen Weg grimmig zurück. Es war eine ziemliche Erleichterung, an die kühle, frische Luft zu kommen, und Nestley hielt das einsame Haus und seine fantastischen Bewohner halb für Phantome, so unwirklich kamen sie ihm vor.

KAPITEL V.

DER FAMILIENKREIS.

Doch wenn wir uns von diesen Szenen seltener Schönheit abwenden, verlangt der Familienkreis als nächstes unsere Fürsorge, das Reich am Kamin, in dem der Vater sein Zepter mit fester und sanfter Hand schwingt. Gehorsame Kinder , die sich um seine Knie scharen
, führen mit Freude alle seine sanften Beschlüsse aus, warten mit bereitem Herzen auf seine Befehle und zeigen so dem Elternstaat ein Beispiel.

Dr. Larcher , der Pfarrer von Garsworth , war ein guter Vertreter dessen, was man muskulöses Christentum nennt. Er war groß, breitschultrig und stämmig und ähnelte eher einem Kavallerieoffizier als einem Pfarrer. Er hielt seine Predigten, die im Allgemeinen klar und deutlich waren, mit lauter, durchsetzungsfähiger Stimme. Da er sich für Archäologie und lange Spaziergänge interessierte, kannte er kilometerweit jeden Zentimeter des Landes und kannte die ärmsten Häusler ebenso gut wie die Herren des Landes. Als einfacher, großherziger Gentleman, der er war, passte er in bewundernswerter Weise zu seiner Position im Leben, und wenn die Bauern von Garsworth keinen festen Glauben an die Lehren der Kirche von England hatten, war das keineswegs die Schuld des würdigen Pfarrers. der das praktische Christentum in schwerfälligen Johnson-Sätzen mit dem Eifer eines Savonarola und der Beredsamkeit eines Bossuet herausdonnerte. Er war auch ein großer Latinist und würzte seine Rede reichlich mit Zitaten von Horaz, für den er große Bewunderung bekundete.

Am Morgen nach Nestleys Besuch im Gutshof saß Dr. Larcher am Frühstückstisch und redete eifrig über ein Bronzeschwert, das ihm gerade gebracht worden war und aus einem alten britischen Tumulus ausgegraben worden war. Seine gegenwärtige Gemeinde bestand aus Dick Pemberton, der eher geneigt war, über die wichtige Entdeckung zu lachen, Reginald Blake, der etwas nachdenklich wirkte, Ferdinand Priggs , dem Dichter, einem blassen Jugendlichen mit verträumten Augen und tiefer Stimme, und Miss Eleonora Gwendoline Vera Bianca Larcher , das einzige Kind des Pfarrers und seiner Frau.

Larcher gegeben , die sie aus dem „Family Herald", ihrer Lieblingszeitschrift, ausgewählt hatte , doch Dr. Larcher , der keine Vorliebe für hochtrabende Titel hatte, rief seine Tochter an Kürbis. Dieser unglückliche Beiname war dem Kind von der Krankenschwester verliehen worden, aus Verzweiflung darüber, dass sie die legitimen Namen nicht beherrschen konnte, und der Pfarrer war so erfreut über die Seltsamkeit des Titels, dass er ihn sofort annahm. Mrs. Larcher weigerte sich jedoch hartnäckig, diese Neuerung zu akzeptieren und nannte ihre Tochter Eleonora Gwendoline, aber im Allgemeinen antwortete Miss Larcher auf den Namen Pumpkin, wobei ihre aristokratischen Namen nur bei Firmenanlässen genannt wurden.

Sie war ein hübsches, rundliches Mädchen mit dunklen Augen und einem rosigen Gesicht. Ausgestattet mit einem großen Maß an gesundem Menschenverstand lag ihre Vorliebe in der Zubereitung von Pudding und dem Ausbessern von Kleidung, während sie eine große Verachtung für Poesie und ähnliche Dinge an den Tag legte. Da Mrs. Larcher eine Invalide war, überließ sie die Verwaltung des Hauses vollständig Pumpkin, der die Dienerschaft mit eiserner Faust regierte, sich um das leibliche Wohl ihres Vaters und seiner Schüler kümmerte und außerdem ein aufgewecktes, lebhaftes Mädchen war, das jeder mochte verehrt.

Was Mrs. Larcher betrifft , so war sie immer krank, aber warum sie so krank war, war für jeden außer ihr selbst ein Rätsel. Es lag entweder an ihren Nerven oder an ihrer Leber oder an ihrer Wirbelsäule oder an ihrer Faulheit, höchstwahrscheinlich letzteres, da sie ihr Leben meist abwechselnd auf dem Sofa und im Bett verbrachte. Gelegentlich schlenderte sie hinaus, kam aber jedes Mal mit einem schwachen und schlechten Gefühl zurück, um sich mit starkem Tee und heißen Muffins zu stärken, und beklagte anschließend mit gedämpftem Wimmern ihre zarte Konstitution. Ihre unbekannte Krankheit war allen als „The Affliction" bekannt, das war ein allgemeiner Name für alle Arten von Krankheiten, und Mrs. Larcher selbst spielte mit diesem Titel auf ihren schlechten Gesundheitszustand an, als sei er glücklich und erfordere keine besondere Erwähnung von irgendjemandem Gebrechen. Pumpkin kümmerte sich um alles und war die gute Fee des Pfarrhauses, während Mrs. Larcher den ganzen Tag auf ihrem Sofa lag, Romane las und Tee trank oder mit allen Besuchern schwatzte, die vielleicht vorbeikamen.

Zurzeit lag Mrs. Larcher sicher im Bett oben und Pumpkin saß am Frühstückstisch, der jetzt mit einer Reihe leerer Teller bedeckt war, da der männliche Teil der Pfarrhausinsassen, mit Ausnahme des Dichters, großen Appetit hatte. Dr. Larcher war jedoch zu aufgeregt, um viel zu essen, und hatte seinen Blick fest auf sein neu entdecktes Bronzegerät gerichtet.

„Es ist ein wunderbares Beispiel dafür, was die alten Briten leisten konnten", sagte er hochtrabend, „und meiner Meinung nach beweist ich, dass es sich dabei nicht um einen minderwertigen Standard der Zivilisation handelt ."

„Selbst in dieser Zeit der Barbarei", bemerkte der Dichter begeistert, „kultivierten sie die Liebe zum Schönen."

„Oh, Mist", sagte Dick respektlos, „sie wollten etwas, um einen Feind zu Tode zu schlagen."

„Nun, ich denke, das Schwert könnte es schaffen", bemerkte Pumpkin mit einem Lächeln. „Angenommen, wir versuchen es an dir, Dick."

„Nein, danke", erwiderte der junge Herr mit einer Grimasse, „ich stimme ohne praktische Beweise zu."

„Ich werde einen Artikel darüber schreiben", sagte Dr. Larcher und balancierte behutsam das Schwert in seiner Hand. „Eine solche Entdeckung wird ein deutlicher Gewinn für unser Wissen über die Ureinwohner dieser toten und begrabenen Zeit vor so langer Zeit sein – *Eheu.*" *Fugen Postum labuntur anni* .

„Es atmet den wahren Zeitgeist", rief Ferdinand mit inspirierter Miene:

Das Bronzezeitalter , das Bronzezeitalter
Wo Boadicea----

„Geliebt und gesungen", beendete Dick. „Ich sage, alter Junge, du kommst von den griechischen Inseln."

Daraufhin begann Ferdinand eine lebhafte Diskussion mit Dick, um zu beweisen, dass er nicht von Byron plagiiert hatte , während Dick als Antwort den unglücklichen Dichter mit solchem Erfolg gnadenlos verspottete, dass dieser, verfolgt von seinem lachenden Gegner, aus dem Raum floh.

„Was ist los, Reggy ?" fragte Pumpkin, als er sah, wie ruhig Blake geblieben war. „Stimmt etwas nicht?"

„Oh nein", antwortete er hastig, „aber ich habe mich gefragt, wie es dem Squire heute Morgen geht."

„Du gehst besser rüber und siehst nach, Blake", sagte der Pfarrer und blickte auf. „Ich hoffe, dieser seltsame Arzt hat ihm etwas Gutes getan. Übrigens, wer ist dieser Arzt?"

„Ich weiß es nicht, Sir", antwortete Blake und drehte sich zu Dr. Larcher um, „er sagte, er sei auf einem Rundgang, und ich glaube, er ist ein Freund von Beaumont."

Der Pfarrer runzelte die Stirn.

„Ein Vogel vom gleichen Schlag", sagte er entschieden. „Ich halte nicht viel von Beaumont, Blake, und wenn dieser Dr. Nestley sein Freund ist, fürchte ich, dass er nicht besonders gut ist."

„Das ist schwerwiegend, Papa", sagte Pumpkin.

„Meine Liebe", antwortete ihr Vater mit Nachdruck. „Ich hoffe, ich bin der letzte Mann auf der Welt, der schlecht über meine Mitgeschöpfe spricht, aber ich fürchte, dass Basil Beaumont kein guter Mann ist – man kann ihn kaum , *Integer vitae* ' nennen – ich kannte ihn vor ihm verließ die Gemeinde, und selbst damals war sein Wesen nicht allzu wünschenswert, aber jetzt haben sich seine schlimmsten Charakterzüge in der verderblichen Atmosphäre des Londoner Lebens entwickelt, und da ich der Vormund von drei Jugendlichen bin, deren Geist von Natur aus offen ist Wenn Basil Beaumont der Gefährte meiner Schüler würde, würde ich vor dem Ergebnis zittern – *ille dies utramque Ducet Ruinam* .

„Aber Dr. Nestley , Papa?"

„Was Doktor Nestley betrifft", sagte der Pfarrer majestätisch, „ich kenne ihn noch nicht – wenn ich es kenne, werde ich in der Lage sein, seinen Charakter zu beurteilen – aber Gleiches zieht Gleiches an, und ich fürchte – ich fürchte." „Es ist traurig", schloss Dr. Larcher und schüttelte weise den Kopf, „dass niemand mit streng aufrechten Grundsätzen ein enger Freund von Basil Beaumont sein kann."

„Ich glaube nicht, dass sie sehr innige Freunde sind", sagte Reggy nachdenklich, „eher das Gegenteil."

„Ah, in der Tat", antwortete Dr. Larcher , „naja, wir werden sehen; aber – *non haec.* "*jocosæ praktisch lyræ* – du kannst zum Gutshof gehen, Blake, und dich nach dem Befinden des Squires erkundigen."

In diesem Moment war im Stockwerk darüber ein Klopfen zu hören, was bedeutete, dass Mrs. Larcher ein wenig Aufmerksamkeit brauchte, woraufhin Pumpkin eilig den Raum verließ, um zu sehen, was „The Affliction" wollte. Mit dem Pfarrer allein gelassen , wollte Reggy sich gerade zurückziehen, als Dr. Larcher ihn aufhielt.

„Übrigens, Blake", sagte er ernst, „ich möchte mit dir über ein ernstes Thema sprechen."

Reggy errötete und verneigte sich wortlos, da er intuitiv ahnte, was kommen würde.

„Ich bin mir bewusst", bemerkte der Pfarrer in seiner schwerfälligen Art, „dass ich möglicherweise dabei bin, mich auf eine Weise in Ihre Angelegenheiten einzumischen, die Sie für höchst ungerechtfertigt halten."

„Überhaupt nicht, Sir", antwortete Reginald herzlich, „niemand hat ein solches Recht, mit mir zu sprechen wie Sie – mein zweiter Vater – ich könnte sagen, mein einziger Vater."

Dr. Larcher lächelte zufrieden und sah den großen jungen Mann, der neben ihm stand, anerkennend an.

„Ich freue mich über Ihre gute Meinung", sagte er und neigte höflich den Kopf, „aber damit Sie mich klar verstehen, müssen Sie mir erlauben, so kurz wie möglich die Geschichte Ihres Lebens zusammenzufassen – das ist eine sehr …" kritische Phase Ihrer Karriere – erinnern Sie sich an Horace, *Tu nisi ventis debis Ludibrium- Höhle* .

Blake wurde blass, nahm dann mit einem gezwungenen Lächeln seinen Platz wieder ein und wartete darauf, dass der Pfarrer fortfuhr, was dieser würdige Herr nicht ohne eine gewisse Verlegenheit tat.

„ Natürlich verstehen Sie", sagte er und räusperte sich, „dass ich mir Ihrer Abstammung überhaupt nicht bewusst bin – ob Ihr Vater und Ihre Mutter noch leben, weiß ich nicht –, vor etwa zweiundzwanzig Jahren wurden Sie zu mir gebracht." von Patience Allerby , Ihrer Krankenschwester, die gerade aus London zurückgekehrt war, wo sie gedient hatte. Sie erzählte mir, dass Sie der Sohn eines armen Literaten waren und seine Frau, deren Dienerin sie gewesen war, nach Frankreich gegangen sei und ich verstehe, dass sie dort gestorben ist. Sie wurde mit dir auf ihren Händen zurückgelassen, also brachte sie dich hierher und übergab dich meiner Obhut; seitdem bist du ein Bewohner meines Hauses."

„Das einzige Zuhause, das ich je gekannt habe", warf Blake gerührt ein.

„Ich werde nicht leugnen", sagte Dr. Larcher , „dass ich durch Ihre Krankenschwester bestimmte Geldsummen für Ihre Ausbildung erhalten habe, was mich trotz ihres Leugnens zu der Annahme veranlasst, dass Ihre Eltern möglicherweise noch am Leben sind. Dies." In der Vergangenheit ging es Ihnen ganz gut, aber jetzt sind Sie zweiundzwanzig Jahre alt, und ich möchte einige Vorkehrungen für Ihre zukünftige Karriere treffen – Sie werden natürlich Ihre eigene Berufung im Leben wählen –, aber in der Zwischenzeit möchte ich, dass Sie Geduld fragen Informieren Sie mich über Ihre Geburt und holen Sie von ihr alle Informationen über Ihre Eltern ein, die für mich von Nutzen sein könnten – Sie können dies tun, wenn Sie heute zum Gutshof gehen – und teilen Sie mir dann das Ergebnis mit; anschließend können wir darüber sprechen Wege und Mittel für Ihre Zukunft.

„Es ist sehr nett von Ihnen, so zu reden, Sir", sagte Blake mit leiser Stimme, „und ich bin Ihnen zutiefst dankbar. Ich werde Patience sehen und sie bitten, mir alles zu sagen, was sie weiß, aber ich fürchte, ich." Ich kann von meinen Eltern nichts erwarten, obwohl sie noch leben – ein Vater und eine Mutter, die ihr Kind all die Jahre der Gnade von Fremden überlassen könnten, können nicht viel Menschlichkeit haben.

„Beurteilen Sie sie nicht zu hart", sagte der Pfarrer hastig, „es kann Gründe geben."

„Daran habe ich keinen Zweifel", antwortete Blake bitter, „Gründe, die Schande bedeuten."

„Nicht unbedingt – eine geheime Ehe –"

„Wäre lange vor Ablauf von zwanzig Jahren erklärt worden", sagte Reggy schnell. „Ich fürchte, es gibt Schlimmeres, und meine Geburt war die Schande meiner Mutter."

Auf der Stirn des guten Pfarrers lag eine Wolke, als der junge Mann sprach, aber er hielt sich vorsichtig zurück, etwas zu sagen. Er ging zu Blake und klopfte ihm sanft auf die Schulter, ein Zeichen der Freundlichkeit, das den jungen Mann zutiefst berührte.

„Komm! Komm, Blake", sagte er fröhlich, „du darfst diese krankhaften Fantasien nicht hegen. Du bist jung und klug, mit der Welt vor dir, wer weiß, was du erreichen kannst, und dann deinen unbekannten Eltern, wenn überhaupt." lebe, werde dich nur allzu gern anerkennen. Lass dich nicht so leicht niederschlagen. Was ist der männliche Rat des Venusiniers ?

„Rebus Angustis animosus atque
Fortis erscheinen .""

„Ich glaube nicht, dass Horace jemals aufgefordert wurde, Schwierigkeiten unerschrocken zu ertragen", sagte Blake eher traurig, „aber wenn mein Glaube wahr ist , wird das einen Schatten auf mein Leben werfen."

„Morbid! Morbid!" antwortete der Pfarrer fröhlich: „Fahren Sie nicht in einer Kutsche und vier Vierbeinern los, um Ihren Problemen zu begegnen, mein Junge – schauen Sie sich zuerst die Geduld an – wenn sich Ihre Gedanken als wahr erweisen, wird es genug Zeit geben, sie zu beklagen, aber mit Jugend und Verstand an Ihrer Seite." Auf der anderen Seite solltest du im Kampf ums Leben nicht untätig werden."

„Das werde ich auch nicht", sagte Reggy und ergriff die freundliche Hand, die ihm entgegengestreckt wurde. „Was auch immer kommt oder geht, ich habe mindestens einen Mann, der für mich sowohl Vater als auch Mutter war."

Dann verließ er, von seiner Rührung überwältigt, hastig den Raum, während der Pfarrer das Bronzeschwert ergriff und sich darauf vorbereitete, ihm zu folgen.

"Ah!" sagte der würdige Herr mit einem Seufzer. „Ich vertraue darauf, dass sich seine Vorahnungen vielleicht nicht bewahrheiten, aber Patience Allerby weiß mehr, als sie sagt, und ich befürchte das Schlimmste; jedoch *Non si male nunc et olim sic erit*, und der Junge hatte zumindest ein paar glückliche Jahre — was sagt der glorreiche John?

„Nicht der Himmel selbst hat Macht über die Vergangenheit,
denn was war, ist gewesen, und ich hatte meine Stunde.“

Und mit diesem etwas heidnischen Gefühl ging Dr. Larcher weg, um die Bronzezeit, illustriert durch das neu gefundene Schwert, mit einem gewissen alten Kumpel zu besprechen, der immer anderer Meinung war als er und ständig „Nein“ zum „Ja“ des Pfarrers sagte.

KAPITEL VI.

EIN MORGENSPAZIERGANG.

Eine Schlange, die du früher warst

Bevor du den menschlichen Zustand erlangt hast;

Noch immer spielt das Schlangenblut in deinen Adern

Was dich jetzt dazu bringt, zu glotzen und zu hassen,

Die Magie des Schlangenblicks

Lauert in Ihren Augen, um Sie zu faszinieren.

Da es ein Feiertag war, waren die Schüler sich selbst überlassen, und als Blake nach draußen ging, fand Blake Dick Pemberton, der sich mit Muffins und einer Angelrute vergnügte. Nachdem Ferdinand von dem flüchtigen Dick überwältigt worden war, hatte er sich längst auf den Weg gemacht, um an einer Tragödie zu arbeiten, die er gerade komponierte, und Mr. Pemberton bereitete sich offenbar auf einen Angelausflug in Begleitung von Muffins vor.

„Was denkst du nun, was du tust?" fragte Reggy und blieb an der Tür stehen.

„Niemand ist so blind wie diejenigen, die nicht sehen wollen", erwiderte Dick kühl. „Ich gehe angeln . "

"Angeln?" wiederholte Reggy mit Nachdruck.

„Mit der Betonung auf dem ‚G'", antwortete Richard fröhlich. „Sei kein Pedant, alter Junge – Angeln bedeutet dasselbe wie Angeln, und es ist nicht so schwer auszusprechen. Ich schätze, ich sollte Muffins ‚ Muffings ' nennen ."

„Oh, Mist!" erwiderte Reggy höflich und ging zum Tor hinunter.

„Ganz richtig – es ist Blödsinn, oh König. Wohin gehst du?"

„Grange?"

Dick zog die Augenbrauen hoch, schüttelte den Kopf und pfiff, woraufhin Reginald leicht errötete.

"Wie meinst du das?" fragte er und drehte sich um.

„ Nichts , nichts ", sagte Dick zurückhaltend; „Sie werden umworben , Sir, sagte sie, , vermutlich."

„Was für ein Unsinn, Dick“, sagte Blake wütend, „als ob Una----“

"Oh ho!" antwortete Pemberton; „Sitzt der Wind in diesem Viertel? Ich habe den Namen der Dame nie erwähnt. Du solltest unseren einzigen Dichter bitten, dir ein paar Verse zu schreiben –

„Oh, ich könnte ein
Mädchen wie die liebe UnaAileen Aroona löffeln.“

– schlechte Poesie, aber schönes Gefühl.“

„Ich wünschte, du meinst es ernst, Dick“, sagte Reginald verärgert; „Ich gehe nur zum Gutshof, um mich nach dem Befinden des Squires zu erkundigen.“

„In Ordnung“, antwortete Dick gutmütig; „Gib der alten Cassy meine Grüße und sag ihr, dass ich ihr einen Antrag machen werde – seltsam, nicht wahr ? – so sehr seltsam.“ Und mit einer großartigen Nachahmung von Miss Cassandras zappeliger Art ging er, gefolgt von Muffins, davon, während Reginald durch das Tor auf die Dorfstraße hinausging.

Die Unterredung mit Dr. Larcher hatte ihn mehr berührt, als er sich selbst eingestehen wollte, und sein leichtfertiges Gespräch mit Dick hatte ihn einigermaßen erleichtert, aber jetzt, da er allein war, verfiel er wieder in düstere Gedanken. Er war mit seiner Position unzufrieden und sehnte sich danach, mehr über sich selbst zu erfahren – wer waren seine Eltern? – Waren sie tot oder lebendig? – Warum wurde er als Ausgestoßener in die Welt geworfen? Die einzige Person, die das Geheimnis seines Lebens erklären konnte, war Patience Allerby ; Er beschloss daher, bei ihr eine Erklärung einzuholen.

Von diesen düsteren Gedanken erfüllt, schlenderte er langsam die Straße hinauf bis zur Brücke. Hier hielt er inne, beugte sich über die Brüstung und begann erneut nachzudenken. Es war merkwürdig, dass dieser junge Mann, der in einem ruhigen, christlichen Haushalt aufgewachsen war, seine Gedanken über eine so krankhafte Idee wie die Möglichkeit, ein natürlicher Sohn zu sein, schweifen ließ. Er hatte keine Erfahrung mit Lastern und hätte daher die Heirat seiner unbekannten Eltern als Tatsache akzeptieren sollen, insbesondere als seine Amme behauptete, sie seien verheiratet gewesen. Aber die Seltsamkeit seiner Lage ließ ihn glauben, dass es ein Motiv für die Verheimlichung geben musste, und dieses Motiv, stellte er in seinem eigenen Kopf fest, war das Fehlen einer Heiratsurkunde.

Der wahre Grund jedoch, der zu dieser krankhaften Analyse der möglichen Beziehungen zwischen seinen Eltern führte, lag in einer Entdeckung, die er kürzlich gemacht hatte – eine Entdeckung, die das einfache männliche Leben, das er führte, in eine wütende Hölle voller Zweifel und Selbstzweifel verwandelte - Folterungen .

Er war verliebt – und Una Challoner war die Frau, die er liebte. Es handelte sich nicht um diese krankhafte, vergängliche Zuneigung, wie sie in der Jugend üblich ist und unter dem Namen „Kälberliebe" bekannt ist – nein; sondern jene starke, überwältigende Leidenschaft der Seele, die keine Grenzen kennt und die die gesamte Natur beherrscht und beherrscht. Ursprünglich fühlte er sich von Una durch einfache Bewunderung für ihre Schönheit angezogen, doch später lernte er, diese seelenlose Leidenschaft aufzugeben, und fand in der verwandten Sympathie ihres Geistes mit seinem eigenen die ideale Vereinigung, die es so selten gibt. Sie ihrerseits fühlte sich von denselben Eigenschaften zu ihm hingezogen, die er in ihr fand, und diese vollkommene Übereinstimmung entwickelte bei beiden eine reine und spirituelle Anbetung.

Da seine Liebe so rein war, wagte er nicht, ihr etwas anderes als Reinheit anzubieten, und begann ängstlich, sein Leben zu untersuchen, um alle Fehler zu entdecken, die sein Weiß beeinträchtigten. Er war kein idealer junger Mann, dennoch entdeckte er in seinem Leben nichts, was ihn in Verlegenheit bringen könnte, und fühlte sich daher ziemlich entspannt, doch jetzt schien dieser Schatten möglicher Illegitimität eine Katastrophe zu drohen. Er würde es nicht wagen, der Frau, die er liebte und respektierte, einen Namen anzubieten, der rechtlich nicht sein eigener war.

Es hatte jedoch keinen Sinn, sich der Selbstquälerei hinzugeben, wenn sie durch eine angemessene Erklärung der Umstände seiner Geburt durch Patience Allerby beendet werden konnte . Bislang hatte er sich davor gescheut, dies mit dem vagen Zögern eines Mannes zu tun, der sich davor fürchtet, die Wahrheit zu hören, aber jetzt war es für ihn unerlässlich, alles zu lernen, sei es gut oder böse, und seinen Weg entsprechend zu gestalten. In diesem Moment seines Lebens stand er an der Kreuzung zweier Straßen, und die Erklärung von Patience Allerby würde entscheiden, welche er nehmen sollte. Nachdem er zu dieser logischen Schlussfolgerung gelangt war, verbannte er entschlossen alle düsteren Gedanken aus seinem Herzen und lief schnell über den Gemeindeplatz in Richtung Garsworth Grange. Es war nicht die Suche nach El Dorado oder dem Heiligen Gral, sondern nach dem Geheimnis, das sein ganzes Leben verändern oder zerstören würde.

Der Tag war trüb und schwer, mit einem kalten, grauen Himmel über uns, einem feuchten Wind, der die Kälte mit der Feuchtigkeit der Moore vermischte, und einem Gefühl von Verfall in der Atmosphäre. Die hageren, kahlen Bäume mit ihren schlanken Ästen und Zweigen zeichneten sich mit zarter Deutlichkeit vor dem traurigen grauen Himmel ab – die verwelkten Blätter mit ihren leuchtenden Rot- und Gelbtönen, die den Boden bedeckten – das Fehlen von Vogelgesang oder fröhlichem Brüllen von Kühen – Das alles belastete und deprimierte seine Stimmung. Die einheitlichen Farbtöne der Landschaft mit ihrer Abwesenheit von Farbe und Leben wirkten wie ein Abbild seiner gegenwärtigen Existenz; Aber siehe da, als er den Blick erhob, schwebte ein goldener Sonnenstrahl über den fernen Türmen des Gutshofs, wo er den Talisman zu finden hoffte, der die graue Monotonie einer ereignislosen Vergangenheit in den Glanz und die Freude einer glücklichen Zukunft verwandeln würde. Es war ein Omen für Erfolg, und seine Augen leuchteten, sein Schritt wurde federnder und er umklammerte seinen Stock mit Entschlossenheit, als er dem Glanz der Sonne entgegenschritt und die grauen Nebel und die trostlose Landschaft hinter sich ließ.

Als er weiterging, sah er in kurzer Entfernung vor sich die große Gestalt eines Mannes, und als er sich ihm näherte, erkannte er Basil Beaumont, der lustlos und nachdenklich dahinschlenderte. Er erinnerte sich an die Abneigung des Pfarrers gegen die Figur des Beaumont und wollte gerade mit einem konventionellen Nicken weitergehen, als der Künstler sprach und er es nicht mit Höflichkeit verweigern konnte, zu antworten.

„Guten Morgen, Blake", sagte er freundlich. „Eine Verfassung nehmen?"

„Nicht ganz", antwortete Reginald und verfiel in den gemächlichen Gang des Künstlers; „Der Pfarrer möchte wissen, wie es Squire Garsworth geht?"

„Hätte ich dich früher getroffen, hätte ich dir den Spaziergang ersparen können", sagte Beaumont lässig; „Es geht ihm viel besser – sie haben ihn heute Morgen zu Nestley geschickt , um ihm davon zu erzählen."

„Wo ist Dr. Nestley jetzt?" fragte Blake.

Beaumont zeigte mit seinem Stock auf den Gutshof.

„Dort drüben", antwortete er, „sehe seinen Patienten. Ich schätze, er wird noch einige Zeit hier unten bleiben müssen – der Squire hat großes Gefallen an ihm gefunden – die Vorlieben reicher Männer sind das Vermögen armer Männer."

„Gut. Ich wünschte, jemand würde mich mögen", sagte Blake mit einem Seufzer. „Ich brauche ein Vermögen."

„Du hast eins."

„In der Tat! Wo?"

„In deiner Kehle!"

Reginald lachte und schüttelte den Kopf.

„Das glaube ich kaum", antwortete er fröhlich.

„Sei nicht so gespielt bescheiden, mein lieber Junge", sagte Beaumont achselzuckend. „Ich versichere Ihnen, ich bin nicht jemand, der unnötig lobt. Sie brauchen Training, hartes Training, um Ihre Stimme zur Perfektion zu bringen; aber Sie haben ein wunderbares Organ, an dem Sie arbeiten können – nicht, dass die Stimme alles ist, wohlgemerkt; ich Ich habe Menschen mit guten Stimmen gekannt, für die ein solches Geschenk absolut wertlos ist.

"Warum?"

„Weil sie kein Talent haben. Um einen Sänger hervorzubringen, braucht es mehr als nur die Stimme – es braucht große Ausdauer, einen starken dramatischen Instinkt, einen gebildeten Geist und eine starke Individualität."

„Ich glaube nicht, dass ich das alles habe", sagte Reggy ziemlich trostlos.

„Lassen Sie mich sehen", bemerkte Beaumont bedächtig, „Sie haben eine gute Stimme und einen dramatischen Instinkt, wie ich aus der Art und Weise weiß, wie Sie dieses Lied gestern Abend gesungen haben – Sie sind natürlich gebildet, und ich kann es selbst sehen." eine eigene Individualität – es bleibt nur Beharrlichkeit. Hast du Beharrlichkeit?"

"Ich glaube schon."

„Ah! zweifelhaft. Ich formuliere die Frage anders. Sind Sie ehrgeizig? Wenn ja, müssen Sie Ausdauer haben – das eine ist das natürliche Ergebnis des anderen."

"Wie so?"

„Auf diese Weise ist es logisch, dass ein ehrgeiziger Mann Erfolg haben möchte – er kann ohne Beharrlichkeit keinen Erfolg haben – also beharrt er darauf, seinen Ehrgeiz zu verwirklichen. Sind Sie nun beharrlich oder ehrgeizig?"

"Ich bin mir nicht sicher."

"NEIN!" Beaumont schien von dieser Antwort nicht enttäuscht zu sein, sondern redete weiter. „Dann haben Sie keinen Anreiz; Sie befinden sich im Puppenstadium; erhalten Sie einen Anreiz, und Sie werden sich in einen Schmetterling verwandeln."

„Welchen Anreiz kann ich erhalten."

„Das hängt von Ihrem Temperament ab – dem Wunsch, das langweilige Dorf zu verlassen, dem Wunsch, Geld zu haben, und vor allem dem Wunsch, von einer Frau geliebt zu werden."

„Ah", sagte Blake, den diese letzte Bemerkung scharf traf, „zumindest habe ich diesen Anreiz."

Beaumont lachte.

„Dann muss das Ergebnis folgen, du wirst durchhalten und Erfolg haben."

Blake war von Beaumonts Bemerkungen sehr beeindruckt, denn vor ihm entstand die Vision einer glänzenden Zukunft und eines berühmten Namens mit Una als Frau. Dann kam ihm die Erinnerung an das dunkle Geheimnis seiner Geburt zurück; Wenn seine Vermutungen wahr wären, hätte er nichts, wofür er arbeiten könnte, da zwischen ihm und dem Mädchen, das er liebte, eine unüberwindbare Barriere stünde. Die rosafarbenen Szenen, die er heraufbeschworen hatte, verschwanden, und an ihrer Stelle sah er nur noch das Leid eines einsamen Lebens. Er seufzte unwillkürlich und schüttelte den Kopf.

„Es hängt alles von einer Sache ab", sagte er traurig.

„Und das eine?" fragte Beaumont scharf.

„Es ist derzeit ein Geheimnis", antwortete Blake knapp, woraufhin Beaumont leicht lachte, aber keineswegs beleidigt, und sie gingen schweigend ein kurzes Stück weiter.

Sie näherten sich nun dem Grange und Beaumont wollte gerade umkehren, als er Nestley die Straße herunterkommen sah.

„Hier ist Nestley ", sagte er nachlässig, „damit Sie von ihm alles über den Squire erfahren können und nicht zum Gutshof gehen müssen."

„Ich muss zum Grange gehen", antwortete Blake.

Beaumont lächelte und pfiff den Ton von „Love's Young Dream", denn er hatte im Dorf Gerüchte gehört , die ihn glauben ließen, dass Blake in die schöne Cousine des Squires verliebt war.

Reginald verstand ihn und wollte gerade eine wütende Bemerkung machen, als Nestley auf sie zukam und das Gespräch beendete.

„Nun, Doktor", sagte Beaumont leichthin, „und wie geht es Ihrem Patienten?"

Nestley runzelte die Stirn, als er Beaumont erkannte , aber er war offenbar entschlossen, seinem Feind nicht das Vergnügen zu bereiten, seine Verärgerung zu sehen, also glättete er sein Gesicht zu einem milden Lächeln und antwortete in der gleichen Konversationsart:

„Besser – viel besser – es wird ihm bald wieder gut gehen – weniger erregbar – aber der Körper ist abgenutzt."

„Und das Gehirn?" fragte der Künstler.

„Oh, das ist in Ordnung – er hat ein wunderbares Gehirn."

„Etwas kaputt", warf Blake ein und nickte Nestley zu .

„Nur ein bisschen", antwortete Nestley kühl. „Aber sein Wahnsinn hat eine Menge Methode. Er hat seltsame Vorstellungen von der Reinkarnation der Seele – aber wir alle haben mehr oder weniger seltsame Ideen."

„Besonders mehr", bemerkte Beaumont lässig. „Kommst du zurück, Nestley ? Ich würde mich über einen Begleiter freuen."

Nestley zögerte. Er mochte Beaumont nicht und misstraute ihm. Dennoch strahlte der Mann eine wunderbare Faszination aus, der nur wenige widerstehen konnten, und trotz seiner Abneigung geriet Nestley schnell wieder in den alten Bann dieser höflichen, zynischen Art.

„Es macht mir nichts aus", sagte er nachlässig, „vor allem, weil ich Ihnen eine Nachricht vom Squire überbringen möchte."

"Mir?" sagte Beaumont überrascht. "Wie wäre es mit?"

„Ein Foto. Der Gutsherr möchte, dass man ihn porträtiert, und----"

„Sie haben an mich gedacht", sagte Beaumont mit einem kalten Lächeln; „Wie charmant Sie sind, mein lieber Nestley . Ich würde mich freuen, den Squire zu malen, er ist eine Rembrandt'sche Studie, voller Licht und Schatten und Falten."

„Wohin gehen Sie, Mr. Blake?" fragte Nestley , drehte sich abrupt zu dem jungen Mann um und musterte ihn aufmerksam.

„Zur Grange", antwortete Blake nachlässig, „um den Squire zu sehen. Guten Morgen, meine Herren", und mit einem kühlen Nicken schlenderte der junge Mann in Richtung Garsworth Grange davon.

Nestley stand da und blickte ihm seltsam nach.

„Um den Squire zu sehen", wiederholte er. „ Ja und Una Challoner."

„Ah", sagte Beaumont zynisch. „Das hast du gesehen, mein Lieber."

„Ja. Wussten Sie, dass Una Challoner ihn liebt?"

„Nicht ganz. Ich weiß, dass er Una Challoner liebt."

„Sie gibt es zurück", sagte Nestley düster. „Das habe ich heute Morgen aus ihrem Verhalten herausgefunden."

Beaumont lächelte und blickte seltsam auf das niedergeschlagene Gesicht des Arztes.

„Ich verstehe“, sagte er und zündete sich eine neue Zigarette an.

„Was verstehen?“ fragte Nestley wütend.

„Dass du auch Una Challoner liebst.“

„Absurd, ich habe sie nur zweimal gesehen.“

"Trotzdem----"

"Was?"

„Oh nichts, nichts“, antwortete Beaumont leichthin. „Ich werde dir in einer Woche alles darüber erzählen.“

Nestley antwortete nicht, sondern stand schweigend da und schaute zu Boden, als Beaumont ihn sah und mit einem fröhlichen Lachen seinen Arm in den seinen zog.

„Kommen Sie“, sagte er fröhlich, „wir gehen zurück nach Garsworth , und Sie können mir alles über den Squire und sein Bild erzählen.“

Kapitel VII.

DIE HAUSHÄTTERIN.

Wie ein einsamer Berg, weiß mit jungfräulichem Schnee,

Das ewige Feuer in seiner Brust trägt

Diese Frau ist kalt und blass mit einem traurigen Gesicht

Dennoch verspürt er im Herzen ein unerfülltes Verlangen.

Reginald Blake ging zügig die Allee hinauf. Es sah übermäßig trostlos aus, denn die schwarz aussehenden Bäume mit ihren kantigen Ästen schienen ausgehungert und ausgetrocknet zu sein, während die Blätter unter den Füßen vom Regen durchnässt waren . Die Marmorstatuen, die hier und dort standen, wirkten trostlos, als sehnten sie sich nach dem sonnigen Himmel ihrer Heimat Italien und protestierten stumm gegen dieses neblige Klima, das ihre Schönheit verfärbte und beeinträchtigte.

Als er auf der Terrasse ankam, wirkte die lange weiße Fassade des Hauses düster und wenig einladend. Kein Rauch stieg aus den schlanken Schornsteinen auf, kein Gesicht erschien an den kahlen Fenstern, und die Terrasse, die von fröhlicher Gesellschaft hätte bevölkert werden sollen, war still und verlassen und ließ mit ihrem stummen Gefühl der Trostlosigkeit einem die Seele erschauern.

Der junge Mann läutete die Glocke in der riesigen Veranda, und bevor das harte Klirren aufgehört hatte, durch das trostlose Haus zu hallen, wurde die Tür von Jellicks geöffnet . Als sie Blake erkannte , begrüßte sie ihn herzlich und ließ ihn in die gewölbeartige Halle eintreten, in der noch immer der von Nestley beobachtete muffige Geruch vorherrschte . Außerhalb des grauen Himmels, innerhalb der grauen Dämmerung schien es, als hätte die Sonne diesen trostlosen Ort seit Jahrhunderten nicht mehr mit ihren fröhlichen Strahlen erwärmt.

„Ich möchte Miss Challoner sehen", sagte Reginald, als die schwere Tür wieder geschlossen wurde, „ist sie zu Hause?"

Jellicks antwortete, dass sie es sei, mit einem schlangenartigen Zischen, und dann, noch mehr wie eine Schlange, schlängelte sie sich durch den dunklen Korridor im Erdgeschoss, gefolgt von Blake, der sich von der umgebenden Atmosphäre des Verfalls deprimiert fühlte.

Schließlich blieb sie mitten im Flur stehen und als sie an eine Tür klopfte, wurde sie von einer dünnen Stimme, anscheinend der von Miss Cassy, aufgefordert, einzutreten.

Reginald tat es, und Jellicks wandte sich entschuldigend aus dem Zimmer und trat vor, um Una und Cassandra zu begrüßen, die im breiten Fenster saßen und auf die weiße Terrasse und die trostlose Landschaft blickten.

Una, voller Leben und Schönheit, schien in diesem Beinhaus etwas fehl am Platz zu sein, obwohl der Raum, um die Wahrheit zu sagen, einen heimeligeren Eindruck machte als der Rest des Gutshofs. Nicht sehr groß, mit geschnitzter Eiche getäfelt , dunkel und feierlich aussehend, mit Bildern in angelaufenen Goldrahmen behangen, der Boden war mit einem angenehm aussehenden Teppich von rötlicher Tönung bedeckt. Im riesigen Kamin brannte ein schönes Feuer, das die kühle Atmosphäre etwas erwärmte. Die Möbel waren ausgerechnet urig und altmodisch und reichten von schweren Eichentischen aus der Tudor-Zeit bis hin zu Chippendale-Stühlen mit Spindelbeinen und Schränken moderner Bauart mit seltsamen Intarsien. Es gab nur ein Fenster im Raum, einen tiefen Erker mit Bänken in der Tiefe und rautenförmigen Scheiben, die mit bunten Wappen der Familie Garsworth verziert waren . Ein uriger Raum von altem und unpassendem Aussehen, der dennoch eine ganz eigene stille Schönheit besitzt, einen Ton von intensiver Ruhe, der nicht ohne Charme war.

„Guten Morgen, Miss Challoner", sagte Reginald höflich, sich der Anwesenheit von Miss Cassy bewusst. „Ich habe auf Wunsch von Dr. Larcher angerufen , um zu sehen, wie es dem Squire geht."

„Oh, besser, viel besser", warf Miss Cassy ein, bevor Una etwas sagen konnte. „Ich habe gesagt, dass es die ganze Zeit über nervös war – so sehr seltsam – er war ziemlich aufgeregt, aber die Medizin des lieben Arztes, wissen Sie – so beruhigend, wirklich sehr beruhigend – ich weiß nicht, was der liebe Gutsherr ohne sie machen wird Sehr geehrte Frau Dr."

„Er wird nicht ohne ihn auskommen, Tante", sagte Una mit einem Lächeln; „Mein Cousin hat Angst, wieder krank zu werden, deshalb hat er Dr. Nestley gebeten , ein paar Wochen hier unten zu bleiben, um die Heilung abzuschließen."

„Was ist mit seiner eigenen Praxis?" fragte Reginald.

„Oh, er sagt, das wäre in Ordnung, da er es seinem Partner überlassen hat. Kennen Sie Dr. Nestley ?"

Garsworth zurückgekehrt ."

„Beaumont", sagte Miss Cassy lebhaft, „das ist der Maler, sehr seltsam, nicht wahr? Er wird das Bild des lieben Gutsbesitzers malen – wie schön."

„Warum möchte der Gutsherr, dass sein Bild gemalt wird?" fragte Blake.

Una lachte.

„Auf jeden Fall nicht wegen seiner Schönheit", sagte sie schelmisch, „aber wissen Sie, es gibt nur ein Bild von ihm in der Galerie – als junger Mann. Ich nehme an, das dient dem Kontrast. Tun Sie es." Kennen Sie Mr. Beaumont?"

„Etwas. Er ist hier ein Fremder", antwortete Blake etwas kühl. „Ich würde sagen, er war ein sehr kluger Mann – aber er entspricht kaum dem Stil, der mir am Herzen liegt."

„Er sieht böse aus", sagte Miss Cassy und nickte weise mit dem Kopf; „abgetragen, wissen Sie – oh, schockierend! – aber sehr gutaussehend – genau die Art von Mann, die ich mir als Sohn wünschen würde."

„Oh, Tante!" sagte Una leicht schockiert.

„Nun, das würde ich, Una. Du weißt, ich wäre gerne verheiratet gewesen – ich weiß sicher nicht, warum ich nicht verheiratet war", sagte die arme Dame erbärmlich. „Ich bin mir sicher, dass jeder sehen kann, dass ich nicht für eine Jungfer gemacht bin – es ist so seltsam, nicht wahr?"

Als Blake direkt angesprochen wurde, unterdrückte er ein Lächeln und stimmte höflich zu; woraufhin Miss Cassy fortfuhr:

„Für ein unverheiratetes Mädchen ist es so schwer zu wissen, wann es aufhören soll, ein Mädchen zu sein – ich bin sicher, ich weiß es nicht – Ivy, weißt du, mir ist danach; ich muss mich an eine männliche Eiche klammern – nein, ich meine einen eichenartigen Mann – nein! Nicht so – gemischt, verstehen Sie! Ich meine einen Mann wie eine Eiche – ja, das ist es, und dann hätte ich vielleicht zwölf kräftige Söhne bekommen – alles Eichen! Seltsam, nicht wahr? – höchst eigenartig."

„Meine liebe Tante, was sagst du für seltsame Dinge!" sagte Una und sah Reggy vorwurfsvoll an , die versuchte, sein Lachen zu unterdrücken.

„Ja, ich weiß, Liebes", antwortete Miss Cassy selbstgefällig, „wir sind alle seltsam – nervös – ziemlich chronisch; jeder kann sehen, dass es daran liegt, ein Efeu zu sein – ich meine eine Frau – so sehr nett." – ja, das sage ich immer – nicht wahr, Mr. Blake?"

Reginald konnte es nicht genau sagen, da er sich nicht sicher war, was Miss Cassy meinte, gab aber eine verwirrte Antwort und bat dann um einen Termin bei Patience Allerby .

„Sie ist im Zimmer der Haushälterin, glaube ich", sagte Una. „Tante wird dich dorthin bringen, und wenn du mit ihr fertig bist, werde ich mit dir nach Garsworth gehen ."

„Wirst du das wirklich? Ich bin so froh!" sagte Reginald eifrig.

„Ich möchte Cecilia wegen des Konzerts in der Kirche sehen", antwortete Miss Challoner.

"Welches Konzert?"

„Weißt du das nicht? Oh, wir geben demnächst ein Konzert im Schulzimmer. Du sollst zum Singen aufgefordert werden."

"Erfreut."

„Cecilia wird ein Stück spielen – sie mag das Klavier nicht so sehr wie die Orgel, aber das können wir kaum aus der Kirche herausholen."

„Ich werde auch singen", sagte Miss Cassy und schüttelte ihre Locken, „so schön – ganz opernhaft. Wenn Sie möchten, singe ich ein Duett mit Ihnen, Mr. Blake."

Blake entschuldigte sich hastig, da er große Angst vor Miss Cassys Gesangsdarbietungen hatte, die, gelinde gesagt, etwas kreischend waren. Die Dame nahm seine Entschuldigung gnädig an und führte ihn dann aus dem Zimmer, um die Haushälterin zu suchen, und überließ es Una, sich für den Spaziergang fertig zu machen.

Miss Cassy, die sich darüber freute, einen charmanten jungen Mann als Publikum zu haben, plapperte die ganze Zeit über unzusammenhängend.

„So feucht, nicht wahr – ziemlich kühl. Ich mochte das Wetter nie. Sehr wässrig – rheumatisch, wissen Sie. Ich meine natürlich das Wetter – nicht mich selbst! Ich glaube, Patience ist in ihrem Zimmer – Es ist so nett von dir, deine alte Amme zu sehen – ganz entzückend! Licht, wie er heißt, weißt du – Moore – genau; irische Melodien – so hübsch! Das ist die Tür. Oh, Geduld – du bist in- - Ich freue mich so sehr - hier ist Mr. Blake, Sie zu sehen! Der Squire ist einfacher - ja, natürlich Nerven - ich wusste es. Ich werde nach Una zurückkehren, Mr. Blake, und bis später - Wirklich sehr erfreut – ein wahrer Genuss, einen Mann zu sehen. Klingt nach dem Beitrag – sehr seltsam, nicht wahr ? – ja!"

Und Miss Cassy schloss die Tür hinter sich und ging und ließ Reginald allein mit seiner alten Amme zurück.

Die große, gelassene Frau, die in der Nähe des Kamins stand, machte einen Schritt nach vorne, als wollte sie Reginald umarmen, hielt sich aber zurück, als sei sie unsicher, wie sie weiter vorgehen sollte. Blake jedoch ging zu ihr und küsste sie liebevoll, was ein Gefühl der Rührung in ihrer Brust zu erwecken schien, denn sie errötete ein wenig bei der Liebkosung und lächelte ihn liebevoll an. In ihrem zurückhaltenden, schieferfarbenen Kleid , mit der weißen Schürze und dem blassen, starren Gesicht sah sie aus wie eine Frau, die nie gewusst hatte, was es heißt, zu lieben oder geliebt zu werden; Aber hin und wieder verriet ein Aufblitzen in den düsteren Tiefen ihrer beredten Augen die feurige Natur, die sich hinter diesem ruhigen Äußeren verbarg. Der Kuss des jungen Mannes schien ihre gefrorene Seele zum Leben zu erwecken, und als sie ihren Platz wieder einnahm, war ihr Gesicht rosarot, ihre Augen sanft, und die harten Linien um ihren Mund verschwanden unter der Magie von Reginald Blakes Anwesenheit. Er, dunkel und gutaussehend, lehnte am Kaminsims und blickte neugierig auf sie herab, als wüsste er nicht, wie er das Gespräch beginnen sollte.

„Ich freue mich so sehr, Sie zu sehen, Meister Reginald", sagte sie, und die harte Stimme, mit der sie normalerweise sprach, wurde sanft und zärtlich. „Ich habe dich schon lange nicht gesehen."

„Eine ganze Woche, Patience, das ist alles", antwortete er nachlässig. „Sie sehen, ich bin mit meinem Studium beschäftigt."

„Das stimmt, Liebes!" sagte sie eifrig. „Arbeite – arbeite hart und mache dir in der Welt einen Namen."

„Um wessen willen?" fragte er etwas bitter.

"Für meine!"

Es lag eine Welt voller Zärtlichkeit in der Art, wie sie die Worte sprach, und ihre Augen schienen ihn zu verschlingen, während sie ihn ansah. Er bewegte sich ruhelos und stürzte sich mit größter Anstrengung direkt auf den Gegenstand seines Besuchs.

„Warum nicht um meiner Eltern willen?"

Das Gesicht der Frau verlor seinen zärtlichen Ausdruck und wurde hart und starr, als sie krampfhaft die Armlehnen ihres Stuhls drückte und ihm ins Gesicht blickte.

„Wer hat mit dir darüber gesprochen?", fragte sie grimmig.

„Doktor Larcher ."

„Und der Grund?"

„Einfach Folgendes: Ich bin zweiundzwanzig Jahre alt, also ist es an der Zeit, dass ich mir ein Ziel im Leben setze. Bevor ich das tue , möchte ich alles über meine Abstammung wissen. Leben meine Eltern oder sind sie tot? – Wer sind sie?" „Warum wurde ich Ihrer Obhut anvertraut? Können sie oder ihre Verwandten mir helfen, in der Welt voranzukommen? Ich kann mich nicht bewegen, bis ich weiß, wer und was ich bin."

Er sprach vehement, und während er das tat, schien die Frau mit namenloser Angst in den Augen in ihren Stuhl zurückzuweichen. Einen Moment lang war kein Ton zu hören. Endlich brach sie das Schweigen.

„Deine Eltern waren mein Herr und meine Geliebte", sagte sie schließlich mit leiser, rauer Stimme, „und haben gegen den Willen ihrer Eltern geheiratet."

„Sie waren also verheiratet?"

„Wer hat gesagt, dass das nicht der Fall ist?" sie forderte heftig.

„Niemand. Aber das Geheimnis meiner Geburt ließ mich denken, dass es vielleicht …"

"Scham!" unterbrach sie vehement. „Du liegst falsch. Es war keine Schande – sie hielten die Ehe geheim, denn wenn sie davon erfahren worden wären, hätten sie ihr Eigentum verloren. Als du geboren wurdest, gingen sie aus Rücksicht auf die Gesundheit deines Vaters nach Frankreich und überließen dich meiner Obhut . Ich sollte dich behalten, bis sie dich als ihren Sohn anerkennen konnten; aber bevor sie das tun konnten, starben sie."

"Gestorben!"

„Ja. Ihr Vater starb sechs Monate nach seiner Abreise aus England in Cannes an Schwindsucht, und Ihre Mutter folgte ihm sehr bald ins Grab."

„Woran ist sie gestorben?"

„Ein gebrochenes Herz", antwortete Patience mit leiser Stimme, „ein gebrochenes Herz, arme Seele."

"Guter Gott!"

„Ich habe kurz danach davon gehört", fuhr sie schnell fort, „und da Ihre Geburt nie anerkannt worden war, beschloss ich, Sie großzuziehen, ohne jemandem die Wahrheit zu sagen. Nachdem ich einige Zeit in London verbracht hatte, brachte ich Sie zu Doktor Larcher , und seitdem ist er für Sie zuständig.

"Warum bist du hierher gekommen?"

„Weil es mein Heimatort ist Ich hatte nur vor, eine Zeit lang zu bleiben und dann in den Dienst in London zurückzukehren, aber Squire Garsworth wollte eine Haushälterin, also habe ich die Situation angenommen, um in Ihrer Nähe zu bleiben."

„Warum hast du mir das nicht schon früher erzählt?"

„Das war nicht nötig", antwortete sie kühl, „und selbst jetzt ist es nutzlos. Deine Eltern sind tot und das Eigentum ist an entfernte Erben übergegangen."

„Aber ich bin der Erbe."

Sie schüttelte den Kopf.

„Nein, das Eigentum war nicht verpfändet – es wurde per Testament hinterlassen, und Sie haben keinen Anspruch gegenüber dem jetzigen Eigentümer."

„Wer war mein Vater?"

„Er war in der Armee gewesen, wurde aber nach seiner Heirat ausverkauft und wurde Schriftsteller."

"Was war sein Name?"

„Reginald Blake – derselbe wie Ihr eigener."

„Dann ist es also mein richtiger Name?"

Sie sah ihn überrascht an.

„Natürlich! Warum solltest du nicht den Namen deines Vaters annehmen? Es gab keinen Grund."

„ Also bin ich allein auf der Welt?"

„Ja, außer mir."

Er trat zu ihr und legte seinen Arm liebkosend auf ihre Schulter.

„Ah, du warst eine Mutter für mich", sagte er schnell, „und ich werde es nie vergessen. Niemand hätte freundlicher und treuer handeln können."

Patience zuckte zusammen und schreckte vor seiner Liebkosung zurück, während er fröhlich im Zimmer auf und ab ging.

„Jetzt ist mein Geist beruhigt", sagte er mit einem erleichterten Seufzer. „Ich dachte, dass das Geheimnis meiner Geburt ein Makel wäre, aber da ich das Recht habe, den Namen meines Vaters zu tragen, warum? meine Frau."

„Das Mädchen, das du liebst", wiederholte sie eifersüchtig.

„Ja, ich werde dir ihren Namen sagen, obwohl ihn sonst niemand kennt – Una."

„Miss Challoner", sagte die Frau und fuhr auf; "unmöglich!"

"Warum ist das unmöglich?" erwiderte er fröhlich. „Du denkst, ich bin nicht reich genug. Macht nichts, ich trage ein Vermögen in meinem Hals und werde es bald schaffen, ihr Trost zu spenden. Sie liebt mich und ich liebe sie, also werden wir ganz glücklich sein."

„Das hoffe ich", sagte sie inbrünstig. „Möge Gottes Segen auf Ihren Bemühungen ruhen. Ja, heiraten Sie Una Challoner, wenn sie Sie liebt, und gehen Sie Ihren eigenen Weg, ohne sich um die Toten zu kümmern."

„Ich habe meine Eltern nie kennengelernt", sagte Reginald seufzend, „also kann ich sie kaum bereuen, aber mit Una als Arbeitsstelle werde ich die Vergangenheit vergessen und mich auf die Zukunft freuen. Ich habe ihr jetzt nichts weiter zu bieten als einen makellosen Namen." . Egal, Ehrgeiz kann Wunder bewirken. Nun, auf Wiedersehen, Schwester, ich muss zurück nach Garsworth .

„Auf Wiedersehen", sagte sie und küsste ihn eifrig. „Komm bald wieder, mein lieber Junge; und obwohl Una Challoner dich liebt, vergiss deine alte Amme nicht."

„Natürlich nicht", antwortete er fröhlich und ging summend davon. Patience Allerby wartete, bis die Tür geschlossen war und der Klang seiner Stimme verklungen war, dann fiel sie auf die Knie, schlug sich mit den Händen auf die Brust und weinte bitterlich.

"Gott Gott!" Sie schrie unter krampfhaften Schluchzern: „Verzeihen Sie meine Sünde. Es geschah um seinetwillen, um seinetwillen, nicht um meinetwillen. Lass die tote Vergangenheit vergessen sein. Lass ihn nie etwas anderes erfahren als das, was ich ihm gesagt habe, und segne ihn." , oh Gott, in seinem zukünftigen Leben."

An der Wand hing ein Kruzifix aus schwarzem Ebenholz, und von dort blickte man mit mitleidigen Augen auf das Gesicht des Herrn auf die betroffene Frau, die vor ihm kniete. Der unbeschreibliche Kummer des heiligen Antlitzes schien ihren Geist zu beruhigen, denn sie hörte auf zu weinen und ihre Lippen bewegten sich zu einem Gebet, das aus ihrem Herzen zu kommen schien.

„ *Vergib uns unsere Verfehlungen, wie auch wir denen vergeben, die gegen uns verstoßen* ."

KAPITEL VIII.

DER BLINDE ORGANIST.

„Ich habe nichts von der Erde gesehen, denn meine Augen waren verdunkelt,
seit ich zu diesem Leben mit seinen Mühen und Leiden geboren wurde.
Doch der Schöpfer hat in seiner Barmherzigkeit Entschädigung gewährt,
Musik und die Liebe zu süßem Gesang, um das Leben zu erhellen Last.
Hier, an der laut anschwellenden Orgel, reagiert meine Seele auf
Leidenschaft und Erhabenheit der Musik und melodische
Seufzer . Sie bricht aus ihrem Gefängnis der Düsternis hervor und erhebt
sich jubelnd nach oben, getragen vom stürmischen, majestätischen Atem
der Orgel.

In der Regel lohnt es sich kaum, die Gespräche von Liebenden aufzuzeichnen, da sie meist aus zusammenhangslosen Schwärmereien von Liebe und Hingabe bestehen und nur sehr wenig von der nützlichen Eigenschaft enthalten, die man gesunden Menschenverstand nennt. Aber Reginald und Una waren die ruhigsten aller Liebsten und sprachen über andere Dinge als über die Glut ihrer Leidenschaft. In diesem Fall diskutierten sie über ihre Zukunft und die Chancen ihrer Ehe.

Es wäre schwierig gewesen, ein hübscheres Paar zu finden, als sie entlanggingen; sie war schön und schlank, mit einem bezaubernden Lächeln im Gesicht; Er ist groß und dunkelhäutig, mit einem Anflug von Hochmut in seiner männlichen Würde. Sie sahen aus wie zwei Liebende, die den verzauberten Garten von Boccaccio verlassen hatten und über nichts zu reden hatten als über die Schmerzen und Leidenschaften des Eros, aber leider sind solche Gedanken unmöglich, außer unter dem magischen Einfluss der Dämmerung; und dieses junge Paar, das die Inkarnation der Romantik zu sein schien, redete auf höchst prosaische Weise.

„Siehst du, Liebes“, sagte Reginald, nachdem er Una alles erklärt hatte, „es nützt nicht den geringsten Sinn, wenn ich von meinen Verwandten abhängig bin, selbst wenn ich sie herausfinden würde.“

„Ich glaube auf jeden Fall nicht, dass es viel nützt“, antwortete Una entschieden. „Es ist viel besser für Sie, sich auf sich selbst zu verlassen. Aber wie wollen Sie vorgehen?“

„Das ist ziemlich schwer zu sagen. Ich habe kein Geld und keine Chance, welche zu bekommen. Patience hatte eine gewisse Summe, die sie Doktor Larcher für meine Ausbildung gezahlt hat. Ich glaube", sagte der junge Mann etwas verbittert, „das habe ich." wurde größtenteils aus Nächstenliebe vom Pfarrer erzogen."

„Doktor Larcher hat das nie gesagt."

„Nein, dafür ist er zu gutherzig und großzügig, aber ich bin sicher, dass das der Fall ist. Macht nichts, sollte es jemals in meiner Macht liegen, werde ich seine Barmherzigkeit tausendfach zurückzahlen . "

„Glaubst du, es würde ihm gefallen, dass du Sänger wirst?" fragte Una besorgt.

„Ich glaube nicht, dass er damit einverstanden sein wird – zunächst einmal", sagte Reginald unverblümt, „aber was kann ich sonst noch tun? Das Gesetz, die Kirche und die Medizin erfordern alle Geld, um einen Anfang zu machen, und selbst dann ist es so ein schwieriges Spiel. Ich weiß viel über Musik, und laut Beaumont, der sicherlich kein Schmeichler ist, habe ich eine ausgezeichnete Stimme. Es ist also meine einzige Chance.

„Wenn der Pfarrer zustimmt, was werden Sie tun?"

„Ich werde ihn bitten, mir etwas Geld zu leihen. Dann werde ich nach London gehen und mich einem guten Meister unterstellen, und wenn meine Stimme gut ist, werde ich mit harter Arbeit bald etwas erreichen können."

„Es scheint sehr riskant zu sein", sagte Una mit einem Seufzer. „Viele scheitern."

„Und viele haben Erfolg. Wenn ein Mann nüchtern, fleißig und aufmerksam ist, kann er kaum umhin, Erfolg zu haben. Bettler dürfen keine Wähler sein, und wenn ich nicht das einzige Talent nutze, das ich habe, was bleibt mir dann anderes übrig? „Ich kann nicht mein Leben lang auf Dr. Larchers Gnade hier bleiben . Wenn ich das täte, wäre die Chance auf unsere Heirat gering."

„Ich habe ein wenig Geld", begann sie schüchtern.

„Ja, ich weiß", antwortete er hastig, „aber ich bin nicht der Mann, der von meiner Frau leben kann. Ich will dich selbst, nicht dein Geld; obwohl du als Erbin des Gutsherrn weit über mir stehst." "

Una lachte.

„Ich habe große Zweifel, ob ich eine Erbin bin", sagte sie fröhlich. „Es ist wahr, ich bin der nächste Verwandte des Gutsherrn und sollte erben, aber

Sie wissen, wie exzentrisch er ist. Der Besitz ist nicht verpfändet, also kann er tun, was er will."

„Du meinst, er wird es seinem anderen Selbst überlassen. Unsinn! Das ist die Fantasie des Gehirns eines Verrückten. Kein Gericht würde ein solches Testament aufrechterhalten. Wie er es sich selbst überlassen wird, wenn sein *Alter Ego* es nicht ist. " Ich weiß es nicht."

„Ich auch nicht", antwortete Una offen. „Ich weiß natürlich, dass er verrückt ist, ziemlich verrückt, und dass jedes Testament, das auf dem Prinzip seiner Halluzination basiert, aufgehoben würde, aber in letzter Zeit hat er Andeutungen über einen Sohn gemacht."

„Ein Sohn? Warum er nie verheiratet war."

„Nein, aber er sagt, er hat einen Sohn, der irgendwo in der Nähe ist, und er beabsichtigt, ihm das Anwesen zu hinterlassen."

„In der Tat. Was wird dann aus seinem großen Plan, das Geld in seinem wiedergeborenen Körper zu genießen?"

„Es ist ein Rätsel", sagte Miss Challoner lachend.

„Ich würde denken, dass es so war, und welcher Wille auch immer er jetzt macht, indem er dir das Eigentum weglässt, würde nicht Bestand haben, denn er ist sicherlich nicht bei Verstand. Du könntest behaupten, er sei ein nächster Verwandter."

„Und das sollte ich auf jeden Fall tun", antwortete Una entschlossen. „Aber ich bin der Meinung, dass er noch lange leben wird."

„Humph! Er ist sehr krank."

„Knarzende Türen hängen am längsten. Aber lassen Sie uns nicht über seinen Tod spekulieren. Mir wäre es lieber, wir würden unser eigenes Vermögen machen."

Die Verwendung des Plurals hatte für Reginald einen köstlichen Klang, und er verspürte die starke Versuchung, seine Geliebte sofort zu küssen, aber da sie nun die Brücke überquerten und mehrere Leute in der Nähe waren, hielt er sich bis zu einem günstigeren Zeitpunkt zurück .

„Kümmere dich nicht um den Squire und sein Geld, mein Lieber", sagte er liebevoll, „um deinetwillen werde ich der Mario der Zukunft sein."

„Das wirst du sicher", antwortete Una mit der Vertrauenswürdigkeit der Liebe, „du weißt, ich habe lange Zeit in Deutschland gelebt und viele gute Sänger gehört – deine Stimme ist genauso gut wie alle anderen, wenn nicht sogar besser."

"Schmeichler!"

„Nun, wir werden sehen, Signor Reginald Mario", sagte sie fröhlich, als sie den Kirchhof betraten, „wenn Sie das Londoner Publikum verzaubern, werden Sie sich an meine Vorhersage erinnern. Sie sollten der armen Zigeunerin die Hand mit Silber kreuzen."

„Das geht nicht, Mama", erwiderte er lachend; „Ich bin völlig am Ende. Aber da ist niemand in der Nähe, also mache ich es besser – kreuze die Lippen der Zigeunerin und küsse sie", und bevor sie sich zurückziehen konnte, setzte dieser kühne junge Mann seine Worte in die Tat um.

„Oh, Reginald!"

„Oh, Una", ahmte er leicht nach, „sag kein Wort, sonst nehme ich ein anderes. Komm mit, hier ist die Kirche, und bei Gott", als der Klang der Musik an ihren Ohren erklang, „da ist Cecilia." das Organ."

„Und sie spielt den Hochzeitsmarsch", rief Una errötend.

„Es ist ein gutes Omen, Liebes", flüsterte er, als sie den Gang hinaufgingen, „das ist wie eine Probe für die Hochzeit, nicht wahr?"

Sie lachten beide fröhlich, und während ihre jungen Stimmen durch die leere Kirche hallten, drehte sich die Organistin auf ihrem Stuhl schnell in die Richtung, aus der der Klang kam.

Cecilia Mosser war eine dieser hellen Frauen, die zu einer vollfarbigen Blondine die gleiche Beziehung haben wie ein feuerloser Opal zu demselben Stein, dessen roter Funke unter seinem undurchsichtigen Weiß leuchtet. Während Una alle Eigenschaften einer echten Blondine aufwies, gerötet mit dem rosigen Farbton einer starken Vitalität, wurden dieselben Eigenschaften bei Cecilia mit einem deutlichen Mangel an Farbe und Leben reproduziert. Sie hatte den gleichen blassen Teint, das gleiche goldene Haar und die gleichen blauen Augen, aber der Teint war totenweiß und es fehlte die schillernde Transparenz von Unas, das goldene Haar sah matt aus, ohne jeden Glanz, und die azurblauen Augen waren es Kaltblau, obwohl sie im letzteren Fall, da sie blind waren, natürlich nicht die Seele im Inneren widerspiegelten und daher ein lebloses Aussehen hatten. Es war ein trauriges, geduldiges Gesicht, geprägt von dem Ausdruck stummer Bitte, der den Gesichtern von Blinden so eigen ist. Sie trug ein dunkles Kleid mit Kragen und Manschetten aus weißem Leinen, ihr gebleicht aussehendes Haar war glatt am Hinterkopf aufgerollt.

„Wie geht es dir, Cecilia?" fragte Una und stieg die Stufen zum Chor hinauf. „Ich bin gekommen, um mir das Konzert anzuschauen."

„Ja, ich habe Sie erwartet, Fräulein“, antwortete das blinde Mädchen mit sanfter, fließender Stimme, die zwar leise, aber deutlich und klar war. „Ist Mr. Blake bei Ihnen? Ich dachte, ich hätte seine Schritte gehört.“

„Oh, ich bin hier“, sagte Blake und ging auf die Orgel zu. „Was ist denn los?“

„Ich möchte, dass du beim Konzert singst“, antwortete Cecilia und berührte leicht die gelben Tasten der Orgel; „Miss Una natürlich auch.“

„Lasst uns ein Duett singen“, schlug Una vor; „‚Oh, dass wir zwei Maying waren ‘ oder so etwas von Mendelssohn.“

„Das Erste ist das Beste“, sagte Reginald schnell. „Ich denke , das wird jedem gefallen. Wer wird sonst noch auftreten, Cecilia?“

„Miss Cassandra und Mr. Priggs “, antwortete sie und berührte die Namen an ihren Fingern. "Herr.----"

„Was! Wird Priggs singen?“ unterbrach Blake lachend.

„Nein, rezitieren Sie ein Stück von ihm.“

„Ich hoffe, es wird verständlich sein.“

„Wie streng du bist“, sagte Una lächelnd.

„Ah! Du kennst Ferdinands Gedichte nicht“, antwortete Reginald erbärmlich; „Das tue ich. Es ist eine Mischung aus Keats, Thompson, Browning, Shakespeare----“

„Und Priggs “, beendete Una.

„Nein, beim Himmel – das ist das Einzige, was es nicht enthält, es sei denn, man nennt stockende Verse und endlose Gedichte Priggian “, sagte der junge Mann fröhlich. „Nun, mach weiter mit der Liste, Cecilia.“

„Dr. Larcher wird uns eine Lesung geben“, sagte Cecilia, die der Analyse mit einem ruhigen Lächeln zugehört hatte, „und Mr. Pemberton singt ein Seelied; ich denke, das ist alles, außer Miss Busky und Simon Ruller .“ "

„Last, but not least“, bemerkte Una leichthin. „Das Programm ist ausgezeichnet – hoffen wir, dass die Künstler genauso gut sind. Es ist nächste Woche, nicht wahr?“

„Nein, am Donnerstag zwei Wochen“, antwortete Cecilia. „Oh, ich habe es vergessen, der Chor singt eine Freude.“

„Und du spielst natürlich ein Stück“, sagte Reginald ernst. „Das ist Kapital. Nun, da wir mit dem Geschäft fertig sind, lasst uns zum Vergnügen reingehen. Ich möchte, dass du mir die ‚ Cujus ‘ spielst.“ animam .‘“

"Wozu?" fragte Una.

„Ich möchte unbedingt meine Stimme ausprobieren", sagte Blake leise zu ihr, während Miss Mosser sich der Orgel zuwandte. „Du weißt warum – du musst mir deine ehrliche Meinung dazu sagen – also geh bis zum Ende der Kirche und sag mir, was du denkst."

„Ich werde ein sehr strenger Kritiker sein", bemerkte Una, als sie wegging.

„Je mehr, desto besser", rief Blake; „Verschonen Sie mich nicht – stellen Sie sich vor, Sie wären die *Musical Times* ."

Una lachte und machte es sich in einer bequemen Bank am anderen Ende der Kirche direkt neben dem Taufbecken aus weißem Marmor bequem.

Die malerische alte Kirche mit ihrem hohen Eichendach und den schmalen Buntglasfenstern mit ihren lebhaften Farbtönen war von großen Schattenmassen erfüllt, die ein schwaches, nebliges Zwielicht erzeugten, das hervorragend zum heiligen Charakter des Ortes passte. In Abständen erhoben sich auf beiden Seiten des breiten Kirchenschiffs die schweren grauen Steinsäulen, deren kunstvoll geschnitzte Gebälke im Halbdunkel über ihnen kaum zu erkennen waren.

Die Fahnen des Mittelgangs , die von den Füßen frommer Generationen getragen wurden, bildeten einen breiten, weißlich gefärbten Weg, der zum Altarraum hinaufführte und an einer Reihe langer, flacher Stufen endete, in deren Mitte das Messingpult stand Form eines Adlers. Zwischen dem Kirchenschiff und dem Altarraum befand sich ein lanzenförmiger Bogen, auf dem ein dünnes Goldband glänzte, auf dem in Zinnoberrot ein biblischer Text eingraviert war. Die düstere Erscheinung der Chorsitze mit ihren überhängenden Baldachinen wurde durch den weißen Schimmer des aus reinem Marmor geschnitzten Abendmahlstisches etwas aufgelockert, auf dem ein großes Kruzifix aus Ebenholz stand, das sich schwarz und scharf von dem großen bemalten Fenster abhob der Rücken. Durch die fantastisch bemalten Fenster mit ihren bizarren Figuren aus Rot, Gelb und Grün schlich das graue Licht des Tages, doch plötzlich brach ein Sonnenstrahl in die Kirche ein und berührte das Grab eines Kreuzfahrers mit Regenbogentönen, während er von der Kirche herabkam Orgelpfeifen ließen goldene Feuerstrahlen aufblitzen. Alles war schwach und schattenhaft, wie die Verwirrung eines Traums, und die düstere Atmosphäre schien vom subtilen Duft des Weihrauchs erfüllt zu sein, der in der alten römischen Zeit aus silbernen Räuchergefäßen gekräuselt worden war.

Durch die düsteren Schatten drangen die satten, anschwellenden Klänge der Orgel, die unter den geschickten Fingern des blinden Mädchens zum Leben erwachten. Ein paar große Töne erklangen aus den mächtigen Mündungen der Pfeifen – Cecilia spielte die majestätische Melodie, die großartig durch die Kirche schwebte – und dann sank die Lautstärke des melodischen Klangs

zu einem leisen Flüstern, als Blake mit dem „ Cujus " begann animam " mit
einem resonanten Ton, der wie der Klang einer silbernen Trompete erklang.

„ Cujus animam gementem
Contristantur et dolentem
Pertransivit Gladius.

Die Stimme des Sängers schien hoch in der Luft zu schweben wie die eines
unsichtbaren Engels, der in den goldenen Wolken verborgen war, während
weit unten das Rollen und Donnern der Orgel zu steigen und zu fallen schien
wie düstere Wellen, die an ein einsames Ufer schlagen. Una schloss die
Augen, als diese großartige Stimme mit ihrer durchdringenden Süße die
traurigen Worte mit einer Intensität dramatischer Gefühle erklang, die mit
ihrer starken religiösen Inbrunst bis ins Innerste ihrer Seele gingen . Als die
letzte Note verklang, hörte Una eine Stimme hinter sich „Bravo" sagen, und
als sie den Kopf drehte, sah sie Dr. Nestley in Begleitung eines großen
dunklen Mannes, den sie sofort als Basil Beaumont erkannte, neben ihr
stehen.

KAPITEL IX.

DIE ANSICHTEN EINES ZYNIKERS.

Die Menschheit zu beherrschen ist alles, was ich sehne

Und zu meinen Füßen, um sie zusammengerollt zu sehen,

Denn wenn du die Welt zu deinem Sklaven machst

Du wirst niemals Sklave der Welt sein.

Offensichtlich hatte sich Dr. Nestley mit seinem früheren Feind angefreundet, denn beide Herren schienen nun in bestem Einvernehmen miteinander zu sein. Entweder war der Arzt der wunderbaren persönlichen Faszination Beaumonts erlegen, oder der Künstler hatte Nestley davon überzeugt , dass er Unrecht hatte, wenn er ihn feindselig betrachtete.

Als er Miss Challoner erkannte, trat der junge Arzt auf sie zu, um sie zu begrüßen, während Beaumont im Hintergrund blieb und die wunderbare Schönheit ihres Gesichts bewunderte, die seine künstlerische Natur stark ansprach.

„Ich hatte nicht erwartet, Sie hier zu finden, Miss Challoner", sagte Nestley eifrig; „Mein Freund und ich hörten den Gesang und kamen herein, um zuzuhören. Erlauben Sie mir übrigens, Herrn Beaumont vorzustellen?"

Una verneigte sich etwas kühl, denn sie erinnerte sich daran, was Reginald über den Künstler gesagt hatte, aber als Beaumont seinen Namen hörte, trat er vor und wurde offiziell vorgestellt. Trotz ihres Misstrauens konnte Una nicht umhin, das schöne, müde aussehende Gesicht zu bewundern, das sie sah, und war noch mehr beeindruckt von der eigentümlichen *Klangfarbe* seiner Stimme, als er zu sprechen begann. Beaumont verfügte sicherlich in nicht geringem Maße über die wunderbare Faszination des Verhaltens, die den unglückseligen Stewarts von Schottland zugeschrieben wird und die so viel für ihre Wankelmütigkeit, ihren Verrat und ihre Undankbarkeit sühnte.

„Ich glaube, es ist Mr. Blake, der singt", bemerkte Basil beiläufig, „er hat eine wunderbare Stimme."

„Ja", antwortete Una mit einem erfreuten Lächeln. „Einen feineren habe ich noch nie gehört – nicht einmal in Deutschland."

„Ah! Sie waren in Deutschland, Miss Challoner?"

„Einige Jahre blieb ich in München."

„Eine bezaubernde Stadt, die großartige Möglichkeiten für ein Kunststudium sowohl in der Musik als auch in der Malerei bietet."

„Haben Sie auch studiert, Miss Challoner?" fragte Nestley , der über den Eindruck, den Beaumont hinterlassen hatte, ziemlich verärgert schien.

„Ein bisschen von beidem", antwortete sie. „Ich habe meine Ausbildung in München gemacht, aber ich fürchte, mein Lernen verlief eher oberflächlich – ich singe ein wenig, male ein wenig – und beides kann ich schlecht."

„Das wäre unmöglich", sagte Nestley und wollte ihm ein Kompliment machen, aber Una runzelte die Stirn bei dieser Bemerkung.

„Bitte nicht", sagte sie kalt, „Ich mag keine Unaufrichtigkeit."

Nestley errötete beim Klang ihrer Stimme und der offensichtlichen Zurechtweisung ein wenig, als sie sah, dass Una ihm mit einem bezaubernden Lächeln die Hand reichte.

„Es darf Ihnen nichts ausmachen, was ich sage, Dr. Nestley ", bemerkte sie und beugte sich vor, „ich fürchte, ich bin furchtbar unhöflich."

„Und wunderbar charmant", dachte Beaumont, der jedoch, gewarnt durch das Schicksal seines Freundes, seine Meinung für sich behielt.

Der junge Arzt hatte Una unterdessen hastig versichert, dass ihm ihre Strenge nichts ausmachte, sie sogar eher gefiel, und dass er sich zweifellos in aller Aufrichtigkeit noch einmal verpflichtet hätte, nur dass Blake begonnen hätte, „Komm, Marguerite, komm" aus Sullivans „Come, Marguerite Come" zu singen. Märtyrer von Antiochia", und alle hörten aufmerksam zu.

Cecilia spielte leicht die anmutige *Arpeggi -Begleitung* , während über diesem ständigen Schwung zerlegter Akkorde, die mit der Stimme an- und abstiegen, die hohen, durchdringenden Töne der Sängerin sanft weiterflossen und, während der Organist sanft spielte, die volle Reinheit der Stimme zu hören war konnte mit wunderbarer Wirkung gehört werden. Aufgrund mangelnder Ausbildung fehlte Blakes Stimme weitgehend die Kraft, die Melodie perfekt wiederzugeben, aber der Reichtum und die Sanftheit seiner Noten waren unbestreitbar.

Als er fertig war, verriet Beaumonts Gesicht die Freude, die er empfand, und Una, die ihn aufmerksam beobachtete, fragte ihn nach seiner Meinung.

„Eine wundervolle Stimme", sagte er kritisch, als die drei den Altar betraten, „aber sie erfordert natürlich viel Pflege."

„Ich finde es bezaubernd", warf Nestley ein, der sich unbedingt bei Una einschmeicheln wollte , indem er jemanden lobte, den sie offensichtlich als Bruder ansah.

„ Natürlich würden Sie das denken", antwortete Beaumont ein wenig verächtlich, „weil Sie nichts über das Thema wissen; für ein unkultiviertes Ohr klingt Blakes Stimme gut, weil er eine wunderbar gute Orgel hat, aber für einen Musiker ist der Stil etwas grob , ein Mangel an Farbgebung und ein Mangel an Raffinesse, die ihn bedauern, dass eine so große natürliche Gabe nicht zu ihren vollen Fähigkeiten trainiert wird.

„Aber du bist kein Musiker?" sagte Nestley , verärgert über den überlegenen Ton seines Freundes.

„Nein", antwortete Basil selbstzufrieden, „aber ich habe viel gehört, und da ich den größten Teil meines Lebens unter Musikern verbracht habe , habe ich mir ein allgemeines Wissen über die technischen Aspekte der Kunst angeeignet. Shakespeare hat nie einen Mord begangen, und doch hat er." schrieb Macbeth und Hamlet. Balzac verliebte sich erst etwa in den vierziger Jahren, aber er schrieb „ Modeste Mignon" und „La Lys dans la vallee " schon vor diesem Alter – man muss kein Künstler sein, um Besitz zu ergreifen die kritische Fähigkeit."

Inzwischen waren sie am Altarraum angekommen, und Reginald trat ihnen entgegen, wobei er vor Bescheidenheit ein wenig errötete, als er drei Zuhörer statt einem vorfand .

„Ich muss Ihnen noch einmal zu Ihrer Stimme gratulieren", sagte Beaumont und sah ihn an, „mein Rat ist, sofort nach London zu gehen und zu studieren."

"London!" wiederholte Blake ungläubig: „Warum nicht Italien?"

„Nur eine Tradition", antwortete der Künstler ruhig, „denn Italien ist das Land des Gesangs, von dem jeder Sänger denkt, er oder sie müsse dort studieren, aber ich versichere Ihnen, das ist ein Fehler – London und Paris haben ebenso gute Lehrer wie Mailand und Rom –" - Ich könnte es besser sagen, denn jeder geht dorthin, wo das größte Einkommen erzielt werden soll.

„Wie zynisch", sagte Una spielerisch.

„Und wie wahr – dies ist nicht das Goldene Zeitalter, Miss Challoner, sondern das Zeitalter des Goldes – es gibt einen gewaltigen Unterschied zwischen Arkadien und Philistia, das versichere ich Ihnen."

„Ich denke, ich werde deinen Rat befolgen", bemerkte Blake fröhlich, „vielleicht habe ich ein Vermögen im Hals, wer weiß?"

„Wer eigentlich?" sagte der Künstler ernst, „heutzutage werden Nachtigallen gut bezahlt."

„Umso besser für Mr. Blake", sagte Una leichthin, „aber wie unhöflich ich bin, ich muss Ihnen beiden Herren den Organisten vorstellen – Miss Mosser, Dr. Nestley und Mr. Beaumont."

Beaumont, der nicht wusste, dass Cecilia blind war, verneigte sich lediglich, aber Nestley ergriff die zarte Hand des Mädchens und ergriff sie warm.

„Ich habe dein Spiel so sehr genossen", sagte er herzlich, „wo hast du es gelernt?"

Als sie seine Stimme hörte, errötete das blasse Gesicht des blinden Mädchens , und ein schmerzlich eifriger Ausdruck huschte über ihre Züge, als ob sie trotz ihrer Gebrechlichkeit versuchte, das Gesicht des Sprechers zu sehen.

„Was für eine wunderschöne Stimme", murmelte sie leise und Nestley musste seine Frage wiederholen, bevor sie antwortete:

„In der Blindenschule in Hampstead", sagte sie und drehte sich zu ihm um. Diese Antwort versetzte Nestley einen schmerzhaften Schock, als er ihr Unglück erkannte. Mit feinem Fingerspitzengefühl gab er die Antwort jedoch locker und gesprächig weiter.

„Ich weiß selbst nicht viel über Musik", sagte er leichthin, „es scheint eine so komplizierte Angelegenheit zu sein – magst du sie?"

„Sehr", antwortete das blinde Mädchen schnell. „Sehen Sie, es ist das einzige Vergnügen, das ich habe. Wenn ich auf die Wiese gehe und den frischen Wind spüre und den Duft des Ginsters rieche, komme ich hierher zurück und versuche, das alles in Musik umzusetzen. Ich danke Gott oft dafür." Orgel spielen können.

Es war zutiefst erbärmlich, sie in diesem Ton reden zu hören; Obwohl sie durch ihr Leiden von allen Schönheiten der Natur ausgeschlossen war, konnte sie Gott dennoch für die eine Gabe danken, die es ihr in gewissem Maße ermöglichte, das zu verstehen und zu schätzen, was sie nie gesehen hatte. Ärzte sind in der Regel nicht sehr sanftherzig, aber Nestley war angesichts der Traurigkeit, die ihre Rede durchströmte, gerührt. Sie erkannte dies und beeilte sich mit einem leichten Lachen, die Illusion, die sie geschaffen hatte, zu zerstreuen.

„Sie dürfen nicht denken, dass ich traurig bin", sagte sie fröhlich, „im Gegenteil, ich war noch nie in meinem Leben so glücklich wie hier. Ich bin mein ganzes Leben in London aufgewachsen, und als ich hier zum Organisten ernannt wurde, Sie können sich die Freude, die ich empfand, nicht vorstellen. Ich habe das gemeinsame Organ und die Orgel, während alle freundlich zu mir sind. Was kann ich mir also wünschen? Nun, Doktor Nestley , ich muss Sie bitten, zu gehen, so wie es mir gerade geht zum Üben . Ich glaube, Miss Challoner und Ihre Freunde sind weg."

Sie warteten am unteren Ende der Kirche auf den Arzt, und nachdem er sich von Cecilia verabschiedet hatte, eilte er in die dämmrige Atmosphäre davon, und als er Beaumont erreichte, erklangen auf der Orgel die Eröffnungsakkorde einer Messe von Pergolesi. Reginald ging mit Nestley nach draußen , weil er mit ihm über den Squire sprechen wollte, und Una blieb mit Beaumont in der grauen alten Kirche stehen. Schweigend lauschten sie dem tiefen Donnern der Basstöne, die im hohen Dach widerhallten, als plötzlich mitten in einem krachenden Akkord die sonoren Töne verstummten und eine süße, reine Melodie durch die Stille erklang, die nach dem Sturm fast bedrückend wirkte von Klang.

„Nach dem Brand ertönte eine leise, leise Stimme", zitierte Basil verträumt. „Erinnern Sie sich, wie perfekt Mendelssohn diese Idee in der Musik zum Ausdruck gebracht hat?"

„Ja, ich habe den Elijah in der Albert Hall gehört", antwortete Una sachlich, da sie ein gesundes englisches Mädchen war und sich nicht von der subtilen Bedeutung der geistlichen Musik rühren ließ, die so schnell die überspannten Nerven berührte dieser Mann.

„Die Albert Hall", wiederholte er achselzuckend. „Oh ja, sehr gut, daran habe ich keinen Zweifel, aber meiner Meinung nach verweltlicht es die geistliche Musik, sie dort zu hören – man hört eine enorme Klangfülle – eine immense Anzahl von Stimmen im Chor und in Soli der besten Künstler; aber wo? ist die Seele des Werkes? Das findet man nur in einer Kirche. Der Messias wurde erstmals in England in der Westminster Abbey gehört, und dort erhob sich nach dem Vorbild des Königs das gesamte Publikum zum Halleluja-Chor, aber Es war nicht die Musik allein, so großartig sie auch ist, die diesen plötzlichen Gefühlsausbruch hervorrief, es war die erhabene Fane, die mit jahrhundertelanger Tradition grau war, die Anwesenheit der mächtigen Toten, die umher schliefen, und die all die dramatische Erhabenheit des Chors krönte . All dies zusammen wirkte auf die Gefühle der Anwesenden ein und sie waren eine Hommage an die Erhabenheit der Musik – so etwas wäre in der Albert Hall unmöglich."

„Glaubst du nicht, dass du die ganze Umgebung lobst und nicht den Musiker", sagte Una schnell; „Ein wahrer Komponist könnte seinen Zuhörern seine Ideen ohne weitere Hilfsmittel einprägen."

„Ich habe keinen Zweifel daran, dass er es könnte", antwortete Beaumont nachlässig, „und zweifellos haben viele Menschen bei Händels Musik in der Albert Hall Emotionen verspürt, aber selbst Händels Genie hätte nirgendwo sonst eine solche Wirkung hervorgerufen, wie ich sie beschrieben habe." eine Kirche; natürlich habe ich den denkwürdigen Sonnenstrahl nicht erwähnt, der für seinen Anteil an der Angelegenheit Lob verdient."

Etwas an der Leichtfertigkeit dieser Bemerkung erschütterte Unas Gefühle, also antwortete sie nicht, sondern ging hinaus in die kühle, frische Luft, gefolgt von Beaumont.

Er begleitete sie bis zum Lichtor und hob dann seinen Hut.

„Ich werde nicht weiter gehen, Miss Challoner", sagte er. „Ich bin in meditativer Stimmung und werde mir diesen alten Ort umschauen. Ich hoffe, wir sehen uns bald wieder im Grange."

„Der Gutshof?" fragte sie und sah ihn fragend an.

„Ja, ich komme zum Squire, um sein Porträt zu malen, wissen Sie."

„Natürlich", antwortete sie schnell. „Ich erinnere mich, dass Patience es mir erzählt hat."

„Geduld", fragte er erschrocken, „haben Sie Geduld gesagt?"

„Ja, Patience Allerby , die Haushälterin", sagte Una fröhlich. „Wie blass du aussiehst, als hättest du einen Geist gesehen – ich wage zu behaupten, dass es an der Wirkung der Kirche und der Musik liegt; auf Wiedersehen, für jetzt", und sie ging schnell weg.

Er hob mechanisch seinen Hut und starrte auf den Boden, sah blass und abgemagert aus.

„Geduld Allerby ", sagte er mit leiser Stimme. „Nach all den Jahren – Geduld Allerby ."

KAPITEL X.

DER GEIST EINER TOTEN LIEBE.

Ist das das Gesicht, das ich früher geliebt habe?

Es waren Jahre vergangen;

Ach! Es interessiert mich nicht mehr

Die alte Liebe ist vorbei;

Wir vergessen schnell, was wir lieben

Mit einundzwanzig.

Es war jetzt ungefähr vier Uhr nachmittags und der kurze Herbsttag näherte sich schnell, der graue Schleier des Himmels war hier und da zerrissen und zeigte einen Fleck von blassem, kaltem Blau, während die untergehende Sonne die zerlumpten Wolken färbte der Westen mit schillernden Farbtönen.

Beaumont stand im hohen, wuchernden Gras des Friedhofs und dachte tief nach. Sein Blick war träumerisch auf die alten Grabsteine mit ihren halb verwischten Inschriften und unkrautbewachsenen Erdhügeln gerichtet. Hinter ihm befand sich die alte Kirche, deren graue Wände mit eng anliegendem Efeu bedeckt waren, aus dem die grotesken Gesichter der Wasserspeier hervorlugten, die die schweigende Gestalt dämonisch anstarrten. Der große quadratische Turm aus rauem Stein hob sich massiv vom trüben grauen Himmel ab, und um ihn herum blitzten hin und wieder die Tauben auf, die darin lebten, und schimmerten weiß im schwachen Licht der Sonne. Er konnte das heisere Murmeln des vorbeiströmenden Flusses hören, die schrillen Stimmen der Kinder auf der Straße und in Abständen das Auf und Ab der Orgelmusik im Inneren. All dies berührte sein künstlerisches Empfinden und er verfiel in einen Zustand halb melancholischer, halb bedauernder Reflexion, der ihm für einen Moment eine bessere Natur verlieh als der bittere Zynismus seiner üblichen Gedanken.

Dieser Mann war nicht ganz schlecht; Ursprünglich hatte er das Leben mit den besten Absichten begonnen, aber sein Wesen war durch Unglücke und Versuchungen in seinen gegenwärtigen Zustand verzerrt und verdreht worden. Es stimmte zwar, dass er allem Anschein nach durch und durch schlecht war und dass viele Grund hatten, seine Freundschaft zu bereuen, dennoch tat er gelegentlich eine freundliche Tat oder half einem armen

Kämpfer, was zeigte, dass ein Teil seines frühen Glaubens an die Menschlichkeit noch in ihm steckte Von der Welt getragenes Herz.

Er dachte jetzt – er dachte an eine Frau – eine Frau, die er vor vielen Jahren geliebt und verlassen hatte, und die dabei hervorgerufenen Gedanken waren alles andere als angenehm. Mit einem unwillkürlichen Seufzer ging er zum Gar hinunter, setzte sich auf einen flachen Grabstein, der die Tugenden der verstorbenen Susan Peller darlegte, ließ sein Kinn auf seine Hand sinken und gab sich toten Erinnerungen hin – den Erinnerungen an Jugend, Liebe und Enttäuschung.

Ein plötzlicher Blitz des sterbenden Sonnenlichts schimmerte über dem Fluss und verwandelte sein düsteres, graues Wasser in eine goldene Fläche, und der Anblick erinnerte ihn an eine Stunde, als er jung war, und er beugte sich über die Brüstung eines Balkons eine Frau an seiner Seite, beide blickten auf die schimmernde Themse, golden im Sonnenuntergang. Auch nach all diesen vielen Jahren konnte er sich noch lebhaft daran erinnern: an den leuchtenden Fluss, an die wirre Masse der Häuser, die sich unter der düsteren Londoner Rauchwolke drängten, und in der Ferne an die anschwellende Kuppel von St. Paul, die luftig und märchenhaft aussah gegen den dämmernden Himmel, während über der großen Masse das goldene Kreuz am Firmament glänzte wie das visionäre Symbol Konstantins. Sie waren arm, nicht sehr gut untergebracht und ernährt, aber der Glanz der Jugend und der Hoffnung umgab sie, und sie sahen in dem leuchtenden Fluss, der unter dem goldenen Kreuz dahinströmte, ein Omen für eine glückliche Zukunft. Dann wurde das Traumbild verblasst und verschwommen, Wolken zogen über den goldenen Himmel, und aus der düsteren Dunkelheit blickte das Gesicht einer tränenreichen Frau mit mitleiderregenden, flehenden Augen hervor.

Mit einem ungeduldigen Seufzer schreckte Beaumont aus seinem Tagtraum auf und fand sich auf einem kalten Stein unter einem Himmel wieder, von dem die Herrlichkeit des Sonnenuntergangs verschwunden war; und neben ihm stand schweigend eine verschleierte Frau. Er sprang überrascht auf, fühlte sich etwas verkrampft, und wollte gerade etwas sagen, als die Frau ihren schweren Schleier zurückwarf und ihm das erbärmliche Gesicht seines Traums zeigte.

„Geduld Allerby!“ Er keuchte und wich einen Schritt zurück.

„Patience Allerby “, antwortete sie streng und faltete die Hände vor ihrem schwarzen Kleid, „diese Frau, Basil Beaumont, die Sie liebten, wurde vor mehr als zwanzig Jahren in London ruiniert und verlassen.“

Beaumont schüttelte mit Mühe den Glamour vergangener Gedanken ab, der ihn den ganzen Nachmittag geplagt hatte, und verfiel mit einem höhnischen Lachen wieder in den bitterbösen, zynischen Mann von Welt. Er drehte sich schnell eine Zigarette, zündete sie an und begann zu rauchen, wobei er währenddessen kritisch auf das strenge weiße Gesicht blickte, das ihn aus der schattigen Dämmerung ansah.

„Vor mehr als zwanzig Jahren!" wiederholte er nachdenklich. „Hmpf! Es ist lange her – und jetzt sehen wir uns wieder! Du hast dich verändert, Patience – ja, sehr verändert – zum Schlechten."

Sie lachte bitter.

„Ich glaube kaum, dass das Leben, das ich geführt habe, seit du mich verlassen hast, es mir ermöglicht hat, mein gutes Aussehen zu bewahren."

"NEIN?" Er fragte fragend: „Und warum nicht? Sie sind die Haushälterin von Squire Garsworth , ich verstehe – keine sehr ermüdende Position! Probleme sagen mehr über die Schönheit einer Frau aus als Jahre; da Sie also keine Probleme hatten –"

„Hatte keine Probleme!" wiederholte Patience mit leiser, rauer Stimme. „Mann, Mann! Glaubst du, man muss in der Welt leben, um zu wissen, was Ärger ist? Du irrst dich. Unten in diesem abgelegenen Dorf habe ich viele bittere Stunden damit verbracht, an dich zu denken."

"Und warum?" fragte er zynisch.

„Ich denke, Sie können den Grund erraten. Als ich Garsworth verließ , um in London zu dienen, sagten Sie, dass Sie mich lieben, und ich dachte, der Sohn eines Gentlemans würde mein Ehemann werden."

„Du hast immer zu viel erwartet."

„Sie kamen kurz darauf nach London und trafen mich dort nach Vereinbarung. Ich verließ meine Situation und lebte bei Ihnen."

„Als meine Geliebte, ja; nicht meine Frau."

„Nein! Du warst zu feige, um der Frau gerecht zu werden, die du ruiniert hast. Ein Kind wurde geboren – ein Junge, den ich vergötterte mit meinem Kind in den Straßen Londons verhungern.

„Ich habe dich verlassen, weil ich eine Chance sah, Geld zu verdienen", sagte er selbstgefällig. „Du warst eine Belastung für mich, und selbst mit dir konnte ich die Armut nicht ertragen, meine Liebe. Was das Verhungern betrifft, habe ich dir so viel Geld hinterlassen, wie ich entbehren konnte."

"Fünf Pfund!" sagte sie kalt. „Der Preis für das Herz einer Frau, nach Ihrer Berechnung; es ermöglichte mir, die Vermieterin zu bezahlen und mich und das Kind nach Garsworth zu bringen ."

„Warum bist du nicht in London geblieben?"

„Weil ich nicht tiefer sinken wollte, als ich es getan hatte. Ich wurde von frommen Eltern erzogen, Basil Beaumont, und die Sünde, die ich mit dir begangen habe, schien mich für immer von jeder Hoffnung auf Gnade zu befreien. Ich beschloss, nicht zu sündigen." mehr noch – um, wenn ich konnte, durch Gebet und Almosen das böse Leben zu sühnen, das ich in London geführt hatte. Als ich hierher kam, waren meine Eltern tot und ich war allein auf der Welt."

„Du hast das Kind bekommen."

„Ja, ich hatte das Kind – dein Kind und meins – aber niemand wusste jemals, dass ich seine Mutter war; nein, ich wollte nicht, dass unsere Sünde auf seinem Kopf heimgesucht würde. Ich wollte nicht, dass auf ihn hingewiesen wurde ein namenloser Ausgestoßener.

„Sehr lobenswert von Ihnen, da bin ich mir sicher", sagte Beaumont mit einem höhnischen Grinsen, „und was haben Sie getan?"

„Ich habe mir die Geschichte ausgedacht, dass ich im Dienste der Eltern des Kindes gestanden habe, die später nach Frankreich gegangen waren und dort gestorben waren. Ich sagte, ich sei die Krankenschwester des Kindes und übergab es zur Erziehung in die Obhut von Doktor Larcher . Was? Das kleine Geld, das ich von meinem Gehalt als Haushälterin entbehren konnte, wurde dem Pfarrer als Geld gegeben, das sein Vater dem Kind hinterlassen hatte, und bis zum heutigen Tag ahnt der Pfarrer nichts von der Wahrheit."

„Eine ziemliche Romanze", sagte Beaumont leichthin. „Ich hätte nicht gedacht, dass du so erfinderisch bist. Aber eines würde ich gerne wissen – den Namen des Kindes."

„Um ihn zu beanspruchen?" sie fragte bitter.

„Mein Glaube! Nein, ich habe genug damit zu tun, auf mich selbst aufzupassen, ohne mich um einen riesigen Jungen zu kümmern. Davor brauchst du keine Angst zu haben, Patience. Komm und sag mir den Namen des Jungen."

„Reginald Blake."

Die Zigarette fiel Beaumont aus den kraftlosen Fingern, und sein bleiches Gesicht wurde noch weißer.

„Reginald Blake", flüsterte er leise; „Der junge Kerl, der singt?"

"Das gleiche."

Beaumont schwieg einige Augenblicke und dachte tief nach.

„Ich habe sicherlich keinen Grund, mich für meinen Sohn zu schämen", sagte er kühl und sah Patience an. „Sie verdienen Anerkennung für die Art und Weise, wie Sie ihn erzogen haben."

„Ich habe dies als Sühne für meine Sünde getan."

„Bah! Sei nicht melodramatisch!" sagte er grob. „Du hast ihn erzogen, weil er dein Sohn war – nicht wegen irgendwelchem Sühne- Quatsch! – er weiß nicht, wer er ist?"

„Nein. Ich habe ihm dieses Wissen der Schande erspart; lasst uns unsere Sünde allein tragen."

„Humbug! Unsere Sünde, wie Sie es nennen, stört mich nicht im Geringsten. Tatsächlich bin ich eher zufrieden als sonst."

"Wie meinst du das?" fragte sie alarmiert.

„Das heißt, er hat eine ungewöhnlich gute Tenorstimme, und ich verstehe nicht, warum man damit nicht Geld verdienen sollte."

Patience sprang wie eine wütende Tigerin auf ihn zu, ihre Augen sprühten Feuer.

„Nicht von dir", zischte sie, ihren Mund so nah an seinem Gesicht, dass er ihren heißen Atem auf seiner Wange spüren konnte. „Nicht von dir – ich habe ihn all die Jahre alleine großgezogen, ohne dich wegen Geld zu belästigen – er hält seine Geburt für ehrenhaft und hat jede Chance, Karriere zu machen, also wirst du sie nicht verderben." Dein eigenes abscheuliches Ende.

„Verliere nicht die Beherrschung", sagte er kühl, „ich werde tun, was ich will."

„Ich habe dein Versprechen, ihn nicht zu beanspruchen", keuchte sie mit einem Ausdruck der Verzweiflung in ihren Augen, „dein heiliges Versprechen."

Der Künstler lachte spöttisch.

„Bah! Das ist mein Versprechen", sagte er und schnippte mit den Fingern in der Luft. „Ich werde mir die Chance nicht entgehen lassen, mit ihm für irgendeinen sentimentalen Blödsinn Geld zu verdienen."

„Du wirst ihm sagen, dass du sein Vater bist?"

"Ich werde."

„Und dass du uns beide in London im Stich gelassen hast?"

Beaumont zuckte angesichts der Schärfe ihrer Worte zusammen.

„Ich sage ihm, was ich für richtig halte“, sagte er wütend, „und lasse ihn tun, was ich will. Ich bin sein Vater.“

„Werden Sie das tatsächlich?“ bemerkte sie höhnisch, obwohl ihr Gesicht von krampfhafter Wut gezeichnet war. „Du bist der Vater, der ihn als Kind verlassen hat und jetzt mit ihm Geld verdienen will; du würdest ihn in seinen eigenen Augen blamieren, wenn du ihm die wahre Geschichte seiner Geburt erzählen würdest. Ich sage dir: Nein, Basil Beaumont, das wirst du tun.“ keine solche Sache."

„Wer wird mich aufhalten?“

"Ich werde."

„Eine sehr lobenswerte Absicht, aber wie wollen Sie sie verwirklichen?“

„Ich werde ihm die ganze Geschichte meiner Sünde erzählen“, sagte sie bewusst. „Wie ich dich liebte und betrogen wurde, wie du ihn und mich in den Straßen Londons verhungern ließest und ihn nur als Sohn beanspruchtest, um mit seiner einzigen Gabe Geld zu verdienen. Ich werde ihm das alles erzählen, und dann wir.“ Ich werde sehen, ob er dich respektiert und dir gehorcht.

"Er ist mein Sohn."

„Über wen du keine Autorität hast; er ist volljährig und du kannst ihn nicht zu deinem Sklaven machen. Was den Rest angeht, werde ich dafür sorgen, dass jeder im Dorf die Geschichte kennt und du als derjenige aus dem Ort getrommelt wirst.“ Du bist ein Schurke.

So klug er auch war, Beaumont erkannte, dass Patience den Trumpf in der Hand hatte, und so gab er plötzlich seine diktatorische Art auf und sprach eine milde Stimme.

„Sehr gut, ich werde ihm jetzt überhaupt nichts sagen.“

„Du wirst ihm nie etwas sagen“, sagte sie streng. „Bleiben Sie in diesem Dorf, wenn Sie möchten, aber wagen Sie es nicht, Reginald Blake mein Geheimnis preiszugeben – wenn Sie es tun, wird es für Sie noch schlimmer; ich werde ihn durch Ihren Verrat nicht lebenslang ruinieren.“

„Aber Patience – mein eigener Sohn.“

„Bah!“ Sie knurrte und drehte sich bösartig zu ihm um, „Rede nicht so mit mir – ein Schurke warst du und ein Schurke bist du – fass mich nicht an, komm nicht in meine Nähe, sondern sprich ein Wort meines Geheimnisses aus.“ und so sicher es einen Gott über uns gibt , werde ich tun, was ich sage.

Beaumont machte einen Schritt nach vorne, als wolle er sie ergreifen, aber mit einer Geste des Abscheus zog sie ihr Kleid um sich und floh in die

Dunkelheit und ließ ihn allein am Fluss stehen. Er schwieg einige Augenblicke, dann klärte sich seine Stirn und er nahm seine lässige Art wieder an, obwohl sein Gesicht immer noch blass und ausgezehrt blieb.

„Mein Sohn Reginald", sagte er und drehte sich leicht eine Zigarette, „von so einem Glück hatte ich keine Ahnung. Ah, du Katze , ich werde dir noch die Krallen abschneiden; mit der Stimme werde ich trotz allem noch Geld verdienen." Ihrer Drohungen, meine feine Madame.

Plötzlich kam ihm ein Gedanke, als er seine Zigarette anzündete und er leise lachte.

"Du lieber Himmel!" sagte er mit einem Achselzucken. „Ich bewundere Miss Challoner, er auch – wie es scheint", fuhr Mr. Beaumont fort und schlenderte davon; „Dann bin ich der Rivale meines eigenen Sohnes."

KAPITEL XI.

HERR. BEAUMONT MACHT EINE ENTDECKUNG.

Wenn man das Spiel des Lebens spielt,
ist es falsch, eine einzige Karte wegzuwerfen, damit nicht durch einen
seltsamen Zufall die verachtete Karte – wenn sie mit geschickter Hand
gespielt wird
– einen unerwarteten Sieg erringt.

Als Basil Beaumont darüber nachdachte, kam es ihm etwas seltsam vor, dass
Patience ihm freiwillig ein Geheimnis verraten hatte, für dessen
Geheimhaltung sie mehrere gute Gründe hatte. Erstens muss sie einen
großen Kampf mit ihrem Stolz gehabt haben, bevor sie sich dazu
durchringen konnte, den Mann anzusprechen, dem sie ihren Untergang
verdankte. Zweitens, als sie Beaumont darüber informierte, dass Reginald
sein Sohn sei, musste sie gewusst haben, dass die Chancen groß waren, dass
er dem jungen Kerl aus purer Teufelei die ganze Geschichte verraten würde;
und drittens musste sie, da sie wusste, dass Reginald klug war, damit
gerechnet haben, dass sein mittelloser Vater versuchen würde, mit seinen
Talenten Geld zu verdienen.

Beaumont war ein zu kluger Charakterleser, um sich nicht darüber im Klaren
zu sein, dass Patience sich dieser drei Dinge bewusst gewesen sein musste,
weshalb er sich wunderte, dass sie ihm erzählte, was sie nicht wissen wollte.
Aber dem Künstler, so klug er auch war, mangelte es immer noch an
Urteilsvermögen, um die ganze Feinheit der Instinkte einer Frau zu erkennen
, sonst hätte er leicht erkannt, dass Patience seine Unkenntnis der wahren
Sachlage mehr fürchtete als sein Wissen.

Sie hörte, dass er im Dorf war und Reginald Blake kannte, und sie wusste
auch, dass er zum Gutshof kommen würde, um das Porträt von Squire
Garsworth zu malen . Hätte er sie dort gesehen, hätte er sich nach ihrer
Position erkundigt und unter anderem zweifellos festgestellt, dass sie
Reginalds Krankenschwester war. Da sie wusste, dass sie London mit ihrem
eigenen Sohn verlassen hatte, hätte sich eine so schwache Geschichte, wie
sie sie über Blakes Abstammung erzählte , keinen Moment lang auf ihn
eingewirkt, und wenn er zwei und zwei zusammengezählt hätte, hätte er alles
herausgefunden, mit dem natürlichen Ergebnis, dass er hätte Blake als sein
eigenes Kind erkannt , ihn aufgesucht und ihm die ganze Geschichte seiner
Geburt erzählt.

Um ein solches Unglück abzuwenden, beschloss sie, den Stier mutig bei den Hörnern zu packen und Beaumont alles zu erzählen. Gleichzeitig warnte sie ihn, dass sie Reginalds Gedanken gegen ihn verbittern würde, sollte er es wagen, sich zu äußern. Das Ergebnis ihres Interviews auf dem Kirchhof war so, wie sie es erwartet hatte. Beaumont war zu schlau, um die Abneigung seines eigenen Sohnes zu riskieren und dadurch jede Chance zu verlieren, ihn für seine eigenen Zwecke zu beeinflussen, und so stimmte er stillschweigend der von ihr vorgegebenen Verhaltensweise zu. Patience kehrte zu Grange zurück und war völlig zufrieden damit, dass sie Beaumont entwaffnet hatte, indem sie ihm zeigte, wie sie Reginald gegen ihn aufbringen konnte, und so gab der kluge Mann von Welt seinen Wunsch auf, die Rolle eines längst verlorenen Vaters zu spielen, und beschloss, auf einen zu warten ein paar Wochen und sehen, wie sich die Dinge entwickelt haben. Dann beabsichtigte er, seine Pläne weitgehend von den Umständen leiten zu lassen, und zweifelte nicht daran, dass er dann in der Lage sein würde, sein Werk Patience durch ein wenig geschickte Feldherrschaft zu übertrumpfen .

Ein paar Tage nach seiner seltsamen Begegnung mit Patience auf dem Kirchhof machte sich Beaumont morgens auf den Weg zu einem langen Spaziergang, da er über die Lage der Dinge nachdenken wollte und der Fußgängerverkehr sein Gehirn immer anregte. Es war ein heller, frischer Morgen mit einem tiefblauen Himmel, einer fröhlichen Sonne, die schien, und einem scharfen, frischen Wind, der über die Gemeinde wehte, zu der er spazierte. Der Ginster blühte und jeder Windhauch trug seinen pfirsichartigen Duft in seine Nase . Wie oft hatte dieser Geruch in seinem böhmischen Leben an die weite, kahle Gemeinde mit seinem kilometerweiten, von Ginster bedeckten Boden erinnert und ihn halb bedauernd nach dem ruhigen Dorf auf dem Land zurücksehnen lassen, in dem er seine Jugend verbracht hatte.

Doch nun, da das Gemeinwesen tatsächlich vor ihm stand, verspürte er aufgrund eines merkwürdigen Widerspruchs der Natur nicht die geringste Reue oder Sehnsucht nach seiner Jugend, sondern schlenderte im Gegenteil über das Brachland und schmiedete in seinem geschäftigen Gehirn allerlei Verschwörungen und Pläne .

Plötzlich, als er am Rande eines sanften Abhangs stand, wo der Boden wie eine Tasse ausgehöhlt und vom dunklen Grün des Ginsters mit seinen goldenen Blüten umgeben war, sah er eine Frau, die offenbar auf einem grasbewachsenen Ufer saß und sich sonnte in der Sonne. Ihre Hände lagen träge in ihrem Schoß, und mit dem Gesicht dem strahlenden Sonnenschein zugewandt, trank sie die süße, frische Luft, die über das wilde Moorland wehte. Beaumont sah, dass es Cecilia Mosser war, die dort saß, und einen Moment lang beneidete sie das blinde Mädchen trotz ihres großen Kummers halb um ihren angenehmen Genuss der Natur.

„Sie sieht aus wie die Göttin der Verwüstung", murmelte Beaumont, als er den Hang hinabstieg, „oder wie ein augenloses Schicksal, das nichts sieht und doch alles regiert!"

Während er sanft über das weiche, grüne Gras ging, hörte das blinde Mädchen das Geräusch seiner gedämpften Schritte und drehte ihr Gesicht in die Richtung, aus der sie sie kommen hörte, mit einem fragenden Ausdruck auf ihrem ruhigen Gesicht.

„Wie geht es Ihnen, Miss Mosser?" sagte Beaumont ruhig. „Ich habe einen Spaziergang auf dem Gemeindeplatz gemacht und sah dich hier allein sitzen, wie das Genie der Einsamkeit."

„Ich komme oft hierher", bemerkte Cecilia ruhig und faltete die Hände. „Das ist einer meiner Lieblingsorte – ich kenne jeden Zentimeter des Weges."

„Du hast keine Angst, dich selbst zu verlieren?"

„Zuerst war ich das", sagte das blinde Mädchen mit einem leisen Lachen, „aber ich habe mich bald zurechtgefunden. Ich konnte mich auch in der dunkelsten Nacht hierher zurechtfinden."

„Wie Bulwer Lyttons Nydia", bemerkte Beaumont und warf sich müßig ins Gras.

„Ja. Wie bei ihr ist es bei mir immer die dunkelste Nacht", antwortete Cecilia seufzend. „Dennoch habe ich meine Entschädigung, denn ich kann viele Geräusche hören, die euch glücklichen Menschen, die sehen können, höchstwahrscheinlich entgehen ."

„Was für Geräusche?" fragte der Künstler, mehr um eine Bemerkung zu machen, als weil er es wissen wollte.

„Das Fließen des Flusses, das Flüstern des Windes, das Summen der Bienen und das Rascheln des Ginsters – sie alle scheinen mir menschliche Stimmen zu haben und mir Geschichten zu erzählen. Ich kann die alten Legenden, die Sterbliche hörten, gut verstehen." überall Stimmen und verstand die Sprüche der Wellen und die melancholische Stimme der Nachtwinde.

„Da Siegfried die Sprache der Vögel verstand", sagte Beaumont. „Um dir das beizubringen, brauchst du kein Drachenblut, nehme ich an?"

„Ich weiß nicht genau, was du meinst", antwortete Cecilia verwirrt, denn sie hatte noch nie vom Ring des Niebelungen gehört , „aber die Vögel sprechen zu mir – das heißt, ich glaube, sie tun es –" Ich liebe es, den Kuckuck und die Drossel zu hören, dann die Lerche – ach! Die Lerche ist die bezauberndste von allen!"

„ So denken die Dichter. Es gibt keinen Vogel, der mehr Poesie inspiriert hat als die Lerche – von Shakespeare bis hin zu Tennyson – und ich nehme an, Sie setzen all Ihre Fantasien in die Musik um?“

„Ja, das versuche ich oft, aber ich glaube, niemand außer mir selbst versteht die Bedeutung“, antwortete Cecilia mit einem schwachen Lächeln. „Sie wissen, dass die Engländer keine musikbegeisterte Nation sind.“

„Das hängt davon ab, wie man Musik definiert“, sagte der Künstler zynisch. „Die großen BP mögen etwas mit einer Melodie, aber wenn sie etwas hören , das sie nicht verstehen, wie Bach und Spohr , bewundern sie es trotzdem. Ich fürchte, das BP ist ein Humbug.“

„Du bist furchtbar streng“, sagte Cecilia lachend. „Ich hoffe, Sie kritisieren unser Konzert nicht ?“

„Nein. Ich versichere Ihnen, dass ich der nachsichtigste aller Kritiker bin; ich werde Schönheiten bewundern und nicht, um Fehler herauszufinden. Außerdem wird Blake singen – und seine Stimme ist bezaubernd.“

„Ja, das ist es“, antwortete das blinde Mädchen herzlich, „und Miss Challoner singt auch sehr gut. Sie wird mit Mr. Blake ein Duett singen, wenn sie dem Squire für eine Nacht entkommen kann.“

„Oh, das lässt sich leicht arrangieren, daran habe ich keinen Zweifel“, sagte Beaumont nachlässig. „Doktor Nestley wird sich darum kümmern.“

Als er diesen Namen aussprach, huschte eine lebhafte Röte über das blasse Gesicht des Mädchens, und Beaumont bemerkte es mit heimlichem Erstaunen.

„Hallo!“ Er sagte sich: „Ich frage mich, was das bedeutet? Ich muss es herausfinden.“

Es war merkwürdig, dass er sich über eine so triviale Angelegenheit Gedanken machte; Aber Beaumont war ein weiser Mann, der nie die kleinste Sache übersah, von der er glaubte, dass sie ihm nützlich sein könnte. Plötzlich schoss ihm eine Idee in den Sinn – es war zwar nur eine embryonale Idee, aber sie könnte ihm trotzdem irgendwie helfen. Er war völlig im Unklaren darüber, was er tun sollte, aber Cecilias Erröten hatte ihm einen Hinweis auf etwas Greifbares gegeben, und er begann sofort, das blinde Mädchen geschickt zu befragen, um ein mögliches Ergebnis zu erzielen.

„Sie kennen Doktor Nestley natürlich?“ sagte er und blickte scharf in ihr Gesicht, aus dem die Röte verschwunden war.

„Ja, ich habe ihn vor ein paar Tagen getroffen; er war in der Kirche, als Mr. Blake sang“, bemerkte Cecilia leise. „Ich hörte ihn sprechen – was für eine wunderschöne Stimme.“

„Ah! Ich kenne jetzt den Grund für das Erröten", dachte Beaumont; „Sie liebt ihn. Mein Gott! Was für eine hoffnungslose Leidenschaft! Sie liebt Nestley , und er liebt Una Challoner. Wie knifflig Dan Cupid ist, gewiss."

Da er keine Antwort gegeben hatte, redete das blinde Mädchen weiter.

„Da ich kein Gesicht sehen kann, errate ich immer anhand der Stimme, wie es ist. Doktor Nestley hat eine wunderschöne Sprechstimme – ist sein Gesicht hübsch?"

„Ziemlich gutaussehend", sagte Beaumont, jetzt von dem grausamen Wunsch gepackt, die Flamme hoffnungsloser Liebe anzufachen, die im Herzen dieser blinden Frau brannte. „Ja, ich nehme an, eine Frau würde sein Gesicht als gutaussehend bezeichnen – aber es ist ziemlich traurig."

"Traurig!" wiederholte Cecilia in erschrockenem Ton; „Warum ist sein Gesicht traurig?"

Beaumont zuckte mit den Schultern.

„ Ouf !" Er antwortete kühl: „Woher soll ich das wissen? – Weil seine Seele traurig ist, nehme ich an. Das Gesicht ist der Index des Geistes, wissen Sie. Ich vermute, dass es so läuft – sein Gesicht ist traurig, weil seine Seele traurig ist." traurig, und die Seelentraurigkeit wird durch ein trauriges Leben verursacht."

„Ist er dann unglücklich?" fragte Cecilia atemlos.

„Das würde ich jetzt nicht sagen", sagte Beaumont mit Nachdruck, „aber als ich ihn vor ein paar Jahren in London kannte, hatte er viele Schicksalsschläge erlebt."

„Armer Doktor Nestley ", seufzte das blinde Mädchen und hatte plötzlich den Wunsch, diesen unglücklichen Mann zu trösten, von dem sie absolut nichts wusste, außer dass er eine wunderschöne Sprechstimme hatte. „Kennst du seine Geschichte?"

Daraufhin machte sich Beaumont, der von Shakespeare wusste, dass „Mitleid mit Liebe verwandt ist", daran, Cecilia Mossers Mitleid zu wecken, und erzählte eine wunderbar pathetische Geschichte aus Nestleys frühem Leben, in der Wahrheit und Fiktion so geschickt vermischt waren, dass der Held selbst es getan hätte Ich war verwirrt zu sagen, was wahr und was falsch war. Er erreichte jedoch sein Ziel, denn er sah an den verschiedenen Gefühlen, die über das ausdrucksstarke Gesicht des blinden Mädchens huschten, wie bewegt sie von der Geschichte war.

„Armer Doktor Nestley ", sagte sie noch einmal, „armer, armer Doktor Nestley ."

„Oh, aber all sein Elend ist jetzt vorbei", sagte Beaumont leichthin, „er hat den Sturm überstanden und wird zweifellos eines Tages eine Frau heiraten, die ihn glücklich machen wird."

Die blinde Frau legte ihre Hand auf ihr Herz, als ob sie dort einen grausamen Schmerz verspürte, und sprach dann mit erstickter Stimme zu Beaumont.

„Sie müssen mich für ein neugieriges Wesen halten, Mr. Beaumont", sagte sie schnell, „dass ich mich so für einen Mann interessiere, von dem ich nichts weiß, aber denken Sie daran, dass ich blind bin, und seien Sie freundlich zu meinem Versagen. Das kann ich nur." Beurteilen Sie Menschen nach ihrer Stimme, und die Stimme von Doktor Nestley hat mich mehr berührt als die eines anderen. Warum, weiß ich nicht. Natürlich bin ich durch mein Unglück von vielen Dingen ausgeschlossen, aber – aber – Sie verstehen – ah, Sie müssen verstehen, wie schwierig es für mich ist, meine Gefühle zu verbergen. Er ist ein Fremder, ich bin eine blinde Frau, aber seine Stimme weckt in mir ein seltsames Gefühl, das ich nicht einmal mir selbst erklären kann. Ich weiß, dass ich dumm bin, so zu reden, Also vergiss, was ich gesagt habe. Du wirst es vergessen, nicht wahr?"

„Miss Mosser", sagte Beaumont ernst und stand auf, „Sie können sicher sein, dass ich das, was ich gehört habe, als heiliges Vertrauen respektieren werde."

„Vielen Dank, vielen Dank", rief die arme Frau, während ihr die Tränen über die Wangen liefen. „Ich weiß, dass ich dumm bin. Du musst mich für die Art verachten, wie ich gesprochen habe. Trotzdem bin ich blind – blind ."

Beaumont verspürte einen Stich des Mitleids in seinem harten Herzen angesichts der Qual dieser unglücklichen Frau, die durch ihr Unglück von jeder Liebe zwischen Mann und Frau ausgeschlossen war, und er wollte gerade etwas sagen, als Cecilia den Kopf hob.

„Gehen Sie jetzt, Herr Beaumont?" sagte sie mit leiser Stimme. „Bitte verlass mich. Mir geht es bald wieder gut und ich kann dann nach Hause gehen. Aber du wirst dein Versprechen nicht vergessen?"

„Mein Versprechen ist heilig", sagte der Künstler langsam, und als er sich abwandte, ließ er die blinde Frau in der Mulde sitzen, die Hände im Schoß gefaltet und ihre blinden Augen zum blauen Himmel aufblickend.

„Seltsam", dachte er, während er sich eine Zigarette anzündete, „dieses Mädchen hat sich in eine Stimme verliebt und weiß nicht einmal, dass sie verliebt ist, obwohl sie es halb errät. Sie weiß nichts von Nestley und liebt ihn dennoch." . Warum? Weil er eine bezaubernde Stimme hat. Ich denke, wir müssen es den Instinkt einer Frau nennen – ach, wenn sie nur wüsste, wie hoffnungslos ihre Liebe ist – Nestley ist zu sehr von Una verzaubert, um einen Gedanken an sie zu verschwenden."

Diese Entdeckung, so geringfügig sie auch war, befriedigte Beaumonts ausgeprägten Sinn für Intrigen, da sie ihm eine weitere Karte im Spiel gegen Patience verschaffte. Auch wenn er mit Reginald nichts anfangen konnte, weil seine Mutter gegen ihn verbittert war, konnte er ihn dennoch von Una trennen, indem er ein paar geschickte Unwahrheiten verbreitete. Wenn Cecilia jemals erfuhr, dass Nestley Una liebte, war sie zu sehr eine Frau, um darüber zu schweigen, und durch sie würde Una von Nestleys Verliebtheit erfahren; Und um Nestley wiederum für sich zu gewinnen, erzählte Cecilia ihm von dieser neuen Komplikation, da sie wusste, dass Reginald Una verehrte, was zur Folge hatte, dass Nestley und Reginald sich um Miss Challoner stritten, und vielleicht kam es am Ende zu einem solchen Streit Trenne Una und ihren Liebhaber für immer . Noch war alles sehr vage und ungreifbar, und doch hatte Beaumont auf eine geheimnisvolle Weise das Gefühl, dass ihm das Wissen um die Liebe des blinden Mädchens zu Nestley nützlich sein könnte, um seine Netze um seinen Sohn zu weben und ihn ganz an sich zu binden.

„Reginald und Nestley lieben beide Una“, sinnierte er, als er nach Hause schlenderte. „Cecilia Mosser liebt Nestley . Ja, das Material für eine Komplikation ist da. Wie, sehe ich derzeit nicht – aber je mehr Karten ich gegen Patience Allerby spielen muss , desto eher werde ich das Spiel gewinnen.“

KAPITEL XII.

Das Gleichnis vom Sämann.

„Der Sämann streut seine Samen

Auf reichem oder kargem Boden,

Und bald die Erde anstelle des Unkrauts

Mit goldenem Mais wird gekrönt.

Mittlerweile ging es dem alten Gutsherrn dank der Fähigkeiten von Dr. Nestley viel besser , doch da er einen Rückfall fürchtete, bestand er darauf, dass der junge Arzt eine Zeit lang bei ihm blieb, und zahlte ihm, obwohl er in der Regel geizig war, dennoch eine stattliche Summe Für seine Dienste war seine Angst vor dem Tod so groß. Da Nestleys Praxis nicht sehr groß war, betrachtete er diese Laune des Squires als unerwarteten Glücksfall und machte deshalb einen eiligen Besuch in der Landstadt, in der er lebte, und vereinbarte mit seinem Partner die Fortführung ihrer Praxis Nachdem er ein gemeinsames Geschäft geführt hatte, kehrte er nach Garsworth zurück und nahm als Arzt des alten Mannes seinen Wohnsitz im Grange.

Der Dorfarzt gab dieser Vereinbarung nicht kampflos nach, aber Squire Garsworth , der die Gefühle und Interessen von niemandem befragte, wenn sie mit seinen eigenen Wünschen kollidierten, brachte den örtlichen Sangrado bald zum Schweigen.

Herr Beaumont kam täglich zum Gutshof, um das Porträt seines Herrn zu malen, und interessierte sich nun sehr für das Bild, das eine wunderbare Faszination auf ihn auszuüben begann. In Wahrheit war der Gutsherr kein alltägliches Modell, denn sein scharfes, asketisches Gesicht mit den brennenden Augen und seine hagere Gestalt, gehüllt in einen verblassten schwarzen Samtschlafrock, waren eine wunderbar malerische Studie. Außerdem hörte Basil gern das wilde, extravagante Gerede des alten Mannes, der auf eine flüchtige Art redete und fröhliche Geschichten aus seiner heißen Jugend mit mystischen Enthüllungen mittelalterlicher Alchemisten und skurrilen Theorien der spirituellen Existenz vermischte. Daß er verrückt war, daran zweifelte Beaumont keinen Augenblick; Dennoch brachte sein Wahnsinn eine gewisse Gedankenphantasie hervor, die sich für die poetische Natur des Künstlers, der der alltäglichen Dinge der Arbeitswelt überdrüssig war, als äußerst verlockend erwies.

Was Reginald betrifft, so behandelte der Künstler ihn auf seine übliche Art und verriet weder durch Wort noch durch Tat die Beziehung, die zwischen ihnen bestand, nutzte aber dennoch seine gesamte Faszinationskraft, um die Beherrschung des Geistes des jungen Mannes zu erlangen.

Dies gelang ihm teilweise, denn nichts schmeichelt der Eitelkeit eines ungeformten Jugendlichen so sehr wie die Aufmerksamkeit, die ihm ein gebildeter Weltmann zuteil werden lässt. Der Künstler erzählte ihm Geschichten aus dem Londoner und Pariser Leben, beschrieb die berühmten Männer, die er getroffen hatte, die schönen Frauen, die er gekannt hatte, und die lebhaften Aufregungen des böhmischen Lebens und verlieh so einer unbekannten Welt einen Zauber und Glamour, der nicht umhin konnte, ihn anzuziehen eine so kluge, leidenschaftliche und beeinflussbare Natur wie die dieses einfachen Jungen.

Patience Allerby , die in einem Zustand fast klösterlicher Abgeschiedenheit lebte, beglückwünschte sich zu ihrer Weitsicht, Beaumonts mögliche Pläne zu vereiteln, und ahnte kaum, dass er ihren Sohn nun in subtile Mühsal verwickeln würde, was ihn zum willigen Sklaven seines herzlosen Vaters machen würde. Zwar misstraute Una mit dem scharfen Instinkt einer Frau dem brillanten Abenteurer und wagte es, Reginald vor ihm zu warnen, aber der junge Mann nahm eine solche Warnung mit etwas Unmut auf und sprach von der Notwendigkeit von Erfahrung. Beaumont mit seiner scharfen Durchdringungskraft entdeckte bald, dass Una ihm misstraute, und da es sein Ziel war, sie auf seine Seite zu ziehen , fasste er bald einen Plan, mit dem er sein Ziel zu erreichen hoffte.

Eines Morgens, nachdem er am Porträt des Gutsherrn gearbeitet hatte, schlenderte er auf die Terrasse, als er Una traf, die sich über die Balustrade beugte und auf das stille Wasserbecken blickte, das von einem Marmorrand umgeben war und in dessen Mitte sich ein … befand Eine Gruppe von Najaden und Tritonen, die eigentlich Wasser in Schaumkränzen aus ihren Muschelschalen spucken sollten, aber als die Quelle der Quelle versiegte, blieb nur das stehende Wasser im Becken zurück, was ihr erzwungenes Nichtstun widerspiegelte.

Una dachte an Beaumont, als er erschien, und in keinem sehr großzügigen Tonfall, denn sie fürchtete sich vor seinem rasch zunehmenden Einfluss auf den plastischen Geist ihres Geliebten – und als der Künstler neben ihr stehen blieb, war sie daher keineswegs darauf vorbereitet, ihn zu empfangen mit der höflichen Höflichkeit, mit der sie normalerweise jeden begrüßte.

„Ich freue mich, Sie zu sehen, Miss Challoner", bemerkte Beaumont und hob seinen Hut, „weil ich mit Ihnen über Blake sprechen möchte."

„Über Mr. Blake", sagte Una eher kühl, „ja?"

„ Natürlich wissen Sie, wie sehr ich seine Stimme bewundere", bemerkte Beaumont gemächlich, „und da ich es schade fand, dass er ihre Süße an die Wüstenluft von Garsworth verschwendete , schrieb ich einem Freund in London."

„Das ist sehr nett von Ihnen, Mr. Beaumont", sagte Una in einem herzlicheren Ton, „und was sagt Ihr Freund?"

„Er möchte, dass Blake nach London geht, und wird ihn zu Marlowe bringen, der ein sehr gefeierter Gesangslehrer ist. Wenn Marlowe zufrieden ist, kann Blake bei ihm studieren und wenn er für fit gehalten wird, kann er erscheinen."

„Es wird eine Menge Geld kosten", bemerkte Una nachdenklich.

„Oh! Ich habe keinen Zweifel, dass das arrangiert werden kann", sagte Beaumont ruhig. „Blake und ich werden uns in einigen Punkten einigen, aber ich bin bestrebt, dass Blake von seinen Talenten profitiert."

"Wie meinst du das?" fragte Miss Challoner verwirrt: „Ich verstehe nicht."

„ Natürlich nicht", antwortete der Künstler sanft. „Du verstehst die Welt nicht – das tue ich – und das um den Preis von Geldverschwendung und dem Opfer von Illusionen. Blake hat eine außergewöhnlich gute Orgel und großes musikalisches Talent; wenn er ohne Geld nach London ginge – von Ich verstehe, dass er kein großes Interesse daran hat – er würde höchstwahrscheinlich von einem Mitläufer der Musikkreise aufgegriffen werden, der ihm mehr schaden als nützen würde, ihn vielleicht zwingen würde, zu singen, bevor er erwachsen ist, und so das sehr Wahrscheinliche begehen würde Risiko eines Scheiterns – oder wenn er von einem guten Meister unterrichtet wurde und großen Erfolg hatte, wenn er nicht sehr vorsichtig war, würde irgendein Impresario ihn zu einer jahrelangen Vereinbarung verleiten, die sich am Ende äußerst nachteilig für ihn auswirken würde. "

„Aber doch ist doch kein Mann so niederträchtig?"

Beaumont zuckte mit den Schultern.

„Meine liebe Dame, man nennt es nicht Gemeinheit, sondern Geschäft – der einzige Unterschied besteht jedoch im Namen – und wie würden Blutegel leben, wenn es niemanden gibt, von dem sie leben können? Das Genie verfügt sehr oft über keine geschäftlichen Fähigkeiten und kein Geld, der Leech hat in der Regel beides, und da der arme Genie sich oder seine Werke nicht ohne die Hilfe von Mr. Middleman Leech der Öffentlichkeit vorstellen kann, erwartet dieser Herr natürlich, dass er für seine Mühe gut bezahlt wird. und er bezahlt sich im Allgemeinen so gut, dass das Genie das Schlimmste davon hat – der Mittelsmann bekommt das Geld, das Publikum bekommt das Vergnügen, und das Genie – nun ja, er bekommt so gut wie nichts außer dem entzückenden Gedanken, dass seine Werke einen bereichert haben Mann und erfreute einen anderen. Genie ist zweifellos eine schöne Sache, aber die Fähigkeit, ein Blutegel zu sein, ist schöner.

„Und doch schlagen Sie vor, der Vermittler zwischen Mr. Blake und der Öffentlichkeit zu sein", sagte Una und sah ihn scharf an.

„Nur um ihn vor anderen zu retten", bemerkte Beaumont schnell. „Soweit ich weiß, mag Blake ein überaus kluger Geschäftsmann sein und durchaus in der Lage, sich gegen den Stamm der Leech und Middleman zu behaupten, dennoch hat er kein Geld, um seine Stimme zu der Perfektion zu bringen, die sie zu einem verkaufsfähigen Artikel macht." Ich kann für dieses Geld aufkommen, und da der Arbeiter seiner Anstellung würdig ist, erwarte ich eine angemessene Vergütung für meine Mühe, aber ich werde ihm gegenüber ehrlich handeln und ihn weder zum Singen zwingen, bevor er fit ist, noch ihn für irgendeine Zeit binden Wenn er mit meiner Hilfe finanziellen und künstlerischen Erfolg hat, bin ich bereit, das zu bekommen, was mir zusteht, aber wenn er ohne Einfluss, ohne Freunde, ohne Geld, mit nichts als dieser Geldstrafe nach London geht Stimme, also wenn er nicht, wie ich bereits sagte, ein kluger Geschäftsmann ist, wird es für Mr. Leech einiges Gutes geben.

„Es ist eine schrecklich böse Welt", seufzte Una.

„Es ist so, wie Gott es geschaffen hat", erwiderte Beaumont zynisch. „Ich glaube nicht, dass die Menschheit es wesentlich verbessert hat, aber ich gehe davon aus, dass es uns jetzt nicht schlechter geht als je zuvor. Die einzige Veränderung, die ich erkennen kann, ist die Kunst des Verbergens." - Im borgianischen Rom war es Mode, böse zu sein , und dementsprechend verkündete jeder seine liebsten Sünden von den Dächern, jetzt gilt es als richtig, anständig zu sein, also sündigen wir privat und predigen öffentlich; die Bosheit ist bei uns uns allen gleich, aber wir verbergen es sorgfältig und schwafeln über die Moral des England des 19. Jahrhunderts im Vergleich zu Rom des 16. Jahrhunderts.

„Sie sind eher pessimistisch."

„Mein Unglück, nicht meine Schuld, das versichere ich Ihnen", erwiderte der Künstler nachlässig. „Wenn ich in der Watte von Stellung und Geld durchs Leben gegangen wäre , hätte ich höchstwahrscheinlich alles Ehrliche und Wahre in der menschlichen Natur gefunden. Leider ist die Armut eine Gottheit, die Freude daran hat, die Illusionen der Jugend zu zerstören, also ich." Die Welt im realen und nicht im idealen Sinne zu sehen – das ist unangenehm, aber nützlich."

„Ich hoffe, Reginald wird nie solch harte Gedanken hegen", murmelte Una.

„Das hängt vom großen Gott der Umstände ab, aber wenn er nach London kommt , fürchte ich, wird er desillusioniert sein. Arcady mag in diesem abgelegenen Dorf zu finden sein, daran habe ich keinen Zweifel, aber London desillusioniert jedoch bald die großzügigste und zutraulichste Natur , hoffen wir das Beste – aber was sagen Sie zu meinem Angebot, Miss Challoner?“

„Na ja, wirklich“, sagte Una lachend, „was soll ich sagen? Es ist Mr. Blakes Sache und nicht meine.“

„Trotzdem interessieren Sie sich für ihn“, bemerkte Beaumont scharf.

„Als sehr kluger Mann tue ich das“, antwortete Una gelassen, denn sie war entschlossen, ihre Liebe diesem kaltäugigen Mann von Welt nicht zu verraten. „Ich finde es schade, dass er dazu verdammt ist, hier unten zu bleiben.“

„Das denke ich auch“, sagte Beaumont herzlich, denn er war zu schlau, um eine Frage zu stellen, von der er glaubte, dass sie der stolzen Frau vor ihm unangenehm sein könnte, „also werde ich mit Blake sprechen.“

„Und wie kommst du mit dem Bild meiner Cousine zurecht?“ fragte Una und drehte das Gespräch geschickt um, während sie die Terrasse hinuntergingen.

„Oh, wirklich sehr gut – es wird ein hervorragendes Bild ergeben, und es macht mir Spaß, mit dem Gutsherrn zu reden, seine Ideen sind so seltsam.“

„An der Wirkung der Einsamkeit habe ich keinen Zweifel“, antwortete Una abwesend, „ein einsames Dasein bringt im Allgemeinen seltsame Gedanken hervor.“

„Genau. Ich würde lieber mit einem Einsiedler sprechen als mit einem Mann oder einer Frau von Welt, denn obwohl die Ideen eines Einsiedlers altmodisch sein mögen, sind sie doch unendlich frisch.“

„Magst du die Gesellschaft denn nicht?“

„Manchmal tue ich das – der Mensch ist ein geselliges Tier, wissen Sie –, aber die Menschen in der Gesellschaft sind in der Regel ängstliche Humbugs. Ich nehme an, dass ein gewisses Maß an Täuschung notwendig ist, damit alles glatt läuft. A erzählt B Lügen und B weiß, dass es Lügen sind , dennoch glaubt er ihnen, denn um eine notwendige Freundschaft mit A aufrechtzuerhalten, reicht es nicht aus, ihm zu sagen, dass er ein Lügner ist; wenn alle unsere Freunde in den Palast der Wahrheit gesteckt würden, wäre das eine sehr unangenehme Welt, das versichere ich Ihnen.

„Aber Sie glauben nicht, dass es notwendig ist, zu lügen, damit alles reibungslos läuft?“ sagte Una ziemlich schockiert.

„Ich vermute, das ist die schlichte, brutale Wahrheit", erwiderte Beaumont kühl; „Lügen sind das Öl, das die Diplomatie auf die unruhigen Gewässer der Gesellschaft gießt. Herr, was für eine Welt voller Humbugs sind wir doch."

„Nun, auf Wiedersehen", sagte Una lachend und wandte sich ab, „vergessen Sie nicht, Mr. Blake von London zu erzählen."

„Oh nein, das werde ich nicht vergessen", antwortete Beaumont, nahm seinen Hut ab und schlenderte die Allee entlang, sehr zufrieden mit dem Ergebnis seiner Unterhaltung.

„Ich glaube, es ist mir gelungen, sie zu beruhigen", murmelte er vor sich hin, „jetzt sieht sie, wie sehr ich darauf bedacht bin, ihrem Geliebten zu helfen, und wird mir nicht mehr misstrauen – es ist wieder das Gleichnis vom Sämann – a Ein kleiner Samen, der in fruchtbaren Boden gesät wird, bringt eine gute Ernte – jetzt säe ich den Samen – wenn ich Reginald in London bekomme , werde ich die Ernte einfahren."

KAPITEL XIII.

DICKS MEINUNG.

„Ich mag ihn nicht – sein subtiles Lächeln
verbirgt sich hinter einer abscheulichen Absicht,
obwohl sein Blick mild und seine Rede gerecht ist
. Oh, vertraue ihm nicht, ich flehe ihn an; denn wie eine scheinbar einfache
Blume kann ein Duft böser Macht verborgen sein, der mit lockt." es
vergiftet den vertrauensvollen Träger bis zu seinem Tod; damit seine
Zunge freundlich plappern kann,
schwört er dir mit unsterblichem Hass.

Nachdem es Basil Beaumont nun gelungen war, Unas Dankbarkeit, wenn nicht sogar ihre Freundschaft, zu gewinnen, beschloss er, als nächstes Dr. Larcher auf seine Seite zu ziehen. Es war ihm bereits gelungen, einen gewissen Einfluss auf Reginald Blake zu erlangen, aber er sah deutlich, dass der würdige Pfarrer nicht zu seinen Gunsten gestimmt war , und da er sich als unschätzbarer Verbündeter erweisen würde, sollte sich Patience als gefährlich erweisen, war Beaumont bestrebt, ihn mit einem zu beeindrucken gute Einschätzung seines Charakters.

Der zynische Mann von Welt schien sich seit seinem Interview mit Patience Allerby völlig verändert zu haben , und niemand, der sein Interesse an den einfachen Freuden des Dorflebens sah, würde auf die Idee kommen, dass er hinter all dieser scheinbaren Einfachheit eine subtile Absicht verbarg. Sein Schauspiel war in höchstem Maße künstlich und doch so vollkommen naturgetreu, dass jeder getäuscht wurde und nie den gefräßigen Wolf sah, der sich unter der unschuldigen Haut des Lammes verbarg.

Natürlich hatte Patience Allerby zu wenig Ahnung von seiner wahren Natur, um sich von der Maske der Unschuld und Fröhlichkeit täuschen zu lassen, die er jetzt annahm, und da Basil Beaumont das nur zu gut wusste, war er bestrebt, keine Zeit mit der Aufmunterung zu verlieren für sich selbst eine Armee von Wohlwollenden gegen die ehrliche Empörung der Frau, die er verlassen hatte, sollte sie sich in seine Pläne einmischen. Mrs. Larcher , Miss Cassy, Una und Reginald hatten nun alle eine ausgezeichnete Meinung von ihm, daher war er bestrebt, die guten Wünsche von Dr. Larcher zu sichern , und überließ es Patience, ihren Kampf allein gegen die Schar von Freunden zu führen, die er hatte so geschickt gesichert.

Trotz der späten Jahreszeit war es ein sehr angenehmer Tag, mit einer gewissen Wärme und Helligkeit in der Luft trotz des scharfen Windes, und als Beaumont im Pfarrhaus ankam, fand er die jungen Leute beim Rasentennis spielen; Pumpkin und Ferdinand Priggs behaupten sich etwas unberechenbar gegen Reginald und Dick Pemberton.

Beaumont schlenderte mit seiner ewigen Zigarette zwischen den Lippen auf den Rasen, warf sie aber weg, als er von Reginald und den vier Spielern freudig begrüßt wurde, die im Spiel einen Moment innehielten.

„Wie geht es Ihnen, Miss Larcher ?" sagte Beaumont und lüftete träge seinen Hut, „das ist eine umfassende Begrüßung, die alle einschließt. Ich habe angerufen, um den Pfarrer zu sehen."

„Papa ist gerade draußen", bemerkte Pumpkin, „aber er wird bald zurück sein. Wollen Sie warten, Mr. Beaumont?"

„Danke – das werde ich", antwortete Beaumont und setzte sich auf eine Gartenbank.

„Haben Sie ein Spiel?" rief Reginald, warf seinen Schläger in die Luft und fing ihn geschickt mit der Hand auf.

„Zu sehr nach harter Arbeit."

„Dann trink etwas Tee", schlug Pumpkin überzeugend vor.

„Ah, das ist besser, Miss Larcher ", antwortete Beaumont fröhlich; „Ja, ich hätte gerne etwas Tee."

„Bringen Sie es hier raus", sagte Dick, der sich in das weiche grüne Gras geworfen hatte, „es wird lustig sein, es draußen auszubreiten."

„Wie Sie das Englisch der Königin missbrauchen", murmelte Mr. Priggs, als Miss Larcher hineinging, um den Tee zu bestellen.

„Nur in der Prosa", erwiderte Dick kühl, „denken Sie daran, wie Sie es in der Poesie verstümmeln."

„Ich fürchte, Sie sind ziemlich streng zu Priggs ", sagte Beaumont, der darauf bedacht war, alle zu versöhnen, sogar den Dichter, den er zutiefst verachtete.

„Das würde man nicht sagen, wenn man seine Gedichte sehen würde", antwortete Pemberton lachend.

„Oh, komm schon, Dick", sagte Reginald leichthin, „das ist ziemlich schwer – einige von Ferdinands Gedichten sind wunderschön."

„Und grauenhaft."

„Dick interessiert sich nur für Varietélieder", erklärte der poetische Ferdinand hochmütig.

„Oh ja, das tue ich – unter anderem für Kuchen und Tee, und hier kommt es. Mach einen Reim darauf, Ferdy ."

„Nenn mich nicht Ferdy ", sagte Priggs scharf.

„Dann Birdie", bemerkte Dick neckend, „obwohl du eher einer Eule als jedem anderen Vogel gleichst."

„Jetzt streite nicht", sagte Kürbis, der nun vor einem rustikalen Tisch saß, auf dem das Teegeschirr bereitgestellt war. „Milch und Zucker, Mr. Beaumont?"

„Beides, danke", sagte Beaumont und beugte sich vor. „Übrigens, ich habe heute Miss Challoner gesehen – wir haben über Sie gesprochen, Blake."

„Warst du das tatsächlich?" bemerkte Reginald, ziemlich irritiert über die freie und lockere Art des Sprechers.

„Ja – über deine Stimme. Ich habe einen Brief von einem meiner Freunde aus der Stadt bekommen, von dem ich dir später erzählen werde."

„Ich nehme an, Reggy wird uns bald alle nach London verlassen", sagte Dick neidisch.

„Glücklicher Reginald", seufzte Ferdinand, „ich wünschte, ich würde nach London gehen."

„Was, mit einem Bündel Gedichte in der Tasche?" sagte Reginald lachend. „Ich fürchte, Sie würden die Themse nicht in Brand setzen – Poesie zahlt sich nicht aus."

„Noch Literatur jeglicher Art", bemerkte Dick, „zumindest so verstehe ich es."

„Dann verstehen Sie das falsch", sagte Beaumont kühl, „ich nehme an, Sie halten sich an Scotts Aussage – dass Literatur ein guter Stab, aber eine schlechte Krücke ist – all das hat sich jetzt geändert."

„Nicht was die Poesie betrifft."

„Nein – sicherlich nicht, was die Poesie betrifft, aber der Erfolg in der Literatur hängt stark vom Fingerspitzengefühl eines Schriftstellers ab; wenn ein junger Mann mit einer Übersetzung von Horaz oder Lucian in der Tasche nach London geht , wird er feststellen, dass seine Waren unerwünscht sind; wenn ..." Milton ging gerade in die Paternoster Row, mit dem Manuskript von „Paradise Lost" in der Hand, ich glaube nicht, dass er einen Verleger finden würde. Wir reden viel über edle Gedichte und schöne Gedanken, aber es ist merkwürdig, was unverkäufliche Artikel, selbst die besten davon sind .

„Was verkauft sich dann?" fragte Ferdinand.

„Alles, was dem Publikum gefällt – ein sensationeller Roman – ein funkelndes Gesellschaftsgedicht – ein brillanter Zeitschriftenartikel – ein geistreiches Theaterstück – mit diesen Dingen gibt es viele Chancen, Geld zu verdienen; man sieht, wie die Menschen so schnell leben." Jetzt, wo sie während ihrer Spielstunden keine Zeit zum Lernen haben, möchten sie den Schaum und Schaum der Zeit, die ihnen zum Lesen serviert wird, genießen, um sie von ihrer Arbeit abzulenken. Wir loben „Tom Jones" und „ Clarissa' immens, aber wer liest sie, wenn er den letzten dreibändigen Roman oder den neuesten scharfsinnigen Artikel über den Zustand Europas überfliegen kann ? – Heutzutage möchte niemand belehrt werden, aber er möchte amüsiert werden. "

„Wie leben die Menschen in London?" fragte Pumpkin, die als schlichtes Landmädchen absolut keine Ahnung von allem hatte, was mit der großen Metropole zu tun hatte.

„Sie leben mit einer Kutsche vor der Tür und ihrer Uhr in der Hand", erwiderte Beaumont zynisch; „Sie widmen einer Sache zwei Minuten, einer anderen fünf Minuten und denken, dass sie Spaß daran haben – ein paar Brocken von allen Dingen zu bekommen und ein gründliches Wissen über nichts – das letzte Stück, das letzte Buch, den letzten Skandal, das Neueste." Politische Komplikationen – sie wissen all diese Dinge gut genug, um darüber zu reden, aber leider wird der tiefe Denker, der seine Ansichten vor der unruhigen Welt Londons darlegt, tatsächlich einen sehr kleinen Leserkreis haben, weil niemand einen hat Zeit, über seine nachdenkliche Prosa nachzudenken.

„Immer noch ist die Kraft der Bühne als Lehrer", begann Ferdinand, „wirklich----"

„Ist wirklich nichts", unterbrach Beaumont scharf; „Die Bühne der Gegenwart soll unterhalten, nicht lehren – niemand möchte nach der Schule zur Schule gehen; wir sind nicht einmal in unseren Dramen originell – wir übersetzen entweder von der französischen Bühne oder reproduzieren Shakespeare mit Bravour." Bühnenbild und Teetassen- und Untertassenschauspieler.

„Nun, gegen Shakespeare kann man nichts einzuwenden haben", bemerkte Reginald, der sich sehr für Beaumonts Bemerkungen interessierte.

„Sicherlich nicht. Shakespeare ist, wie andere Dinge auch, ausgezeichnet – in Maßen. Ich stimme vollkommen zu, dass wir ein Nationaltheater haben sollten, in dem das elisabethanische Drama regelmäßig aufgeführt werden sollte, aber unser sogenanntes Nationaltheater widmet sich Lebkuchenmelodramen, und versucht, seine Gedankenarmut hinter einer brillanten *Inszenierung zu verbergen* ; aber wenn man Shakespeares Stücke in drei oder vier Theatern und französische Adaptionen in einem Dutzend anderer Theater hat, wo kommt dann der örtliche Dramatiker ins Spiel? "

„Aber soweit ich gehört habe, gibt es so wenige gute lokale Dramatiker", sagte Dick schnell.

„Und wessen Schuld ist das?" fragte Beaumont säuerlich, „aber die Schuld liegt bei der englischen Nation. Frankreich hat eine starke Theaterschule, weil es sein eigenes Drama unter Ausschluss ausländischer Autoren produzierte; wenn das englische Volk, das auf seinen Patriotismus stolz ist, sich weigern sollte, Französisch zu unterstützen." und deutschen Adaptionen wären die Regisseure gezwungen, englische Stücke zu produzieren, die von englischen Dramatikern geschrieben wurden, und obwohl wir höchstwahrscheinlich eine Zeit lang über schlechte Kunstfertigkeit und grobe Ideen verfügen würden, würde in ein paar Jahren doch eine Schauspielschule entstehen; aber eine solche Es wird nie ein Ereignis passieren, während einer unserer führenden Dramatiker gallische Komödien im großen Stil adaptiert und ein anderer alte Bücher aus der georgianischen Zeit dramatisiert . England hat seine kreative Kraft nicht verloren, aber es tut sein Bestes, um sie auszumerzen."

„Wie furchtbar streng", sagte Ferdinand.

„Aber wie furchtbar wahr", erwiderte Beaumont nachlässig. „Allerdings werde ich nicht mehr predigen, da ich sicher bin, dass Sie alle meines Geschwätzes satt haben – und sehen Sie, da kommt Doktor Larcher ."

Während er sprach, stand er auf, denn der Pfarrer schritt wie ein Koloss über den kleinen Rasen.

„Tee und Skandal, nehme ich an", brüllte er mit seiner herzlichen Stimme, als er dem Künstler die Hand schüttelte.

„'Hic innocentis pocula Lesbii
Duces sub umbra.'"

„ Sicherlich unschuldig, Sir", bemerkte Reginald leichthin, „aber Tatsache ist, dass wir Mr. Beaumont zugehört haben."

„Und der Diskurs?" fragte der Pfarrer und nahm eine Tasse Tee von Pumpkin.

„Der Verfall der Literatur und des Dramas in England", antwortete Beaumont lächelnd.

„Ah, in der Tat. Ich fürchte, Mr. Beaumont, ich weiß nichts von dem Drama, außer dem Barden von Avon –"

„Wen Mr. Beaumont mag, in Maßen", unterbrach Pumpkin schelmisch.

„Sicherlich", stimmte Beaumont ernst zu. „Ich mag alles in Maßen."

„Sogar Horace", flüsterte Dick Reginald zu, der laut lachte und sich dann für seine vorzeitige Heiterkeit entschuldigte .

„Was die Literatur angeht", sagte Dr. Larcher nachdenklich, „befürchte ich, dass es eher zu einem Abfall kommt – wir sind frivol – ja, entschieden frivol."

„Ich wünschte, wir wären auch nur halb so angenehm", bemerkte Beaumont, „ich fürchte, wir sind ausgesprochen langweilig."

„Die Welle des Genies, die in diesem Jahrhundert begann", sagte der Pfarrer pompös, „hat jetzt ihre Kraft verbraucht und ist weitgehend abgeklungen – bald wird sie sich wieder sammeln und weiterschwimmen."

„Wenn es nur ein paar Hundert unserer jetzigen Autoren wegfegen würde, glaube ich nicht, dass es irgendjemandem etwas ausmachen würde", sagte der Künstler lachend.

„ *Sed omnes una manet nox* ", bemerkte Dr. Larcher mit einem grimmigen Lächeln.

„Was, all unsere heutigen Schreiberlinge? Was für eine entzückende Sache für das 20. Jahrhundert."

Dr. Larcher lächelte mild, als er seine Tasse abstellte, denn er mochte es, wenn seine horatischen Anspielungen sofort aufgegriffen wurden, und begann, Beaumont als recht guten Gesellschafter zu betrachten. Er nickte der ganzen Gruppe freundlich zu und wollte sich gerade abwenden, als ihm plötzlich ein Gedanke kam.

„Möchten Sie mich sehen, Mr. Beaumont?" fragte er und sah den Künstler an.

„Ja, das tue ich", antwortete dieser Herr und erhob sich gemächlich. „Ich möchte mit Ihnen über Blake sprechen und wünsche mir auch, dass Blake dabei ist."

„Oh, ich komme", rief Reginald und sprang mit Eifer nach vorne, denn er ahnte, worum es in der Unterhaltung gehen würde.

„Dann kommen Sie in mein Arbeitszimmer", sagte Dr. Larcher . „Kürbis, mein Kind, du solltest besser reinkommen, denn die Nacht naht."

Als die drei Herren auf das Haus zugingen, begann Kürbis damit, das Teegeschirr zusammenzustellen, um es hineinzutragen. Dick, der aufgestanden war, starrte Beaumont mit so etwas wie einem Stirnrunzeln auf seinem frischen, jungen Gesicht nach.

„Was ist los, Dick?" fragte Kürbis und hielt einen Moment inne.

„Äh?" sagte Dick und zuckte ein wenig zusammen, „oh, nichts, nur ich mag ihn nicht."

"Dem?"

„Mr. Beaumont", sagte Pemberton nachdenklich. „Ich glaube, er ist ein Humbug."

„Ich bin sicher, er ist ein äußerst entzückender Mann", bemerkte Ferdinand hochmütig.

„Oh, man würde jeden für entzückend halten, der Ihre Gedichte lobt", erwiderte Dick grob, „aber ich mag Beaumont nicht; er ist sehr klug und redet zweifellos gut, aber er ist trotzdem ein Außenseiter."

"Was bringt dich dazu, so zu denken?" sagte Pumpkin und sah ihn mit dem Tablett in ihren Händen an.

„Oh, ich kann einen Mann in zwei Minuten einschätzen", bemerkte Dick in seiner üblichen umgangssprachlichen Art, „und wenn ich Reggy wäre , würde ich diesen Kerl nicht dazu bringen, mich anzugreifen; er sagt viel, was er nicht tut." gemein, und wenn er Reggies Show leitet, wird der Apfelkarren bald aus der Fassung geraten.

Dank Dicks verschwenderischem Umgang mit der Umgangssprache tappte Pumpkin ziemlich im Dunkeln, was er sagen wollte, und so ging er mit einem ruhigen Lächeln mit dem Tablett ins Haus.

„ Reggy kann gut auf sich selbst aufpassen", bemerkte der Dichter ruhig.

„Und das ist auch eine sehr gute Sache", rief Dick und beäugte den poetischen Jugendlichen mit wildem Blick, „aber Vorbeugen ist besser als Heilen, und an meiner Stelle würde ich Beaumont nicht im Spiel haben . "

„Ah, du siehst ja, du bist nicht Reggy ."

„Ich bin ungemein froh, dass ich nicht du bin", erwiderte Dick höflich. „Es muss furchtbar unangenehm für dich sein, zu wissen, was für ein arroganter Idiot du bist."

„Ich bin kein Idiot", sagte Priggs hochmütig.

„Kein Idiot!" wiederholte Dick spöttisch. „Warum du so ein Idiot bist, weißt du nicht einmal, dass du einer bist."

KAPITEL XIV.

DIE DIPLOMATIE VON BASIL BEAUMONT.

Klug ist derjenige, der mit bloßer roher Gewalt
alle weltlichen Preise verachtet und durch raffinierte List erlangt.

Als die drei Herren bequem im Arbeitszimmer des Pfarrers saßen, erklärte Beaumont ohne weitere Einleitung seinen Auftrag.

„Wissen Sie, Sir", sagte er zum freundlichen Dr. Larcher , „dass Blake eine sehr gute Stimme hat – eine phänomenale Tenorstimme, die, wenn sie richtig trainiert wird, sein Vermögen machen wird. Blake erzählt mir, dass er sich noch nicht entschieden hat, welche Linie." des Lebens, also schlage ich vor, dass er Sänger werden sollte.

„Oh, es würde mir über alles gefallen", rief Reginald mit dem üblichen gedankenlosen Impuls der Jugend.

„Warten Sie einen Moment", bemerkte der Pfarrer vorsichtig. „Ich bin kein großer Befürworter einer Theaterkarriere für Sie, Reginald, und dies ist eine zu wichtige Angelegenheit, um leichtfertig entschieden zu werden, deshalb würde ich gerne Herrn Beaumonts Ansichten zu diesem Thema hören."

„Oh, meine Ansichten sind leicht zu erklären", sagte Beaumont kühl. „Ich kenne Ihre Einwände gegen eine Theaterkarriere sehr gut, Doktor Larcher , und zweifellos ist sie für einen jungen Mann voller Versuchungen, dennoch muss Blake nicht auf der Bühne singen, sondern muss auf dem Konzertpodium auftreten – gut." Tenöre sind rar, daher wird er bald viel Arbeit haben und ein hervorragendes Einkommen erzielen."

„Und was haben Sie vor?" fragte der Pfarrer nachdenklich.

„Das ist der Punkt, zu dem ich komme", erklärte Beaumont schnell. „Ich bin selbst kein reicher Mann, aber ich kenne viele Leute in der Stadt, die wohlhabend sind; wenn Blake mit mir nach Stadt kommt, werde ich mich verpflichten, genug Geld aufzubringen, um ihm eine erstklassige Ausbildung als Sänger zu ermöglichen; wenn er Erfolg hat – und ich habe sehr wenig Zweifel daran, dass er das schaffen wird – kann er mir den Vorschuss und einen gewissen Prozentsatz für das Darlehen und das Risiko zurückzahlen: Dann wird er natürlich einen ausgezeichneten Beruf haben und seinen verdienen können eigenen Lebensunterhalt.

„London ist für einen jungen Mann voller Versuchungen“, bemerkte Dr. Larcher zweifelnd.

„Ein junger Mann muss sein Risiko eingehen“, antwortete Beaumont satirisch. „ Natürlich wird Blake bei mir sein und in meinem eigenen Interesse werde ich mein Bestes tun, um ihn vor Gefahren zu bewahren; aber du willst sicher nicht, dass er sein ganzes Leben lang in diesem Dorf bleibt, in Watte gehüllt?“

„Ich habe nicht die Angewohnheit, in Watte gewickelt zu werden“, rief Reginald, gereizt über den Ton des Künstlers, „und ich glaube, wenn ich in London wäre, könnte ich ohne die Hilfe von irgendjemandem für mich selbst sorgen.“

„Ich bezweifle nicht, dass Sie das könnten“, antwortete Beaumont herzlich, „ich biete Ihnen nur Hilfe an. Was sagen Sie nun, Dr. Larcher ?“

„Derzeit kann ich dazu nichts sagen“, antwortete der Pfarrer langsam. „Reginald ist mir so lieb, als wäre er mein eigener Sohn, und die Wahl einer Karriere sollte nicht leichtfertig getroffen werden. Ich hatte gehofft, er würde Pfarrer werden, und dann hätte es keine Notwendigkeit gegeben, mich zu verlassen.“ ."

„Ich glaube nicht, dass ich ein guter Pfarrer gewesen wäre“, sagte Blake kopfschüttelnd, „und obwohl ich dieses liebe alte Dorf sehr liebe, möchte ich dennoch ein wenig von der Welt sehen – meine Stimme ist meine einzige.“ Talent, also je früher ich es nutze, desto besser.

„ *Quod adest memento componere aquus* “, zitierte der Pfarrer bedeutungsvoll.

„ *Dum loquimur , fugerit invida „ætas* “, antwortete Reginald schnell.

„Gut beantwortet“, sagte der Pfarrer mit einem halben Seufzer. „Ja, ich nehme an, Sie müssen die Flugzeit ausnutzen und es hat keinen Sinn, Ihr Leben im Müßiggang zu verschwenden. Möchten Sie Sänger werden?“

„Ich denke schon“, sagte Blake nach einer Pause. „ Natürlich bin ich bestrebt, meinen eigenen Weg in der Welt zu finden, und wenn ich nicht mein einziges Talent nutze, sehe ich keinen Weg, dies zu tun.“

„Ich wünschte, ich hätte Ihr einziges Talent“, bemerkte Beaumont ziemlich neidisch; „Ich würde nicht gegen das Schicksal schimpfen – nun, Doktor Larcher , und was ist Ihre Entscheidung?“

„Ich kann es Ihnen jetzt nicht geben“, sagte der alte Mann und erhob sich, „es ist eine zu wichtige Angelegenheit, als dass man sie leichtfertig abtun könnte. Ich werde Ihnen in ein paar Tagen eine Antwort geben. Dennoch muss ich Ihnen danken, Herr Beaumont.“ für Ihre freundlichen Absichten bezüglich Reginald.

„Ich bin nur zu froh, Ihnen zu Diensten zu sein", antwortete Beaumont mit einer Verbeugung.

„In der Zwischenzeit", sagte der Pfarrer freundlich, „müssen Sie anhalten und mit uns zu Abend essen."

„Erfreut", antwortete Beaumont und ging mit Reginald weg, sehr zufrieden mit dem Ergebnis des Interviews.

Larcher , die den ganzen Tag unter dem Einfluss von „The Affliction" gelegen hatte, dass ein Besucher im Haus war , und begrüßte Beaumont mit großer Herzlichkeit.

„Ich freue mich sehr, Sie zu sehen", sagte sie gnädig, als sie inmitten einer Vielzahl von Tüchern und Kissen auf dem Sofa Platz nahm. „Es ist wirklich ein Vergnügen, jemanden zum Reden zu haben."

„Komm, komm, meine Liebe, das ist ziemlich hart für uns", sagte der Pfarrer gut gelaunt .

„Ich meine , jemand Neues", erklärte Frau Larcher freundlich. „Ich bin so gern in Gesellschaft, aber aufgrund meines Kummers sehe ich nur sehr, sehr wenige Menschen; das ist eine große Entbehrung für mich, das versichere ich Ihnen."

Larchers ständigem Gesprächsfluss, „aber ich hoffe, dass Sie sich bald ganz von Ihrer Krankheit erholen und dann mit der Welt in Kontakt kommen können."

„Niemals, ach, nie", murmelte Mrs. Larcher und blickte zur Decke. „Ich bin ein Wrack – im wahrsten Sinne des Wortes ein Wrack – ich werde niemals, niemals sein, was ich war – ich leide unter so vielen Dingen, nicht wahr, Eleanor Gwendoline?"

„Das tust du, Mama", antwortete das Mädchen, das am Klavier saß. „Aber gegen ein bisschen Musik hättest du nichts einzuwenden, oder, mein Lieber?"

„Wenn es leise ist, nein", antwortete der Kranke müde, „aber lieber Reginald, singe keine lauten Lieder, sie sind so schlecht für meine Nerven."

„In Ordnung", antwortete Reginald und sang sofort ein sentimentales Liedchen mit dem Titel „Einsamkeit", das trostlose Worte und ebenso trostlose Musik hatte.

„Ich wünschte, Liedermacher und ihre Dichter würden etwas Neues erfinden", bemerkte Beaumont, als diese tränenreiche Ballade zu Ende ging, „man wird der gebrochenen Herzen und all dem Unsinn so müde."

„Ich stimme Ihnen voll und ganz zu, Herr Beaumont", sagte Dr. Larcher mit Nachdruck. „Ich beobachte in den Liedern der Gegenwart eine Tendenz zu weibischen Klagen , die ich unendlich bedauere. Ich fürchte, wir haben die Männlichkeit von Dibdin und die freudigen Ideen der jakobinischen Lyriker weitgehend verloren."

„Was ist mit den Meeresliedern?" fragte Dick, „sie sind ziemlich lustig."

„Kein Zweifel", antwortete Beaumont, „,Nancy Lee' und die ,Three Jolly Sailor Boys' haben einen luftigen Klang, aber diese Zucker- und Wasser-Sentimentalität, die jetzt so in Mode ist, ist einfach schrecklich – es ist sehr schade." Wenn keine Reaktion einsetzt, dann hätten wir einen gesünderen Ton."

„Dennoch gibt es eine Faszination für Trauer, der weder Dichter noch Musiker widerstehen können", bemerkte Ferdinand Priggs , der der Gesellschaft unbedingt eines seiner Gedichte vorlesen wollte.

„Das wage ich zu behaupten", sagte Beaumont schnell; „Aber es gibt eine große Tendenz zur Morbidität , zu viel Gebrauch von gebrochenen Herzen und Moll-Tonarten, tatsächlich ist die gesamte Tendenz der Zeit pessimistisch – wir bereuen immer die Vergangenheit, bedauern die Gegenwart und fürchten die Zukunft."

„Ich denke, das war zu allen Zeiten der Welt der Fall", bemerkte der Pfarrer; „Der Mensch hat immer vom Wohlstand der Vergangenheit und dem Verfall der Gegenwart gesprochen."

„Die Vergangenheit ist Vergangenheit, und die Toten sind tot", murmelte der Dichter nachdenklich.

"Ein Zitat?" fragte Beaumont, beeindruckt von der Bemerkung.

„Aus einem eigenen Gedicht", sagte Ferdinand schnell, „das ich gerne lesen würde."

„Auf jeden Fall, mein Junge", versicherte der Pfarrer herzlich. "Weiter lesen."

Die ganze Gesellschaft blickte einander an und Dick stöhnte hörbar, während Mrs. Larcher sich mit einem resignierten Seufzer in ihren Kissen niederließ. Aber der Dichter freute sich darüber, dass es ihm gelungen war , Gehör zu gewinnen, und holte ein sorgfältig geschriebenes Manuskript aus seiner Tasche hervor und las mit sorgfältig modulierter Stimme das folgende Gedicht vor :

EINE BALLADE DER TOTEN TAGE.

ICH.

Oh, ich habe keine Lust mehr auf müßige Lieder

Von Herren und Damen und alter Zeit,

All ihre Heiterkeit gehört der Vergangenheit an,

Trauer klingt in unserem gegenwärtigen Reim.

Freudenglocken wechseln zum Glockenspiel der Todesglocke,

Das Alter ist bitter und die Jugend ist geflohen,

Vorbei ist die Zeit der erhabenen Hoffnung,

Die Vergangenheit ist Vergangenheit und die Toten sind tot.

II.

Meine Damen, die ich in jenen fernen Tagen liebte,

Wo bist du jetzt mit deinem goldenen Haar?

Meine Locken sind weiß unter einer Krone aus Buchten,

Aber die Rosenkrone der Jugend war für mich schöner .

Mein Herz war in vielen Schlingen gefangen

Verstrickt in ausgebreitete Goldlocken,

Jetzt lauert in meinem Herzen eine trostlose Verzweiflung.

Die Vergangenheit ist Vergangenheit und die Toten sind tot.

III.

Viele Kelche Wein habe ich ausgetrunken

Auf die Gesundheit der Damen, die schön und gebrechlich waren,

Ein Handkuss und das Abnehmen eines Federhutes.

Dann ging es im Kettenhemd in den Krieg.

Aber, ach, diese Rüstung konnte sich nicht durchsetzen

Gegen deine Augen und deine Lippen so rot,

Nein, aber solche Gedanken sind eine zweimal erzählte Geschichte,

Die Vergangenheit ist Vergangenheit und die Toten sind tot.

ENVOI.

Zeit, willst du mich niemals vergessen lassen?

Diese verlorenen Tage, bis ich in Blei gesteckt werde?

Es ist eine Torheit, mit solch vagem Bedauern zu träumen,

Die Vergangenheit ist Vergangenheit und die Toten sind tot.

„Der Stil ist Villon, wie ich sehe", bemerkte Beaumont, als der Dichter endete.

„Es ist mehr als das Genie", murmelte Dick, der einen tödlichen Hass auf Ferdinands Gedichte hegte.

„Ihr Refrain gefällt mir, mein lieber Ferdinand", bemerkte der Pfarrer gnädig; „Es hat eine gewisse angenehme Note, aber ich fürchte, Ihre Verse sind etwas grauenhaft. Dennoch haben sie ihre Verdienste. Oh ja, sie haben ihre Verdienste."

„Ich freue mich, dass Sie so denken", sagte der bescheidene Dichter demütig, für den Lob wie Regen auf durstigen Blumen war. „Ich hoffe, dass es bald besser wird."

„Ich habe keinen Zweifel daran, dass Sie das tun werden", sagte Beaumont und tat ihm ziemlich leid für den armen Jungen, der vor Schmerz errötete. „Ihre Verse sind gewissermaßen ein Echo von Villon, dennoch haben Sie ein musikalisches Ohr, und das ist eine tolle Sache. Wenn ich dazu eine Meinung äußern darf, halte ich Ihre Ansichten eher für ein wenig pessimistisch."

„Genau das, worüber wir gesprochen haben", rief Reginald fröhlich. „Ein Bedauern über die Vergangenheit und eine Klage über die Gegenwart."

„Das ist der Zeitgeist", seufzte Ferdinand und steckte das Gedicht in die Tasche. „Es ist schwer, sich seinem Einfluss zu entziehen."

„Wenn irgendjemand eine Chance hätte, ihm zu entkommen, sollten Sie der Einzelne sein", sagte Beaumont mit einem Lächeln. „In London, wo die neuesten Ideen in der Luft schweben, ist es schwierig, originell zu sein, aber hier draußen, wo die Arbeit stillsteht, hätte man eine neue Linie einschlagen sollen. Ich fürchte, Ihre Poesie kommt von dort." Bücher, nicht aus der Natur."

„Warum?" forderte Ferdinand ziemlich verärgert.

„Allein dadurch, dass Sie in dieser Ballade eine exotische Reimform verwendet haben und die darin enthaltenen Ideen die trostlosen, hoffnungslosen Sorgen einer erschöpften Welt widerspiegeln. Singen Sie wie Herrick von den Dingen um Sie herum,

„Von Bächen, von Blüten, Vögeln und Lauben,
von April-, Mai-, Juni- und Juliblumen"

dann werden Sie wahrscheinlich einen neuen Ton anschlagen."

„Ich halte nicht viel von Herrick", murmelte Ferdinand stolz.

„Vielleicht zu fröhlich?" sagte Beaumont sarkastisch. „Das ist schade, denn ich sehe, dass Sie Gefahr laufen, sich der dyspeptischen Schule der Dichter anzuschließen, von der wir gesprochen haben. Machen Sie nicht zu viel Licht auf Ihre Muse, mein lieber Junge, sondern lassen Sie sie die dralle Nymphe sein." dieser charmante alte Heide, Robert Herrick.

„Ihre Bemerkungen sind sehr vernünftig", bemerkte der Pfarrer herzlich, als Beaumont aufstand, um zu gehen. „Wenn Poesie geschrieben werden muss, soll es natürliche Poesie sein. Unsere modernen Reimdichter haben zu viel vom Seziertisch und vom Leichenhaus ."

„Es ist die tote Welt der Vergangenheit, die auf die sterbende Welt der Gegenwart drückt", sagte Ferdinand düster.

„Oh, Mist!" rief Dick angewidert. „Deine Leber ist außer Betrieb, mein Lieber, das ist es, was mit dir los ist."

Der empörte Dichter zog sich in hochmütiger Würde zurück, während Beaumont sich von diesem freundlichen Familienkreis verabschiedete, der ihn drängte, wiederzukommen, so sehr hatten sie seine Gesellschaft genossen.

„Kommen Sie wieder", murmelte Beaumont vor sich hin, als er mit einer Zigarette zwischen den Lippen zurück zum Gasthaus schlenderte. „Das sollte ich eher glauben. Ich habe das Herz des Pfarrers durch meine desinteressierte Zuneigung zu seinem *Schützling gewonnen* . Es ist wunderbar, die Wirkung von ein wenig Diplomatie – so viel besser als äußerer Trotz. Ich denke, meine liebe Patience, das solltest du tun." Nehmen Sie es in Ihren dummen Kopf, mich zu verleumden, es wird für Sie eine schwierigere Aufgabe sein, als Sie denken. Diplomatie ist die einzige Waffe, die ich gegen eine Frau wie Sie einsetzen kann, und sie ist eine ungewöhnlich nützliche Waffe, wenn sie richtig eingesetzt wird.“

Kapitel XV

EIN FANTASTISCHER THEORIST.

„Er ist ein Mann
voller seltsamer Gedanken und skurriler Fantasien, der von Träumen
träumt, die sein Leben zu einem Traum machen. Und wenn er
übernatürliche Kräfte hätte, würde uns der Himmel um die Ohren stürzen,
auf seiner wahnsinnigen Suche nach – ich weiß nicht, was." ."

Der Raum, den Beaumont in ein Atelier verwandelt hatte, während er Squire
Garsworths Porträt malte, blickte auf die Terrasse, zu der die französischen
Fenster führten. Es handelte sich um den Salon des Gutshofs und war
prachtvoll im pompösen Stil der georgianischen Zeit eingerichtet, auch wenn
es jetzt, da es nur noch selten genutzt wurde, ein Hauch von Verlassenheit
und Verfall zu spüren schien. Da die Fenster jedoch groß und ohne
Vorhänge waren, gab es ein ausgezeichnetes Licht zum Malen, also stellte
Basil seine Staffelei in der Nähe des mittleren Fensters auf und stellte den
Knappen weiter hinten auf, damit das volle Licht auf sein verdorrtes Gesicht
fallen konnte Es zeigt die zahlreichen Falten und den strengen
Gesichtsausdruck, die es zu einer Rembrandt-würdigen Studie machten.
Beaumont warf oft einen Blick auf die abgemagerte Gestalt, die lustlos in
dem großen Sessel zurückgelehnt lag, und fragte sich, welches seltsame
Ereignis diesen Mann von einem müßigen Nachtschwärmer in einen
fleißigen Gelehrten verwandelt hatte.

Oben war die bemalte Decke der Wohnung, auf der Götter und Göttinnen
in verblassten Farbtönen zwischen schmuddeligen blauen Wolken
herumtanzten, umgeben von Amoretten, Seepferdchen, aufgehenden
Sonnen und abnehmenden Monden, während unten ein abgenutzter
Teppich den polierten Boden bedeckte aber unvollkommen. Ein riesiger
Marmorkamin, kalt und schwarz aussehende, schwere, unhandliche Stühle,
solide aussehende Tische, ein uriges altes Spinett mit dünnen Beinen und
mehrere bequem aussehende Sofas füllten den Raum. Es gab auch grimmig
aussehende Gesichter, die von den Wänden blickten, Schränke voller
groteskes Porzellan , das jetzt Gold wert war, bizarre Ornamente aus Indien
und China und viele andere urige Dinge, die die Wohnung für die Menschen
wie einen Kuriositätenladen aussehen ließen raffinierter Geschmack des
Künstlers. Aber trotz der alten Pracht des Ortes spinnten Spinnen ihre Netze
in den Ecken, dicker grauer Staub lag herum und ein kühles, grüftiges Gefühl
erfüllte den Raum. Selbst das fröhliche Sonnenlicht konnte den schweren

Schatten, der darüber zu brüten schien, nicht vertreiben, und in seiner Einsamkeit schien es ein Zimmer eines verzauberten Palastes zu sein, wie wir es in östlichen Erzählungen lesen.

Pracht des Grange zeitgleich zu sein . Das abgenutzte Gesicht, das plötzliche Aufblitzen wahnsinnigen Feuers aus den tief liegenden Augen, das schneeweiße, spärliche Haar, das unter der schwarzen Schädeldecke hervorfiel, und das düstere Gewand – all das schien die Ähnlichkeit eines ergrauten Nekromanten zu haben, der reich an Bösartigkeit ist Zaubersprüche.

Hätte sich Randal Garsworth mit der Welt vermischt, wäre er ein anderes Wesen gewesen. Wäre er unter seine Mitmenschen gegangen und hätte sich für deren Ideen in Bezug auf Politik, Literatur und Musik interessiert, hätte er durch eine solche Verallgemeinerung seines Intellekts einen gesunden Geist bewahrt. Aber als er sich, wie er es getan hatte, in einem einsamen Haus einschloss und seine Gedanken auf sich selbst konzentrierte, verfiel er in einen krankhaften Zustand, der ihn auf die Aufnahme jeder phantastischen Idee vorbereitete. Während er so in diesem ungesunden Leben verweilte, stieß er zufällig auf die seltsame Lehre von der Metempsychose, und sie eroberte schnell Besitz von seinem kranken Geist, der bereits stark zu seltsamen Nachforschungen neigte . Die Seltsamkeit der pythagoräischen Theorie reizte seine Vorliebe für das Skurrile und er wurde zu einem Monomanen in diesem Bereich. Unter dem Einfluss eines einsamen Lebens, intensiver Studien über die Philosophen, die die Theorie der Seelenwanderung unterstützten, und seiner selbstsüchtigen Anwendung dieser wilden Lehren auf seine eigene Seele steigerte sich die Monomanie, unter der er litt , in den Wahnsinn.

Allem Anschein nach verhielt er sich rational, wenn auch leicht exzentrisch, aber mit seinem festen Glauben an die Metempsychose und seinen Vorbereitungen für seine zukünftige Inkarnation konnte man ihn kaum als vernünftig bezeichnen. Dennoch erledigte er alle geschäftlichen Angelegenheiten mit bewundernswertem Geschick, und trotz des heruntergekommenen Zustands des Gutshofs wurden seine Höfe gut bewirtschaftet, und seine Pächter sahen keinen Grund, sich über Vernachlässigung seitens ihres Vermieters zu beschweren. Wie alle Verrückten war er ein tiefer Egoist und versunken in seinen Glauben an eine Reinkarnation auf dieser Erde. Er schenkte den Ansprüchen von Verwandten oder Freunden keine Beachtung und vernachlässigte alle sozialen Pflichten, um sich ganz seinen Lieblingswahnvorstellungen hinzugeben . Dies war der Mann, der vor Basil Beaumont saß, durch dessen geschickten Pinsel und echtes Talent das seltsame Gesicht des Einsiedlers schnell und auf lebensechte Weise auf die Leinwand übertragen wurde.

„Ich hoffe, dieses Porträt wird Ihnen gefallen", sagte Beaumont und brach das Schweigen, das einige Minuten gedauert hatte, „es ist das Beste, was ich je gemacht habe."

"Ist es?" antwortete Garsworth vage, sein Geist war weit weg und mit irgendeinem abstrusen Gedanken beschäftigt. „Ja, natürlich. Was hast du gesagt?"

„Ich hoffe, Ihnen gefällt das Bild", wiederholte Beaumont langsam.

„ Natürlich werde ich das tun", sagte der Gutsbesitzer schnell. „Ich möchte mich in der Zukunft so sehen, wie ich jetzt bin. Manche Menschen blicken auf ihre Jugendporträts zurück und sehen in den faltenfreien Gesichtern einen schwachen Anschein ihres Alters, aber ich werde dieses Bild in einem neuen Körper sehen." der in seiner Form keine Ähnlichkeit mit der verdorrten Gestalt haben wird, die ich jetzt trage.

„Eine seltsame Lehre."

„Wie Sie sagen – eine seltsame Lehre", sagte Garsworth , der sich mit seinem Thema erwärmte, „aber eine sehr wahre. Mein Körper ist alt und erschöpft. Körperlich bin ich ein irreparables Wrack, aber meine Seele ist genauso rüstig und frisch." und eifrig, wie es in den Tagen meiner Jugend war. Warum sollte mein wahres Wesen dann nicht diese abgenutzte, fleischliche Hülle abstreifen, wie eine Schlange ihre Haut, und in eine neue eintreten, erfüllt von der Kraft der Jugend?"

„Eine schwer zu beantwortende Frage", antwortete Beaumont ruhig, „sehr, sehr schwierig. Wir haben keinen Beweis dafür, dass so etwas passieren kann."

„Sie sind Materialist?"

„Verzeihung, nein. Ein Materialist, wie ich das Wort verstehe, leugnet die unabhängige Existenz des Geistes; das tue ich nicht. Ich glaube, dass unsere Geister oder Seelen unsterblich sind: aber was diese Reinkarnationstheorie betrifft – sie ist eine Traum von Pythagoras.

„Es war ein Traum vieler vor Pythagoras und ist es seitdem der Traum vieler", entgegnete Garsworth kalt. „Die Ägypter, die Hindus und die Buddhisten akzeptierten alle die Lehre, obwohl sie sie jeweils gemäß ihren unterschiedlichen Religionen behandelten. In unseren modernen Tagen glaubte Lessing daran; und wenn Sie die Schriften von Kardec gelesen haben , werden Sie feststellen, dass es sich um eine Reinkarnation handelt die eigentliche Seele des spiritistischen Glaubens."

Beaumont spottete.

„Ich kann nicht sagen, dass ich viel Vertrauen in die Machenschaften von Spiritualisten habe. Tischumdrehen und Geisterklopfen mögen als Unterhaltung sehr angenehm sein; aber als Religion – bah!"

„Sie reden so, weil Sie das Thema nicht verstehen. Die Dinge, die Sie erwähnen, sind nur die äußere Manifestation des Spiritualismus. Wenn Sie Kardecs Bücher lesen würden, würden Sie feststellen, dass die wahre Theorie des Spiritualismus die Seelenwanderung ist. Geister werden in menschlichen Körpern inkarniert um ihren eigenen Fortschritt zu erzielen. Wenn sie im Fleisch der Versuchung widerstehen, treten sie in eine höhere Sphäre ein, um eine weitere Stufe voranzutreiben. Gelingt es ihnen nicht, ein reines Leben zu führen, werden sie erneut im Fleisch wiedergeboren unternehmen Sie eine weitere Anstrengung; aber sie machen nie einen Rückschritt."

„Und Sie glauben an diese Lehre?" fragte Beaumont ungläubig.

„Mit gewissen Vorbehalten – ja."

„Und diese Vorbehalte?"

„Ich brauche nicht alles aufzuzählen, aber ich nenne Ihnen eines als Beispiel. Die Spiritisten leugnen, dass wir uns an frühere Existenzen erinnern – ich glaube, das tun wir."

„Oh! Und Sie denken, dass Sie sich in Ihrem nächsten Körper an Ihre Inkarnation als Squire Garsworth erinnern werden ?"

"Ich tue."

„Erinnern Sie sich an Ihre früheren Existenzen?"

"Manche von ihnen."

„Warum nicht alle?"

„Weil einige der Leben, die ich damals führte, äußerst niederträchtig und nicht der Erinnerung wert waren, habe ich sie vergessen – so wie man unangenehme Dinge vergisst und nur an angenehme Ereignisse denkt."

„Wirst du mir einige deiner früheren Existenzen erzählen?"

„Es würde sich kaum lohnen ", antwortete der Gutsherr gereizt, „da Sie meine Erzählung nur als Märchen betrachten würden. Aber ich kann Ihnen sagen, was ich war – ein ägyptischer Prinz, ein römischer Soldat, ein Spanier." Moor und ein englischer Armer unter Elisabeth.

Beaumont sah den alten Mann erstaunt an, als er diese fantastische Liste flüchtig abspielte.

„Und seit dem Armenstadium?" fragte er und unterdrückte ein Lächeln.

„Ich bin in dieser gegenwärtigen Form wiedergeboren worden", antwortete der Gutsbesitzer ernst; „Weil ich in meinem letzten Leben Armut erlebt habe, spare ich jetzt Geld."

"Ich verstehe nicht."

„Um mich während meiner nächsten Inkarnation zu bewahren."

Der Künstler war ziemlich verwirrt, als er hörte, wie dieser Unsinn in einem so ernsten Ton geäußert wurde. Das Gespräch war jedoch so außergewöhnlich, dass er es sich nicht verkneifen konnte , den Verrückten zu belustigen .

„Eine sehr lobenswerte Absicht", sagte er leise, „aber da Sie in Ihrer nächsten Inkarnation jemand anderes sein werden, wie wollen Sie Squire Garsworths Geld beanspruchen?"

"Ah!" antwortete der Gutsherr mit einem schlauen Lächeln, „das ist mein Geheimnis; ich habe das alles auf eine höchst bewundernswerte Weise arrangiert. Ich kann ohne Probleme mein eigenes Geld beanspruchen."

„Aber angenommen, du wärst als Wilder geboren?"

„Ich werde nicht als Wilder geboren – das wäre Rückschritt, und Geister machen niemals Rückschritt."

„Nun", sagte Beaumont, stand auf und steckte seine Pinsel weg, „Ihr Gespräch wird zu tief für mich, Mr. Garsworth . Ich verstehe Ihre Metempsychose-Theorie durchaus, obwohl ich damit nicht einverstanden bin; aber." Ich kann mir nicht vorstellen, wie Sie es schaffen werden, an Ihr eigenes Geld zu kommen.

„Nein, nein!" antwortete Garsworth und erhob seine große, hagere Gestalt gegen das helle Licht draußen, „Natürlich nicht; das ist mein Geheimnis. Niemand wird es erfahren – nicht einer! Ist Ihre Sitzung beendet?"

„Ja, für heute."

„Komm morgen – komm morgen!" sagte der alte Mann und kam herüber, um sich das Bild anzusehen, „verlieren Sie keine Zeit, ich sterbe vielleicht, bevor es fertig ist, und dann werde ich mich nicht mehr so sehen können, wie ich war: aber Nestley wird mich am Leben erhalten –" guter Arzt – sehr guter Arzt – hat ihn großzügig bezahlt – ja, großzügig! Auf Wiedersehen für heute, Mr. Beaumont. Vergessen Sie morgen nicht; ich kann sterben – keine Zeit zu verlieren – gut -Tschüss!"

Der alte Mann schlurfte zitternd aus dem Zimmer, und Beaumont stand da und blickte ihm mit einem verwirrten Lächeln auf den Lippen nach. Er begann langsam seine Utensilien wegzuräumen und redete währenddessen leise mit sich selbst.

„Ich frage mich, ob die Schwärmereien des alten Idioten irgendeinen Sinn haben – ich glaube nicht an diesen Inkarnations-Quatsch –, aber er hat irgendeinen Plan in seinem Kopf, was das Geld angeht – ich würde es gerne herausfinden – vielleicht Es sollte etwas dabei sein, von dem ich profitieren könnte – er ist zwar ein Verrückter, aber dennoch hat sein Wahnsinn Methode –, aber ich werde versuchen, sein Geheimnis irgendwie zu lüften.

Er zündete sich eine Zigarette an und schlenderte auf die Terrasse hinaus, während er über die Chancen nachdachte, das Geheimnis des Squires herauszufinden, um es für sich zu nutzen. Anscheinend führten seine Überlegungen zu einem Ergebnis, denn nachdem er einige Minuten am Ende der Terrasse in einem braunen Arbeitszimmer gestanden hatte, nahm er seine Zigarette aus dem Mund und sagte ein Wort:

"Hypnotismus."

Kapitel XVI.

DAS DORFKONZERT.

Die Gamben erklingen im Festsaal ,
wo die fröhlichen Mummer alle herkommen,
die Minnesänger singen ihren Reigen von mutigen Rittern und fröhlichen
Damen, und während die Weihnachtsliedermusik anschwillt, schüttelt der
Narr seine Mütze und seine Glocken, während hochrangige Herren und
Damen von hohem Rang die Feierlichkeiten zur Christuszeit billigen und
glücklich sind Im angenehmen Lärm grinsten die törichten Bauern erstaunt.

Das Schulzimmer war eine lange, altmodische Wohnung mit schlichten
Eichenwänden und einem hohen Dach. Die breiten Fenster waren tief
angebracht, und wenn die Gelehrten an ihren Schreibtischen saßen, konnten
sie hinausschauen und das alte Steinkreuz des Marktplatzes und die dicht
belaubten Ulmen sehen, die ihre grünen Blätter vor den seltsamen Häusern
mit den roten Ziegeln wedelten. An den Wänden hingen Karten der fünf
Teile der Welt, und über dem Lehrerpult, das auf einem erhöhten Podest
stand , hing eine Karte der Welt selbst. Bei dieser Gelegenheit wurde das mit
Tinte bespritzte Pult des Lehrers entfernt und an seiner Stelle stand ein
kleines Bauernklavier. Auf beiden Seiten hingen dunkelrote Vorhänge an
Messingstangen herab, so dass sich das Podium in eine sehr schöne Bühne
verwandelte, während auf der Rückseite ein dekorativer Effekt durch einen
Union Jack erzielt wurde, der anmutig über den königlichen Wappen
geschmückt war und vom Dorfkünstler gemalt wurde.

Da die Pulte der Gelehrten unbeweglich waren, blieben sie an ihrem Platz,
und das Publikum – das fast die gesamte Bevölkerung des Dorfes umfasste
– saß wie Reihen älterer Schüler da und wartete darauf, unterrichtet zu
werden. Formulare und Schreibtische waren in der Mitte des Raumes
aufgestellt, und auf beiden Seiten führte ein schmaler Gang hinunter zu der
breiten Tür am Ende des Gebäudes, die sich ständig öffnete und schloss, um
Zuspätkommende hereinzulassen und keinen Blick auf die festlichen
Vorbereitungen zu werfen von der mittellosen Menge draußen, die sich die
nötigen Kupfermünzen für den Eintritt nicht leisten konnte. Für die
Beleuchtung sorgten sechs Öllampen, drei auf jeder Seite, die in
Metallhalterungen eingelassen waren, und von der Mitte des Daches über der
Bühne hing eine größere Lampe, während das Klavier der Einfachheit halber
zusätzlich mit zwei schwach aussehenden Talgkerzen geschmückt war der
Musiker.

Die Schulleiterin, Miss Busky , eine ausgetrocknete, adrett aussehende kleine Frau, die mehr als alles andere einer Korkenfee ähnelte, hatte den kahlen Raum zusätzlich geschmückt, indem sie von Künstlern hergestellte Schnüre aus farbigen Papierblumen um die Karten und Lampen gewickelt hatte Schüler und sogar die Beine des Klaviers waren in diese Seidenpapierdekorationen gehüllt. Über der Bühne hing auch ein großes Plakat mit der Aufschrift „Willkommen", das mit künstlichen Blumen umkränzt war, so dass Miss Busky bei der Betrachtung ihrer Handarbeit mit der allgemeinen Luxuswirkung, die sie und ihre Begleiter hervorbrachten, ganz zufrieden war. Das Programm wurde von den besten Autoren der Schule sorgfältig ausgeschrieben und nur an ausgewählte Besucher weitergegeben, da es nur wenige Schreibarbeiten gab. Die Besucher selbst, rote, rüstige Landleute, waren von nah und fern zum Konzert gekommen, und der kleine Schulraum war unangenehm voll, aber dank der heftigen Bemühungen von Miss Busky , die wie ein Gummiball herumhüpfte , Endlich waren alle bequem untergebracht.

Mrs. Larcher und Pumpkin, die an der Aufführung nicht teilnahmen, wurden auf den Vordersitzen untergebracht, zusammen mit vielen Landadligen, die auf dringende Bitte des Pfarrers, der fest an ein gutes Gefühl und Freundlichkeit zwischen den Lords glaubte, immer an diesen Unterhaltungen teilnahmen des Bodens und seiner Bewohner.

Und nun erschien unter lautem Händeklatschen und Stampfen schwerbeschuhter Füße der beliebte Pfarrer selbst als Vorsitzender auf der Bühne und nahm neben einem kleinen Tisch Platz, auf dem ein Krug Wasser, ein Glas und ein Programm standen .

Dr. Larcher hielt eine kurze Rede und endete mit einem Zitat seines Lieblingsdichters :

„Et thure et fidibus juvat
Placare "

was kaum jemand verstand, und dann begann das ernste Geschäft des Abends.

Das Konzert wurde von der unermüdlichen Miss Busky und Cecilia eröffnet, die ein Duett eines beliebten Komponisten über populäre Arien spielten, wobei diese Arien in Variationen fast erstickt waren und sich auf höchst überraschende Weise miteinander vermischten, denn genau wie die Das Publikum erkannte „Rule Britannia" und hatte sich auf ein intellektuelles Vergnügen eingestellt. Die Spieler brachen mit „The Last Rose of Summer" ab und brachen dann in „Auld Lang Syne" aus, das inmitten eines perfekten Feuerwerks an Läufen dahinschmolz „The British Grenadiers", das vierhändig und mit gedrücktem lauten Pedal mit voller Kraft gespielt wurde, beendete die Ouvertüre in einer lärmenden Art und Weise, die das Publikum begeisterte.

Reginald sang dann „Komm in den Garten, Maud", aber diese Nummer gefiel ihnen offensichtlich nicht besonders, da sie nicht erkennen konnten, worum es ging, und da sie Lärm der Zartheit vorzogen, die Schönheit der Stimme des Sängers nicht zu schätzen wussten. Beaumont jedoch, der anwesend war, bewunderte den Gegenstand sehr und sagte dies auch zu Frau Larcher , die, bewaffnet mit einem Fächer und einer Riechflasche, neben ihm saß und mit „The Affliction" kämpfte.

„Oh ja", seufzte Mrs. Larcher , als sie „The Affliction" gut unter Kontrolle hatte und keine Lust verspürte, in Ohnmacht zu fallen, zu schreien oder zu treten oder anderen Exzentrizitäten nachzugeben, die „The Affliction" zur Unzeit so gern machte „Seine Stimme ist zweifellos wunderschön, aber so laut, dass sie mir durch den Kopf geht und meine Nerven erschüttert. Ich liebe sanfte Lieder, die mich beruhigen – so etwas wie eine Wiege – eine Berceuse, verstehen Sie? Ich habe Angst Sie finden es ziemlich schwierig, mich zufrieden zu stellen, aber es ist mein Kummer und nicht ich selbst. Ich versichere Ihnen, Herr Beaumont, dass eine laute Stimme mich oft tagelang niederwirft und mir ein perfektes Objekt zurücklässt, nicht wahr, Eleanora Gwendoline?"

Eleanora Gwendoline, alias Pumpkin, stimmte dieser Bemerkung bereitwillig zu, woraufhin Beaumont bemerkte, dass er es nie gedacht hätte, sie anzusehen, was Mrs. Larcher zu einem schwachen Anfall von Koketterie anregte, denn sie tippte schwach mit ihrem Fächer auf Basil und sagte: Er war ein ungezogener Mann, dann ließ sie sich nieder und lauschte dem Jubelgesang des Chores.

Der Chorleiter, Simon Ruller , ein langer, dünner Mensch, in einem Zustand hektischer Aufregung, nachdem er seinen Refrain in einen Zustand äußerster Nervosität versetzt hatte, begann sie mit dem fröhlichen „Glorious Apollo", und nach zwei oder drei Fehlstarts gelang es ihnen beginnen. Nachdem sie begonnen hatten, bestand ihr großes Ziel darin, so schnell wie möglich über den Boden zu gelangen, und sie jagten blitzschnell hindurch, während Mr. Ruller sie in grimmigem Flüsterton anflehte, das Rallentando zu beobachten, was sie jedoch nicht befolgten. Als sie von der Bühne verschwanden und von dem aufgeregten Ruller vertrieben wurden , folgte ihnen Miss Cassy in einem verblüffenden Kostüm aus Blau und Gelb nach.

Der Beitrag dieser Dame zu dem Verfahren war eine halb scherzhafte Milch- und Wasserballade mit dem Titel „Almost a Case" und die Art und Weise, wie sie hinter ihrer Musik das Publikum anstarrte und grinste, um die Bedeutung des Liedes deutlich zu machen Verse, war ziemlich alarmierend. Sie achtete nicht auf die Zeit, und die arme Cecilia war gezwungen, in einer Minute anzuhalten und in der nächsten wild zu spielen, um Miss Cassys krampfhafter Idee, das Lied vorzutragen, zu folgen.

„So leichtfertig", kommentierte Mrs. Larcher , als die schöne Sängerin in den Ruhestand gegangen war, „ein großer Mangel an Anstand – sie bringt meine Nerven zum Springen."

„Es ist der Stil des Liedes, Mama", sagte Pumpkin großzügig.

„Warum wählt sie dann nicht weniger hopfige Musik?" erwiderte die Matrone und fächelte sich energisch Luft zu, „es macht mich zucken, sie zu hören. Ach, wenn sie nur mein Kummer hätte , würde sie überhaupt nicht singen."

Beaumont meinte insgeheim, dass dies eine ausgezeichnete Sache für alle wäre, sagte es aber nicht, da er wusste, dass Mrs. Larcher eine gute Freundin von Miss Cassy war.

Energie ein Seelied und erhielt echten Applaus, dann sangen Una und Reginald „Oh, that we two were Maying", was dem Publikum egal war. Der Pfarrer las dann Poes Gedicht „Die Glocken" in einer schwerfälligen Art und Weise vor, die die luftigen Zeilen zerstörte, und nach einem weiteren Lied von Reginald erschien Mr. Ferdinand Priggs , um ein Originalgedicht „My Ladye Fayre" zu rezitieren.

Mr. Priggs wurde durch eine melancholische Melodie vom Klavier hereingeführt, legte eine Hand auf seine Brust und warf mit der anderen sein langes Haar zurück, als er in eine Reihe von Fragen über die Fayre-Dame ausbrach.

„War es ein Traum voller Traurigkeit
, der mein Gehirn in den Wahnsinn trieb, oder wie sah ich ihre Stirn mit
der Krone goldener Freude?"

Priggs diese Fragen gestellt hatte, bewies er schlüssig, dass es kein Traum war, sondern

„Eine wilde, seltsame, wandernde, warnende Dame
, die mit lautem Beifall die Ohren aller in Brand setzte."

Der Dichter verwöhnte sein Publikum mit etwa zwanzig Versen dieser grausigen Inszenierung, und nachdem er mit einem langen Seufzer endete, stand er eine ganze Minute lang auf der Bühne. Alle warteten darauf, zu hören, was er als nächstes sagen würde, aber der poetische Ferdinand krümmte seinen schlaffen Körper zu etwas, das er eine Verbeugung nannte, und verschwand langsam außer Sichtweite, wobei seine Beine ihn offenbar dorthin trugen, wohin sie wollten.

Am Ende dieses düsteren Gedichts sang die gesamte Gesellschaft „God save the Queen", und das Konzert endete unter den Glückwünschen aller Beteiligten, die zu dem Schluss kamen, dass es ein großer Erfolg war.

Der Pfarrer gratulierte den Künstlern herzlich zu den Einnahmen, da nach der Bezahlung aller Kosten noch ganze fünf Pfund für den Armenhausfonds übrig blieben, zu dessen Unterstützung das Konzert auf die Beine gestellt worden war.

„Wo ist Doktor Nestley heute Abend?" fragte Beaumont, als sie hinausgingen.

„Er musste beim Knappen bleiben", antwortete Una, die sich auf Reginalds Arm stützte, „es geht ihm überhaupt nicht gut."

„Nerven?" fragte Mrs. Larcher besorgt und zeigte ein medizinisches Interesse an dem Fall.

„Oh mein Gott, nein", sagte Miss Cassy leichthin, „obwohl er Nerven hat – so sehr seltsam, nicht wahr? Die Sache mit seinem Namen, wissen Sie – wenn er nicht aufpasst, wird er diese Krankheit bekommen – so seltsam – so etwas wie ein Stöhnen.

„Oh, Lungenentzündung", bemerkte Beaumont ernst. „Das hoffe ich nicht, es ist sehr gefährlich, und für einen alten Mann wie den Knappen sogar noch mehr."

„Ich hatte es", sagte Frau Larcher, die nach eigenen Angaben jede Krankheit der Welt besaß. „Eine akute Lungenentzündung hat mir ein Wrack hinterlassen – ein am Boden liegendes Wrack – nicht wahr, Eleanora Gwendoline?"

„Ja, Mama", antwortete der pflichtbewusste Kürbis.

„Es könnte wieder passieren", sagte Frau Larcher und öffnete ihr Riechfläschchen. „Wenn ich nach Hause gehe, trinke ich eine Tasse heißen Tee und eine heiße Flasche zu meinen Füßen."

„Ich frage mich, ob sie nicht ein Senfpflaster und eine Fliegenblase hat", flüsterte Dick Una zu, „könnte etwas von dem Mist aus ihr herausziehen."

Una lachte, und als die große, schwerfällige Kutsche des Grange, gelenkt von den steinernen Munks , angekommen war, zog sie es vor, hineinzufahren, gefolgt von der plappernden Cassy.

„So kalt, nicht wahr?" sagte diese Dame, „ganz wie der Nordpol. Kapitän, wie heißt er, wissen Sie, Parry, erinnert mich an Paris – im französischen Stil – so seltsam. Wir sehen uns morgen, Mr. Beaumont Und oh, Mrs. Larcher , kommen Sie nächste Woche – Donnerstag – zum Tee? Was sagen Sie, Una? Freitag, oh ja – Freitag."

„Wenn mein Kummer es zulässt", sagte Frau Larcher in würdevollem Ton, „werde ich es versuchen."

„So froh", antwortete die flüchtige Cassy, „und Sie kommen auch, Mr. Blake, und natürlich Mr. Pemberton, nicht zu vergessen Mr. Beaumont; es ist so schön, seine Freunde zu sehen. Oh ja, Munks , wir sind ruhig." Bereit, gute Nacht – so erfreut – entzückendes Konzert – seltsam – sehr seltsam."

Weitere Gespräche seitens Miss Cassandra wurden durch das plötzliche Anfahren der Kutsche unterbrochen, und angesichts der unebenen Straße und der abgenutzten Federn der Kutsche hatte Miss Cassy genug zu tun, um auf sich selbst aufzupassen, ohne zu reden.

Mrs. Larcher ging, auf den Arm des Pfarrers gestützt, nach Hause, gefolgt von Pumpkin und den drei Schülern, wobei Dick Ferdinand über sein Gedicht ärgerte, bis diese poetische Seele vor Wut fast den Verstand verlor.

Beaumont, allein an der Tür zum Schulzimmer gelassen, zündete sich eine Zigarette an und wollte gerade gehen, als er hinter sich ein leises Seufzen hörte und als er sich umdrehte, Cecilia und den lebhaften Busky sah .

„Ich habe das Konzert sehr genossen, Miss Mosser", sagte er anmutig, als sie an ihm vorbeigingen.

„Darüber bin ich froh, Sir", sagte Cecilia, die müde aussah, „es ist sehr gut gelaufen. War – war Doktor Nestley hier?"

„Nein, er musste bei Squire Garsworth bleiben ."

Das blinde Mädchen seufzte erneut und ging, nachdem es gute Nacht gesagt hatte, weg, gefolgt von Miss Busky , die wie eine Marionette im Mondlicht dahinsprang.

„Armes Mädchen", sagte Beaumont nachdenklich, „sie liebt Nestley und wird nicht die geringste Chance bei ihm haben, er ist zu sehr in Una Challoner verliebt. Übrigens muss ich Nestley sehen , wenn ich es finden will." Wenn du das Geheimnis des Gutsherrn herausfindest, muss ich die Sache mit ihm regeln – ich hasse Wachhunde.

Kapitel XVII.

ANTEROS.

Starker Gott, du bist der Feind der Götter,

Ein Hasser des blinden Eros und seiner Freuden,

Deine Herrschaft ist bitter wie die brennenden Ruten

Diese Geißel bei Dians Fest, den spartanischen Jungen;

Böse ist seine Seele, die dich um böse Hilfe bittet,

Und aus Rache setzt solch böse Hilfe ein,

Indem sie die Herzen der Jugend und der Jungfrau spalten.

Die Familie Garsworth war nie sehr produktiv, aber die Güter gingen immer in direkter Linie vom Vater auf den Sohn über. Oftmals schien die Rasse am Rande des Aussterbens zu stehen, weil der Vertreter ein Einzelkind war, doch obwohl die Linie dahingehend schrumpfte, dass sie für ihre Kontinuität nur auf ein Leben angewiesen war, starb sie nie völlig aus. Im Falle eines solchen Ereignisses wäre es schwierig gewesen zu sagen, wer die Nachfolge auf den Besitzungen angetreten hätte, da die Familie Garsworth einer Heirat offenbar abgeneigt war und ihre Verbindung zu den Kreisfamilien gelinde gesagt zweifelhaft war. Außerdem standen die Güter, da es keine Fideikommisse gab, vorerst vollständig dem Familienoberhaupt zur Verfügung, und er konnte sie vererben, wem er wollte. Da bisher der Sohn stets die Nachfolge des Vaters angetreten hatte, bestand für die Ausübung einer solchen Macht keine Notwendigkeit, aber da er nun der einzige Vertreter der Rasse war und unverheiratet war, stand es ihm frei, bei der Verfügung über die Güter nach eigenem Ermessen zu verfahren.

Nach Meinung vernünftiger Menschen konnte es kaum Zweifel darüber geben, wer die Nachfolge des Gutsherrn antreten sollte, da Una die nächste Verwandte war. Sie war die einzige lebende Vertreterin des jüngeren Zweigs der Familie, da sie die Enkelin der Tante des Squires und damit seine Cousine zweiten Grades war. Miss Cassandra war, obwohl sie Randal Garsworth ständig als „meine Cousine" bezeichnete , in Wirklichkeit nur eine angeheiratete Verwandte, da sie Unas Tante väterlicherseits war.

Unas Eltern waren gestorben, als sie noch ein Kind war, und sie wurde von der gutherzigen, wenn auch exzentrischen Miss Cassy erzogen, die sie nach

Deutschland schickte, um ihre Ausbildung zu vervollständigen. Miss Cassandra, die über ein Jahreseinkommen von dreihundert Dollar verfügte, lebte in London, wo sie einer ausgewählten Gesellschaft wohlgeborener Fossilien bekannt war, die sie als bloßes Kind betrachteten. Nachdem Una ihre Ausbildung beendet hatte, kehrte sie nach England zurück und ließ sich bei Miss Cassy nieder. Da sie über ein Jahreseinkommen von etwa zweihundert Dollar verfügte, schloss sie sich dem ihrer Tante an, und so gelang es den beiden Frauen, sehr bequem in einem zu leben kleiner Weg.

Als Miss Cassandra jedoch Unas Schönheit sah, hatte sie nicht die Absicht, ein trostloses Leben in einem verrauchten Londoner Vorort zu führen, ohne zumindest eine Chance zu haben, die Schwulenwelt kennenzulernen und zu heiraten, wie es ihrer Geburt und Schönheit gebührte, also schrieb sie an Squire Garsworth zum Thema. Der alte Mann schickte als Antwort eine gnädige Nachricht, dass Una herunterkommen und im Gutshof übernachten könne und dass er sie in seinem Testament nicht vergessen würde. Fräulein Cassy, die die Eigenheiten des Einsiedlers nicht kannte, sah vor ihrem geistigen Auge ein gastfreundliches Landhaus voller fröhlicher Gesellschaft, also überredete sie Una, die Einladung anzunehmen und sagte, sie selbst würde auch mitkommen. Nach einigem Zögern stimmte Squire Garsworth der Ankunft von Miss Cassy zu, und zu gegebener Zeit kamen die beiden Damen, nachdem sie ihr Haus in London aufgelöst hatten, im Grange an.

Ihre Bestürzung war groß, als sie die schmutzige Art und Weise sahen, in der der Squire lebte, und Miss Cassy wäre sofort nach London zurückgekehrt, nur Una, berührt von der Einsamkeit ihres Verwandten, war entschlossen zu bleiben und überredete Miss Cassy, es ihr gleichzutun. So lebten sie ruhig auf dem Gutshof und profitierten von der etwas missbilligten Gastfreundschaft des alten Mannes. Ihr eigenes Einkommen ermöglichte ihnen jeden Luxus, den sie brauchten, da sie von ihrem Gastgeber mit Sicherheit nichts als das Nötigste zum Leben erhielten.

Im wahnsinnigen Streben nach seiner Wahnvorstellung war Garsworth im Gegensatz zur Verschwendung seiner Jugend in seiner Lebensweise völlig geizig geworden. Auf den großen Dienstbotenstab, der für ein so riesiges Haus wie das Grange notwendig war, war schon vor langer Zeit verzichtet worden, und Patience Allerby kümmerte sich mit Unterstützung von Jellicks um den Haushalt, während die steinernen Munks eine grimmige Herrschaft über die Außenanlagen ausübten. Der Squire lebte größtenteils in seinem eigenen Arbeitszimmer, und Una schaffte es mit der Hilfe von Miss Cassy, einen Raum für sich selbst bewohnbar zu machen, aber der Rest des Hauses wurde den Ratten und Spinnen überlassen und wurde schließlich so einsam und unheimlich, dass Miss Cassy erklärte häufig, dass es darin spuke.

Una, die sich in Reginald verliebt hatte, war in ihrem trostlosen Exil recht zufrieden, aber Miss Cassy, die an die lebhaften Unterhaltungen der versteinerten Gesellschaft in London gewöhnt war, sehnte sich danach, von diesem Ort wegzukommen, und freute sich darauf, dass der Squire mit einem gewissen Grad sterben würde Sie war von schrecklichem Eifer erfüllt, denn sie dachte, Una würde dann alle Anwesen übernehmen und sie könnten wieder in London leben.

Am Morgen nach dem Konzert saßen Miss Cassy und Una bei einem späten Frühstück und unterhielten sich ernsthaft über den unsicheren Gesundheitszustand des Gutsbesitzers, der nun offensichtlich am Ende war.

„Er ist jetzt ungefähr dreiundsiebzig", sagte Miss Cassy nachdenklich, „ich bin sicher, er wird nicht mehr lange leben."

„Meine liebe Tante!" antwortete Una schockiert. „Wie kannst du so reden?"

"Warum nicht?" erwiderte Miss Cassy empört. „Lebend nützt er nicht viel. Ich bin mir sicher, dass er tot mehr nützen würde."

"Warum?"

„Weil du sein Geld bekämst und wir ins liebe London zurückkehren könnten."

„Ich will sein Geld nicht", sagte Una voller Elan, „und es ist mir ganz bestimmt egal, ob ich auf den Tod von Cousin Garsworth spekuliere , um es zu bekommen. Ich wundere mich darüber, dass du das tust, Tante."

„Nun, ich bin mir sicher, Una", wimmerte Miss Cassy und zog ihr Taschentuch hervor, „Sie sind so seltsam – ich wollte nur sagen, dass ich diesen Ort satt habe – es ist langweilig – nicht wahr?" „Ich brauche Aufregung, du weißt, ich brauche Aufregung – und nachdem ich dich großgezogen habe. Ich habe dich immer wunderschön gekleidet – echte Spitze – und dich so sauber gehalten. Ich habe mich immer um deine Nerven gekümmert – du gibst mir jetzt die Schuld – -Ich möchte dich reich sehen – es ist nicht seltsam – ich möchte dich reich sehen, und ich bin hier so langweilig; wirklich Una, du bist unfreundlich – ziemlich erdrückend – ich bin nur ein Efeu – Oh, warum war ich nicht verheiratet? Es gibt nichts, woran man sich festhalten kann – du willst nicht, dass ich mich festhalte.

„Meine liebe Tante", sagte Una lächelnd, „du bist so sensibel."

„Ivy", schluchzte Miss Cassy, „Nerven – mütterlicherseits – Sie haben keine – so sehr seltsam."

„Ich möchte nicht, dass du daran denkst, dass der Squire stirbt, es wird mir überhaupt nichts nützen."

Miss Cassy nahm ihr Taschentuch ab und keuchte:

„Ziemlich zehntausend pro Jahr – er kann es nicht wegnehmen – du bist sein einziger Verwandter – niemand könnte so seltsam sein, es einer Irrenanstalt oder einem Katzenheim zu überlassen. "

„Ich weiß nicht, wem er das Geld hinterlassen wird", sagte Una bewusst. „Ich sollte es auf jeden Fall bekommen, aber Sie kennen die Wahnvorstellungen des Gutsherrn über die Reinkarnation – Sie können darauf vertrauen, dass sein Wille mit dieser Idee vermischt ist, ich weiß nicht, wieso – aber es wird einige Schwierigkeiten geben, wenn er stirbt. "

„So ein Idiot ist er", stöhnte Miss Cassy, „ziemlich exzentrisch – erblich – das habe ich bei Ihnen gesehen – böses Blut, wissen Sie – das gibt es in allen alten Familien – unsere Familie war immer gesund."

Um ihren Verstand zu beweisen, stand Miss Cassy vom Tisch auf, ging in ihr Zimmer und stellte ihr den Teewärmer auf den Kopf, um sie vor der Kälte zu schützen. Die exzentrische Dame ging die ganze Zeit gebrochen und redend zur Tür.

„Ich will sein Geld sicher nicht – kleines Einkommen, aber sicher – ja – aber es ist so langweilig – ich liebe London – ich kann hier nicht aufblühen – ich bin wie ein Kohlkopf – in der Stadt expandiere ich – so schöne Vergnügungen – Madame Tussauds und der Kristallpalast – so aufregend – es ist Essen – Essen – oh mein Gott, Dr. Nestley , bist du das? Wie geht es meiner Cousine? Besser? – – so froh – es ist sehr seltsam, nicht wahr? Ich meine, es ist nicht seltsam, ich bin froh – nein – ganz so – oh, Sie möchten Miss Challoner sehen – ja – auf Wiedersehen, gerade jetzt „Und Miss Cassy verschwand mit dem Teewärmer auf dem Kopf und ließ Nestley mit Una allein zurück.

Dem jungen Mann ging es nicht gut, denn seine rötliche Farbe war einer ungesunden Blässe gewichen, seine Haut wirkte schlaff und sein Gesicht zeigte einen ängstlichen, hageren Ausdruck. Seine Augen blickten ruhelos durch den Raum und betrachteten alles außer Una, und er bewegte nervös seine Hände. Sogar in seiner Stimme gab es eine Veränderung, denn statt seines früheren kühnen, selbstbewussten Tons sprach er jetzt leise und zögernd.

„Ich bin nur gekommen, um Ihnen zu sagen, dass es dem Knappen besser geht, Miss Challoner", sagte er mit aufgeregter Stimme und ließ den Blick auf den Boden gerichtet.

„Das ist sehr nett von Ihnen, Doktor", antwortete sie höflich. „Ich hoffe, dass er wieder ganz stark wird."

„Ich fürchte nicht, sein Körper ist erschöpft und nicht stark genug, um Krankheiten zu widerstehen – natürlich hat er jetzt nur eine leichte Erkältung, aber jede zufällige Exposition kann seine Lunge ernsthaft beeinträchtigen, und wenn eine Lungenentzündung auftritt, bin ich es . " Angst, dass er keine Chance hat.

"Was ist zu tun?" sie fragte besorgt.

„Ich kann nicht mehr tun, als ich getan habe, er muss ruhig und warm gehalten werden. Ich habe ihn überredet, eine starke Suppe zu sich zu nehmen, die ihm gut tun wird – tatsächlich glaube ich, dass seine asketische Lebensweise das Gleiche getan hat." mit seiner schlechten Gesundheit als allem anderen.

„Ich hoffe, dass er wieder gesund wird", sagte Una ernst, „wenn er nur seine Lebensweise ändern würde, bin ich mir sicher, dass er wieder gesund werden würde."

„Ja", antwortete der junge Mann abwesend, „natürlich genau", er zögerte einen Moment und brach dann in Verzweiflung aus: „Dann müsste ich weg."

Una sah ihn überrascht über seine offensichtliche Emotion an.

„ Natürlich würde es uns sehr leid tun, Sie zu verlieren", sagte sie leise, „aber Sie würden sich zweifellos freuen, nach Hause zurückzukehren."

„Nein – ich würde nicht", sagte er leidenschaftlich und trat einen Schritt näher, „weil du nicht da sein würdest."

"ICH?"

Una Challoner erhob sich erstaunt über seine Worte.

"ICH?" wiederholte sie verwirrt. „Was habe ich mit deinen Bewegungen zu tun?"

„Alles", sagte der unglückliche junge Mann mit einer Geste der Verzweiflung. „Als ich vor Kurzem hierher kam, war ich vollkommen glücklich – ich hatte alle Übel und Sorgen meiner Jugend überwunden und mein Leben war angenehm, aber seit ich dich gesehen habe, hat sich alles verändert. Ich kann an nichts anderes denken Du – morgens, mittags und abends, ich sehe dich vor mir – morgens, mittags und abends, ich höre nur deine Stimme."

Er sah sie trotzig an und sah sie schweigend und empört vor ihm stehen.

„Kannst du das nicht verstehen?" er brach schnell wieder heraus. „Ich liebe dich – ich liebe dich! Vom ersten Moment an, als ich dich sah, habe ich dich geliebt – ich möchte, dass du meine Frau bist. Willst du meine Frau sein, Una?"

Miss Challoner war ratlos – dieser Mann kannte sie erst seit vierzehn Tagen, sie hatte sehr wenig mit ihm gesprochen, und doch bat er sie hier auf eine vehemente, herrschaftliche Weise, ihn zu heiraten, die in ihr den ganzen Stolz einer Frau weckte.

„Was Sie verlangen, ist unmöglich, Doktor Nestley ", sagte sie kalt und bedächtig. „Ich kenne dich erst seit zwei Wochen und darüber hinaus weiß ich in keiner Weise über dein Leben Bescheid. Ich hätte nie gedacht, dass du auf diese Weise mit mir sprechen würdest."

„Dann liebst du mich nicht?" schrie er verzweifelt: „Du kalte Perfektion der Weiblichkeit, du liebst mich nicht?"

Una hätte entrüstet geantwortet, aber sie begann das nervöse, erregbare Temperament des jungen Mannes zu erkennen und erkannte, dass er, da er unter dem Einfluss einer starken Emotion stand, nicht für die Art, wie er sprach, verantwortlich war.

„Nein", antwortete sie sanft, „ich kann Sie nicht lieben, Doktor Nestley – selbst wenn ich es täte, könnte ich nach so kurzer Bekanntschaft kaum auf Ihre Leidenschaft eingehen; kommen Sie, Doktor, Sie sind von Ihrer nächtlichen Anwesenheit erschöpft." Mein Cousin, es geht dir nicht gut und du sprichst ohne nachzudenken, vergiss die Worte, die du gesprochen hast, und lass die Dinge so sein, wie sie waren.

Es war eine gnädige Bemerkung von ihr, denn trotz seiner offensichtlichen Ernsthaftigkeit war sie empört über die Art und Weise, wie er mit ihr gesprochen hatte.

„Die Dinge können niemals so sein, wie sie waren", antwortete er dumpf. „Ich habe dich gesehen und das hat mein ganzes Leben verändert – gibt es keine Chance?"

„Es gibt keine Chance", antwortete sie kalt und wandte sich ab, um zu verdeutlichen, dass das Interview beendet sei. Während sie das tat, sprang er mit einem grellen Leuchten in den Augen vor.

„Du liebst einen anderen", zischte er zwischen seinen zusammengebissenen Zähnen.

Una drehte sich würdevoll zu ihm um, ihre Augen leuchteten vor Wut.

„Wie kannst du es wagen, auf diese Weise mit mir zu sprechen?" sagte sie zornig. „Stellen Sie meine Geduld nicht zu sehr auf die Probe – ich habe Ihnen eine Antwort auf die verrückten Worte gegeben, die Sie gesprochen haben – jetzt gehen Sie."

Mit einer befehlenden Geste deutete sie auf die Tür, und der junge Mann ging, den Kopf an die Brust hängend, darauf zu.

„Du weißt nicht, was du tust", sagte er mit trüber Stimme. „Du zerstörst mein Leben. Welches Übel auch immer mich jetzt in die Tiefe zieht, es wird deine Schuld sein."

„Eine feige Rede", sagte sie mit klarer, verächtlicher Stimme; „Weil du das Spielzeug, nach dem du dich sehnst, nicht bekommen kannst, sprichst du wie ein Kind. Ich habe nichts mit deinem Leben zu tun, wenn du dem Bösen nachgibst , geschieht das durch deinen eigenen schwachen Willen, nicht durch meine Schuld – kein Wort." „„ fuhr sie fort, als er gerade sprechen wollte; „Verlass mich sofort und ich werde versuchen, zu vergessen, was du gesagt hast."

Er versuchte, ihr ins Gesicht zu sehen, aber als er sie sah, groß und aufrecht wie ein junges griechisches Mädchen, mit nichts als Verachtung und Verurteilung in ihren Augen, wandte er sich seufzend ab und ließ seinen Kopf auf seine Brust fallen und ging langsam hinaus aus dem Raum, ohne Rücksicht darauf, was mit ihm geschah, nachdem er alle Chancen auf einen Würfelwurf gesetzt und verloren hatte.

Kapitel XVIII.

DER FALL DES MENSCHEN.

Wer steht so hoch, dass er niemals fallen kann,
wer liegt so tief, dass er niemals wieder auferstehen kann? Der Niedrigste
kann eines Tages den Preis des Lebens gewinnen, Der Höchste verliert
trotz der Versuchung alles.

Beaumont war ein Mann, der keine noch so kleine Chance versäumte, von
der er profitieren konnte; Daher dachte er, dass es für ihn von Nutzen sein
könnte, wenn er Squire Garsworths Geheimnis entdeckte, und beschloss,
alles darüber herauszufinden. Er wusste genau, dass keine
Überzeugungskraft den Verrückten dazu bringen würde, seine Gedanken
preiszugeben, und so bestand die einzige Chance, etwas herauszufinden,
darin, ihn auf einen bloßen Automaten zu reduzieren, der in seinen Händen
vollkommen machtlos war. Er hoffte, dies durch Hypnose zu erreichen, über
den er sich gut auskannte.

Als er einige Jahre zuvor in Deutschland war, stieß er zufällig auf
Heidenheims Buch über den Tiermagnetismus, das ihn so sehr interessierte,
dass er sich dem Thema widmete. Nachdem er die Meinungen von Grützner
, Berger und Bäumler über Hypnose gelesen hatte, wandte er seine
Aufmerksamkeit den französischen Autoritäten zu, verfolgte eifrig die
Geschichte des tierischen Magnetismus von Mesmer und Puységur aufwärts
und ließ sich von solchen Studien anleiten, sich an Themen zu versuchen,
was ihn zu einem ziemlichen Talent machte versiert in dieser seltsamen
psychologischen Wissenschaft. Zunächst nahm er es nur zum Vergnügen
auf, doch als er tiefer in das Thema eintauchte , erkannte er bald, dass eine
solche hypnotische Kraft in den Händen eines skrupellosen Mannes eine
schreckliche Waffe sein würde, indem sie die hypnotisierte Person auf den
Zustand eines bloßen Instruments reduzierte , ermöglichte es ihm, durch ein
solches Instrument Handlungen zu begehen, für die er selbst rechtlich nicht
zur Verantwortung gezogen werden konnte.

In einem Buch zu diesem Thema von MM. Demarquay und Giraud Teulon
mit dem Titel „ Recherches sur L'Hypnotism “ war er auf einen Fall
gestoßen, in dem eine Dame in einem Zustand hypnotischer Halluzination
begann, laut Geheimnisse zu erzählen, die sie äußerst kompromittierten.
Beaumont nahm diesen Fall als Beispiel dafür, was während der Hypnose
getan werden konnte, und beschloss, den Gutsherrn in eine kataleptische

Trance zu versetzen und ihn durch Fragen oder Vorschläge dazu zu bringen, sein Geheimnis preiszugeben. Nachdem dies geschehen war, konnte er seinen normalen Zustand wiederherstellen, ohne von seiner Offenbarung zu wissen, und er dachte, wenn das Geheimnis etwas wert wäre, könnte er dann tun, was er wollte.

Nachdem er damit seinen Aktionsplan endgültig festgelegt hatte, bestand der nächste Schritt darin, sich vor der Möglichkeit zu schützen, dass Nestley ihn bei einem seiner hypnotischen Experimente überraschte, bei denen er als medizinischer Betreuer des Squires durchaus das Recht hatte, einzugreifen. Obwohl Nestley sich mit Beaumont viel mehr angefreundet hatte, betrachtete er ihn immer noch mit einem gewissen Maß an Misstrauen, sodass das Ziel des Künstlers nun darin bestand, ihn auf den Zustand der Unterwürfigkeit zu reduzieren, in dem er sich fünf Jahre zuvor in London befunden hatte.

Er wusste, dass Nestley ein sehr kluger, aber bemerkenswert schwacher Mann war, der leicht in die Irre geführt werden konnte. In London war er unter Alkoholeinfluss ein Sklave von Beaumont gewesen, und hier in Garsworth beschloss der Künstler, ihn in einen ähnlichen Zustand der Sklaverei zu versetzen. Er dachte nicht einen Moment lang an das kluge Gehirn, das er zerstören würde, oder an das Leben, das er ruinieren würde — alles, was er wollte, war die Unterstützung des jungen Arztes bei bestimmten Plänen, die für ihn von Vorteil waren, und er beschloss, um jeden Preis zu verwirklichen die raus. Tatsächlich hatte Beaumont einen großen Teil der von Machiavelli beschriebenen italienischen Despotennatur in sich und machte sich mit kalter, unerbittlicher Subtilität daran, den unglücklichen Duncan Nestley für seine eigenen Zwecke körperlich und seelisch zu ruinieren.

Nestley war zweifellos schwach, sich so beherrschen zu lassen, aber unglücklicherweise lag es in seiner Natur. Wenn die Natur einen Menschen größtenteils auf eine Weise ausstattet, entzieht sie ihm im Allgemeinen etwas anderes in gleichem Maße, und obwohl Nestley ein brillanter, kluger Mann war, der, wenn er sich selbst überlassen wäre, ein ehrliches und glaubwürdiges Leben geführt hätte, war er moralisch doch sein eigenes Seine schwache Natur machte ihn jedem skrupellosen Schurken ausgeliefert, der es für angebracht hielt, seine Gefühle auszunutzen.

Bedauerlicherweise begünstigten die Umstände Beaumonts schändlichen Plan, denn nachdem er Una verlassen hatte, ging der junge Arzt über die Gemeinde zum Dorf und hoffte, sich durch einen flotten Spaziergang wieder zusammenzureißen.

An der Brücke fand er Beaumont, der sich darüber beugte und auf das wirbelnde Wasser unten blickte, und als der Künstler Schritte hörte, blickte er mit einem zufriedenen Lächeln auf, als er sein Opfer erkannte .

„Was ist los, Nestley ?" fragte er nach den ersten Grüßen; „Du siehst nicht gut aus."

„Mir geht es nicht gut", erwiderte Nestley abrupt; „Ich bin fast erschöpft von diesem alten Mann – morgens, mittags und abends muss ich an seiner Seite sein – wenn er mich gut bezahlt , raubt er mir seinen vollen Wert."

„Ja, das glaube ich", antwortete Beaumont mit Bedacht, „Sie sehen ziemlich dünn aus – nicht der Mann von vor drei Wochen. Er muss eine Art mittelalterlicher Sukkubus sein, der vom Blut junger Männer lebt. Das wäre klug für Sie." ihn zu verlassen.

Nestley stützte sein Kinn auf seine verschränkten Arme, die auf der Brüstung der Brücke ruhten, und seufzte tief.

„Nein – das kann ich nicht."

„Oh! Ich verstehe", sagte Beaumont höhnisch und begann eine seiner ewigen Zigaretten zu rauchen.

"Was verstehst du?"

„Warum du das Grange nicht verlassen wirst."

„Das lässt sich leicht erraten", erwiderte Nestley verärgert, „mein Arzt---- Worüber zum Teufel grinst du denn?"

„Du, mein Freund", sagte Basil lächelnd, „deine medizinische – was! – Ehre – Wissen – Interesse – was du magst."

„Reden Sie keinen Unsinn."

"Wie du magst."

„Sehen Sie", sagte Nestley und drehte sich mit einem entschlossenen Stirnrunzeln auf seinem hageren Gesicht um, „was ist der Grund, warum ich den Grange nicht verlasse?"

„Da ich nicht in Ihrem Vertrauen bin, kann ich es nicht sagen, aber wenn ich raten darf, würde ich an Una Challoner denken."

Nestley machte eine zustimmende Geste und drehte sich noch einmal um, um trübsinnig auf das graue Wasser des Flusses zu blicken.

„Wenn ich nur den Mut hätte", murmelte er barsch, „würde ich mich ins Wasser stürzen und alles beenden."

„Du bist noch ein Idiot", bemerkte Beaumont zynisch; „Von Zeit zu Zeit sind Menschen gestorben, und Würmer haben sie gefressen, aber nicht aus Liebe. Lügen Sie Rosalinds Bemerkung nicht."

„Ich habe keinen Zweifel, dass sie jemand anderen liebt", sagte Nestley bitter.

„Ich habe keinen Zweifel daran", antwortete Beaumont ruhig, „aber du scheinst zwischen Liebe und Krankheit ziemlich erschöpft zu sein, also komm mit mir ins Gasthaus und iss etwas."

„Es macht mir nichts aus", sagte Nestley lustlos, „aber ich kann nichts essen."

„Geben Sie nicht so leicht nach, mein Lieber", sagte Beaumont verächtlich, als sie weitergingen; „Sei ein Mann, kein Baby."

„Du bist nicht verliebt."

„Stimmt, oh König; aber ich hatte die Krankheit schon schlimm genug — jetzt ist alles tot und erledigt. Ich habe Venus für Plutus verlassen, und ich denke, Merkur, der Gott der Betrüger, wird von mir teilweise verehrt."

Dr. Nestley machte keine Bemerkung, da er mit seinen eigenen traurigen Gedanken beschäftigt war, also sagte Beaumont nichts mehr und sie gingen schweigend zum Gasthaus. Als sie dort ankamen, gingen sie in den Salon , und Nestley nahm seinen Platz am Fenster ein und starrte träge auf die staubige Straße hinaus, während Beaumont ein leichtes Mittagessen und eine Flasche Champagner bestellte.

Job Kossiters Vorstellung von Wein war sehr vage, da er selbst gewöhnlich Bier trank, aber aus Rücksicht auf Beaumonts Wünsche schickte er nach Duxby und besorgte ein paar Dutzend Kisten Champagner, deren Qualität selbst den anspruchsvollen Künstler zufriedenstellte. Nachdem der Tisch gedeckt und das Mittagessen serviert worden war, füllte Beaumont zwei Becher mit Champagner, einen für sich selbst und den anderen neben Nestleys Teller. Der junge Arzt, der in düstere Gedanken versunken war, bemerkte dies nicht, und als er sich an den Tisch setzte, ahnte er nicht, dass das Glas neben ihm Wein statt Wasser enthielt. Er versuchte, zwei oder drei Bissen davon zu sich zu nehmen, aber es gelang ihm nicht, er nahm das Glas zum Trinken und war so beschäftigt, dass er erst erkannte, was es war, nachdem er einen Bissen hinuntergeschluckt hatte. Er stellte das Glas sofort wieder auf den Tisch und warf Beaumont einen wütenden Blick zu, der so tat, als würde er seinen Ärger nicht bemerken, und mit großem Vergnügen sein Mittagessen verzehrte.

„Warum hast du mir Champagner gegeben?" fragte Nestley barsch. „Du weißt, dass ich nur Wasser trinke."

„Ich weiß, dass Sie ein Idiot sind", erwiderte Beaumont kühl, „und weiß nicht, was für Sie gut ist. Bei Ihrem gegenwärtigen Gesundheitszustand wird Ihnen ein Glas Champagner nicht schaden."

„Du vergisst, dass mir der Drink schon geschadet hat."

„Vor fünf Jahren", sagte der Künstler spöttisch. „Du bist seit fünf Jahren ein Abstinenzler , also denke ich, dass du jetzt Anspruch auf ein wenig Genuss hast. Mach weiter, trink es aus wie ein Mann."

„Nein", antwortete Nestley entschieden und wandte den Kopf ab. „Ich werde nicht trinken."

„Sehr gut", sagte Beaumont gleichgültig. „Bitte selbst."

Sein unglücklicher Freund blickte noch einmal auf den bernsteinfarbenen Wein im Glas und war fast geneigt, nachzugeben. Schließlich hatte er fünf lange Jahre lang keinerlei Alkohol getrunken und fühlte sich in der Regel auch nicht dazu geneigt, ihn zu trinken, aber jetzt hatten ihn die Nächte, in denen er am Bett des alten Gutsbesitzers wachte, körperlich erschöpft, und die Verachtung hatte ihn erschöpft Der Una-Genuss hatte ihn geistig unglücklich gemacht, und so beschloss er halb, dieses eine Glas zu trinken, um ihn aufzuheitern. Sein guter Engel kam ihm jedoch in diesem kritischen Moment zu Hilfe, und er wandte schaudernd den Kopf ab und tat weiterhin so, als würde er essen . Beaumont, der ihn die ganze Zeit aufmerksam beobachtet hatte, sah den Kampf, der sich in den Gedanken des jungen Mannes abspielte, aber mit wahrer List tat er, als achtete er nicht darauf, überzeugt davon, dass sein Opfer nach und nach in die so kunstvoll gelegte Falle gelockt wurde.

„ Sie lieben also Miss Challoner", sagte er freundlich. „Nun, darüber kann ich mich kaum wundern. Um die Wahrheit zu sagen, ich habe mich selbst in sie verliebt – nur im künstlerischen Sinne, das versichere ich Ihnen", fügte der kluge Künstler lachend hinzu, als er die Wut in Nestleys Gesicht sah Gesicht. „Sie hat ein schönes Gesicht, das die Ruhe dieser alten griechischen Statuen zu tragen scheint. Ich möchte sie als Artemis malen – die unantastbare Artemis, bevor sie Endymion liebte – mit dem heiteren Licht der Keuschheit auf ihrem Gesicht und der Sanftheit von Nacht in ihren Augen. Es wäre ein wundervolles Bild.

„Ich wundere mich, dass Sie sie nicht bitten, Ihr Model zu sein", knurrte Nestley schmollend.

„ Das lohnt sich kaum , aus zwei Gründen", antwortete Beaumont leichthin, doch in seinem Ton lag ein Anflug von Bedauern. „Erstens würde sie sich weigern, und zweitens hat meine Hand ihre List verloren. Man muss jung und enthusiastisch sein, um ein klassisches Bild zu malen. Ich bin von zu bodenständiger Natur, um solch hoffnungslose Visionen zu haben. Nun, das sind sie." Wirst du dieser Mondgöttin die Rolle des jungen Endymion spielen?"

„Nein", antwortete Nestley bitter, „sie wird nichts mit mir zu tun haben."

„Armer Endymion!"

„Seien Sie kein Dummkopf, wenn Sie so klassisches Zeug reden! Ich sage Ihnen, ich bin unsterblich in sie verliebt und sie will nichts mit mir zu tun haben. Alles ist gegen mich. Ich bin arm, ungeliebt und unbekannt." . Das Leben ist unter solchen Bedingungen nicht lebenswert."

Er blickte noch einmal auf den Sekt, der ihn offenbar dazu einzuladen schien, ihn als Linderung für seine Schmerzen zu probieren. Seiner verzerrten Vorstellung kam alles langweilig und dunkel vor. Wine würde ihm zumindest ein paar Stunden Ruhe von diesen quälenden Gedanken verschaffen. Er war jetzt Herr seiner selbst. Er würde ein Glas trinken und nicht mehr. Denn was machte es schon, wenn er doch noch einmal fiel, wenn man bedachte, dass alles verloren war? Er hatte im Moment nichts zum Leben. Eine wilde Verzweiflung erfasste sein Herz, und mit einem rücksichtslosen Lachen ergriff er das Glas und trank den Wein bis zum letzten Tropfen aus.

„ *Evohé Bacchus* ", sagte Beaumont und leerte sein Glas. „Es gibt nichts Besseres als Wein, um ein gebrochenes Herz zu heilen."

Der heimtückische Wein stieg schnell in das erregbare Gehirn des jungen Mannes, und er empfand kein Bedauern mehr darüber, dass er das Versprechen gebrochen hatte, das er vor fünf Jahren gegeben hatte. Die eintönige Vergangenheit des Kampfes und der Seriosität war hinter uns. Wein würde ihn trösten. Trinken! Wen interessierte so etwas? Anakreon war das Oberhaupt einer ruhmreichen Dichterschar und lobte den Wein. Der weise Anakreon kannte die wahren Vorzüge der Traube. Die Vergangenheit ist tot, die Zukunft ist ungewiss. Lebe – lebe nur in der Gegenwart, mit Wein, der uns zu Göttern macht – *Evohé Bacchus* .

Der anregende Wein hatte seine Wirkung vortrefflich verrichtet, und die bis dahin so düstere Welt erschien jetzt in einem rosigen Farbton.

"Ein gebrochenes Herz!" wiederholte er mit einem fröhlichen Lachen. „Pish! Herzen brechen nicht so leicht. Das Nein einer Frau bedeutet ja. Ich frage noch einmal."

„Es geht nichts über Beharrlichkeit", sagte Basil und betrachtete mit unendlicher Freude das gerötete Gesicht und die strahlenden Augen des jungen Mannes. „Haben Sie noch etwas Wein?"

"Eher!" antwortete Nestley und hielt ihm sein Glas hin, das Beaumont füllte. „Ich war dumm, das gegen Wasser aufzugeben. Ich habe die totalen Abstinenzler satt – dünnblütige Schwätzer. Das ist Verwirrung für sie!" und er trank das zweite Glas aus.

Beaumont erkannte nun, dass sich sein Opfer in dieser hartnäckigen Phase der Rücksichtslosigkeit befand, die keinen Widerspruch dulden konnte, und wusste daher genau, wie er vorgehen sollte.

„Nun, wir haben die Flasche ausgetrunken", sagte er fröhlich. „Angenommen, wir gehen spazieren."

„Nein – kein Spaziergang", erwiderte Nestley mit einem dämlichen Grinsen. „Du hast mir eine Flasche hingestellt. Jetzt bin ich dran."

„Ich will nichts mehr", sagte Beaumont gleichgültig, „und ich glaube, Sie haben auch genug."

„Das habe ich nicht", erwiderte Nestley trotzig. „Ich bin kerzengerade. Ich nehme an, du trinkst nicht mit mir?"

„Oh ja, das werde ich, wenn du darauf bestehst."

„Ich bestehe darauf", rief der Arzt und schlug mit der Faust laut auf den Tisch. „Du musst trinken, um zu zeigen, dass es keinen bösen Willen gibt. Wir waren einst Freunde, Basil."

„Und ich bin so still, das vertraue ich", sagte der Künstler herzlich.

„Deine Hand", sagte Nestley mit einem Ausbruch rührseliger Zuneigung. "Gib mir deine Hand."

Beaumont ließ zu, dass ihm der Arzt heftig die Hand schüttelte, und dann ging dieser Herr, jetzt in einem urkomischen Zustand der Aufregung, zur Glocke und läutete mit unnötiger Heftigkeit.

Als Antwort erschien Margery und schien etwas erstaunt über Nestleys Zustand, da er sich immer so zurückhaltend und ruhig verhalten hatte .

„Noch eine Flasche Champagner", sagte Nestley mit belegter Stimme und kam näher an sie heran. "Sie sind ein hübsches Mädchen."

Er versuchte, sie zu umarmen, aber Margery, die es gewohnt war, die Bauern in einem ähnlichen Zustand zu sehen, stieß ihn mit einem herzlichen Lachen von sich und ging los, um den Wein zu holen.

Nestley setzte sich wieder an den Tisch, redete schnell mit Beaumont über alles Mögliche und begann dann, mit sich selbst zu prahlen.

„Ich kann alles tun – alles , das sage ich Ihnen " , sagte er und sah Beaumont an, der rauchte. „Mein Gehirn ist mehr wert als ein Dutzend anderer Leute." Glaubst du mir nicht?

„Oh ja, ich glaube Ihnen", antwortete Beaumont, als Margery mit einer weiteren Flasche Champagner zurückkam; „Aber wenn ich du wäre, würde ich keinen Wein mehr trinken."

„Werde ich nicht!" sagte Nestley trotzig. "Du wirst sehen."

Margery zog sich zurück, lachte über den rührseligen Zustand des jungen Mannes, füllte sein Glas bis zum Rand mit Wein und trank es mit einer Miene betrunkener Tapferkeit aus. Beaumont saß mit einem spöttischen Grinsen auf seinen dünnen Lippen ruhig da und beobachtete die grotesken Mätzchen des Mannes, den er so in die Tiefe getrieben hatte, und nahm nur einen kleinen Teil der zweiten Flasche. Dr. Nestley sang und lachte und prahlte, bis seine Beine zu zittern begannen, dann setzte er sich hin und trank den Rest der Flasche aus, wodurch er sich in einen Zustand hoffnungsloser Trunkenheit versetzte.

Schließlich schlief er mit dem Kopf auf dem Tisch ein, woraufhin Beaumont ihn nicht ohne Schwierigkeiten weckte und ihn halb führte, halb zum Sofa schleppte. Mit lautstarken Protesten, dass es ihm gut gehe, legte sich der unglückliche junge Mann nieder und verfiel nach wenigen Augenblicken in einen betrunkenen Schlaf, während Beaumont, der keine Gewissensbisse darüber verspürte, einen Menschen auf das Niveau eines Tieres herabgestuft zu haben, sich über ihn beugte ein höhnisches Grinsen.

„Ich glaube nicht, dass du mir große Schwierigkeiten bereiten wirst", sagte er gelassen. „Sie haben wieder einmal den Abwärtspfad eingeschlagen, und diesmal gehe ich davon aus, dass Sie nie wieder zurückkommen werden."

Er ging hinaus, rauchte ruhig seine Zigarette und bat Margery, seinen Freund von niemandem stören zu lassen.

„Er hat mehr genommen, als ihm gut tut", sagte er entschuldigend.

„ Oh Gott sei Dank, Sir, das ist nichts", erwiderte Margery unbeirrt. „Ein Schlaf wird ihn wieder in Ordnung bringen."

"Wird es?" sagte Beaumont zu sich selbst, als er im hellen Sonnenschein stand. „Ein Schlaf wird dich in diesem Leben nie wieder in Ordnung bringen, Duncan Nestley ."

KAPITEL XIX.

JAM, JAM EFFICACI DO MANUS SCIENTIAE.

Ich benutze keine Zaubersprüche,
ephesischen Buchstaben, Philtres , Zaubersprüche oder Runen,
noch nichts von nekromantischen Teufeleien, doch durch die Kraft neu
entdeckter Wissenschaften entblöße ich vor meinem forschenden Blick
deine Seele und lese die geheimen Sehnsüchte, die darauf geschrieben
stehen.

Dank Nestley Durch geschickte Behandlung erholte sich der Gutsbesitzer
bald von seiner Krankheit, aber die Tatsache, dass er innerhalb weniger
Wochen zweimal auf ein Krankenbett gelegt wurde, zeigte, wie anfällig seine
Konstitution für das geringste Leiden geworden war und wie schnell ein
solches Leiden mit tödlichen Folgen enden konnte .

Für einen jungen und kräftigen Körper wären solche leichten Unwohlsein
vergleichsweise unwichtig, aber der schwache Körper des alten Mannes mit
seiner abgenutzten Organisation war in der Lage, diese Störungen in höchst
besorgniserregender Weise zu entwickeln. Die Flamme des Lebens war sehr
schwach und nur durch äußerste Wachsamkeit konnte sie überhaupt am
Leben erhalten werden.

Obwohl er fest davon überzeugt war, dass er in einem neuen Körper
inkarnieren würde, schien es dem Knappen bemerkenswert ungern zu
gefallen, seinen alten zu verlassen, und gehorchte den Anweisungen des
Arztes auf äußerst sklavische Weise, aus Angst davor, dass seine Seele zufällig
in die nächste Welt entgleiten könnte. Er hatte ein großes Vermögen
angehäuft, von dem er seiner Wahnvorstellung zufolge hoffte, es zu
genießen, wenn seine Seele in einem neuen Körper inkarniert worden wäre,
sodass er in dieser Hinsicht keine Probleme hatte. Sein großer Wunsch war
nun, sein Porträt fertigzustellen, und zu diesem Zweck bestand er trotz seines
schlechten Gesundheitszustands darauf, sein Bett zu verlassen und sich nach
seiner Gewohnheit nach Beaumont zu setzen.

Nestley noch einmal seinem herrschenden Willen unterworfen hatte, war er
entschlossen, sofort mit seinem hypnotischen Experiment fortzufahren, und
hielt es in dieser letzten Sitzung für einen bewundernswerten Zeitpunkt,
seine Idee in die Tat umzusetzen. Alles, was er wollte, war eine Gelegenheit,
das Thema vorzustellen, ohne den Verdacht des Gutsherrn zu erregen, und
der alte Mann gab ihm während ihrer Unterhaltung schnell Gelegenheit dazu.

Sie befanden sich wie gewöhnlich im Salon, und der Gutsherr, der faltiger und abgenutzter als je zuvor aussah, saß in seinem Sessel, während der Künstler geschickt hier und da eine Linie auf das bemalte Gesicht vor ihm zeichnete.

„Heute Morgen scheint es Ihnen nicht gut zu gehen, Mr. Garsworth ", sagte Beaumont, während der alte Mann müde auf seinem Stuhl hin und her rutschte.

„Nein, Sir, das tue ich nicht", erwiderte der Gutsbesitzer mit seiner rauen Stimme. „Ich erwarte nicht, dass ich mein Bett wieder verlasse, wenn ich einmal dorthin zurückgehe."

„Oh, so schlimm ist es sicher nicht."

„Das fürchte ich", antwortete Garsworth kopfschüttelnd. „Ich brenne darauf, in einen neuen Körper einzutreten und diesen abgenutzten Körper mit seinen unaufhörlichen Schmerzen zu verlassen."

„Haben Sie jetzt Schmerzen?" fragte Beaumont mitfühlend.

„Ja – ich habe einen schlimmen Anfall von Neuralgie – der Ostwind wirkt sich immer mehr oder weniger so auf mich aus."

„Ich glaube, ich könnte dir etwas Gutes tun."

„Unsinn – Sie sind kein Arzt?"

„Ich bin nicht die Rose, aber ich habe in ihrer Nähe gelebt, mein lieber Herr", sagte Beaumont gleichmütig, „und ich verstehe etwas von Therapeutika."

„Ein wenig Wissen ist eine gefährliche Sache", antwortete der alte Mann höhnisch.

„Ich kann mit einem anderen Sprichwort antworten", sagte Basil lächelnd. „Ein Ertrinkender wird sich an einen Strohhalm klammern – also nimm mich als deinen Strohhalm und sieh, was ich tun kann – ich kann dich nicht von deiner Neuralgie heilen, aber ich kann dir etwas Linderung verschaffen."

"Inwiefern?"

„Durch Hypnose."

„ Pah! – Mesmer und Scharlatanerie."

„Überhaupt nicht – ich habe mich mit dem Thema befasst, und ich versichere Ihnen, dass darin mehr Wahrheit steckt, als Sie sich vorstellen können. Mesmer war kein reiner Scharlatan, erinnern Sie sich – er war weiser als Cagliostro."

„Nun – nun – was haben Sie vor?"

„ Hypnotisiere dich.“

"Und dann?"

„Nun – die Neuralgie wird verschwinden, wenn du einige Zeit in Trance warst, dann wecke ich dich und du kannst dich zurückziehen.“

„Aber das Porträt?“

„Es wird das Porträt nicht im Geringsten beeinträchtigen – ich kann weiter malen und Sie werden schmerzfrei sein.“

Der Gutsherr hasste Schmerzen und war außerdem sehr neugierig darauf, Beaumonts Wissen zu testen, also stimmte er der Idee zu.

„Weitermachen, Sir“, sagte er grimmig. „Ich habe nichts dagegen.“

Beaumont nickte nachlässig, erfreut darüber, sein Ziel erreicht zu haben, holte aus seiner Tasche ein facettiertes Stück Glas hervor, stand von seinem Platz auf und ging zu dem alten Mann hinüber.

Er nahm seinen Platz neben dem Stuhl ein und hielt den glitzernden Gegenstand direkt über die Stirn des Gutsherrn.

„Sehen Sie sich das ruhig an“, sagte er in ruhigem Ton, und während Garsworth dies tat, wartete er schweigend auf das Ergebnis, das bald eintrat. Die Augen wurden feucht und strahlend, der Blick starr und die Pupillen weiteten sich, bis der alte Mann in einen kataleptischen Zustand verfiel. Da ihm die Glasfacette immer noch vor Augen gehalten wurde, verfiel er bald in Lethargie und fiel seufzend rücklings in seinen Stuhl.

Beaumont nahm das Glas mit einem Gefühl der Erleichterung weg, da er bezweifelte, dass es ihm so leicht gelingen würde, den hypnotischen Schlaf herbeizuführen. Er verfügte nun über einen willenlosen Automaten, der tun würde, was immer ihm gesagt wurde. Aber das war nicht das, was Beaumont wollte, da er nicht in der Lage war, dem hilflosen Mann vor ihm das Geheimnis zu verraten, und ohne diesen Hinweis würde der Automat nichts tun. Er wollte diesen lethargischen Schlaf in einen somnambulen Zustand umwandeln, damit ihm das Gedächtnis, die Intelligenz und die Vorstellungskraft des Gutsherrn zur Verfügung standen. Dies erreichte er, indem er seine Hand ein paar Minuten lang leicht über den Scheitel des Kopfes hin- und herrieb , und im Gehorsam gegenüber dem dadurch hervorgerufenen Gefühl verfiel Garsworth schnell in einen Zustand aktiven Somnambulismus.

Er erhob sich von seinem Stuhl, blickte schnell von rechts nach links, während Beaumont mit ihm sprach, und befand sich während des folgenden Gesprächs in ständiger Bewegung. Alles, was Beaumont jetzt tun musste, war, dem Schlafwandler Dinge vorzuschlagen, die Gedankengänge hervorrufen würden, und diese Gedankengänge würden durch den Willen schnell umgesetzt.

Die große Gestalt in Schwarz schwankte schnell hin und her , während Beaumont klar und bedächtig sprach und die Fragen vorschlug, die er beantworten wollte.

„Du hast ein Geheimnis?"

„Ich habe ein Geheimnis", stimmte der Schlafwandler ebenso langsam zu.

„Du hast eine bestimmte Angelegenheit arrangiert, damit du in deiner nächsten Inkarnation dein jetziges Vermögen genießen kannst?"

"Ja."

„Glauben Sie, dass Sie alles Nötige zur Verwirklichung dieser Idee arrangiert haben?"

"Ich glaube schon."

„Stellen Sie sich den gesamten Plan vor, damit Sie sehen können, dass Sie nichts vergessen haben."

Garsworth schwieg einen Moment, dann begann er schnell zu reden.

„Ich habe alles ordnungsgemäß arrangiert. Ich bin sicher, dass ich nichts vergessen habe. Mein Testament wurde vor einigen Jahren erstellt und darin habe ich meinen gesamten Besitz meinem leiblichen Sohn überlassen. Einen solchen leiblichen Sohn gibt es derzeit nicht." Er ist eine fiktive Person. Wenn ich wiedergeboren werde, wird er Realität. Ich werde mein eigener leiblicher Sohn sein, und das Eigentum wird durch die Wirkung meines Willens in diesem gegenwärtigen Körper auf mich selbst im neuen Körper übergehen. Das wird es in meiner neuen Form notwendig sein, um mich als die im Testament erwähnte Person zu beweisen. Ich tue dies in einem solchen neuen Körper, indem ich ein bestimmtes Papier und meinen Siegelring vorzeige, den ich sicher versteckt habe. Ich behalte mein Andenken während meiner nächsten Inkarnation Gehen Sie zum Versteck, finden Sie das Papier und den Ring, legen Sie sie dem Anwalt vor, der mein Testament wahrnimmt, und nachdem ich meine Identität als leiblicher Sohn bewiesen habe, kann ich das Eigentum in Besitz nehmen. Ja, alles ist in Ordnung."

Er hörte auf zu sprechen, und Beaumont, der aufmerksam zugehört hatte, war sehr beeindruckt von der Genialität der Idee, die in der Täuschung zum Ausdruck kam. Dies war also die Art und Weise, wie er seinen Plan verwirklichen wollte. War ein Verrückter jemals so skurril? Der Künstler sah bisher keine große Chance, von der Entdeckung zu profitieren, doch wenn er die vom Gutsherrn erwähnten Papiere sehen würde, könnte darin etwas sein, das sich als nützlich erweisen würde. Ja; er würde den Gutsbesitzer bitten, ihm das Versteck der Papiere zu zeigen.

„Ihr Plan ist perfekt", sagte er langsam, „aber vielleicht findet jemand das Versteck und stiehlt das Papier?"

„Nein, nein", antwortete der Schlafwandler jubelnd. „Keine Chance dafür. Ich habe es zu gut versteckt."

„Geh und schau, ob es sicher ist."

„Sicher! Sicher! Ist das Papier sicher?" murmelte der alte Mann stirnrunzelnd. „Ich muss sehen. Ich muss sehen. Aber wie kann ich gehen? Ich bin zu schwach."

Beaumont übte seine Macht sofort durch Suggestion aus.

„Du bist sehr stark. Geh sofort und untersuche das Papier."

Normalerweise benutzte der Squire eine Krücke zum Gehen, aber als er von seinem Hypnotiseur die Bemerkung über seine Stärke hörte , wurde er sofort von der Halluzination erfüllt, dass er körperlich ein kräftiger Mann sei, und ging schnell zur Tür des Salons , federnde Schritte, gefolgt von Beaumont.

Der Schlafwandler ging voran die Treppe hinauf, blieb auf dem ersten Treppenabsatz einen Moment stehen, drehte sich dann um und ging zur Vorderseite des Hauses im ersten Stock. In diesem Moment kam Patience Allerby aus einem der Zimmer, und als er sah, wie der Squire so schnell ging und Beaumont ihm folgte, blickte er sie beide erschrocken an.

„Wohin gehen Sie, Sir?" Sie weinte, als Garsworth an ihr vorbeistreifte und versuchte, ihn zu ergreifen, indem sie ihre Hand ausstreckte. Die leichte Berührung, die sie ihm gab, schien dem Schlafwandler Leid zu bereiten und den hypnotischen Zauber zu brechen, denn er hielt sofort inne. Aus Sorge, der alte Mann könnte aufwachen, packte Beaumont Patience am Handgelenk und zog sie schnell zurück.

„Sie wollen Ihre Papiere holen?" sagte er zu Garsworth .

„Ich gehe meine Papiere holen", wiederholte der Gutsbesitzer langsam und fuhr dann, dem Impuls folgend, wieder fort. Patience hätte gesprochen, aber ein teuflischer Ausdruck auf Beaumonts Gesicht schien ihr das Blut gefrieren zu lassen.

„Sei still", flüsterte er barsch und schüttelte ihr Handgelenk. „Ich werde dir bald alles erzählen, aber jetzt schweige um deines Sohnes willen."

Sie riss sich los und wich mit einem Schrei in den Schatten zurück, während Beaumont, ohne weitere Notiz davon zu nehmen, schnell dem Gutsbesitzer folgte, der nun in einiger Entfernung vor ihm war.

Garsworth öffnete eine große Falttür, die nicht weit von der Treppe entfernt stand und in den Ballsaal des Grange führte. Im Gefolge des Künstlers betrat er den langen, kahlen Raum, der sich fast über die gesamte Länge des Vorderflügels des Hauses erstreckte und durch acht große Fenster erhellt wurde und auf den Park hinausging.

Der Raum war kalt und trostlos, jeder Schritt erweckte ein Echo und hinterließ Spuren auf dem grauen Staub, der sich über viele Jahre auf dem Boden angesammelt hatte. Die Wand gegenüber der Tür war mit fein bemalten Tafeln geschmückt, die die neun Musen darstellten. Jede weibliche Figur war doppelt so groß und erhob sich vom Boden bis zum gewölbten Dach zwischen jedem der acht Fenster. An einem Ende des Raumes stellten die Tafeln die drei Grazien dar, am anderen die drei Schicksale, während die restliche Wand neun Göttinnen der heidnischen Mythologie zeigte. Das gewölbte Dach war tiefblau gestrichen und mit Sternen versilbert, aber nirgends war eine männliche Gestalt zu sehen – nichts als die anmutigen weiblichen Gestalten von Hellas waren zu sehen.

Der Knappe ging direkt in die äußerste Ecke des Raumes, links von der Tür, und kniete dort nieder, wo eine Tafel stand, auf der Klotho den Faden des Lebens spinnt. Offensichtlich berührte er eine Feder, die im goldgeprägten Rahmen der Tafel verborgen war, denn diese glitt lautlos zurück und gab eine Wand aus rauem Stein frei. Die oberen Steinblöcke schienen schwer und unhandlich zu sein, aber die unteren waren viel kleiner, und als Beaumont hinsah , sah er, wie Garsworth einen kleineren Stein von seinem Platz in der unteren Mitte der Mauer zog und nur die raue Stelle zeigte, wo er lag, aber kein Hohlraum, in dem sich etwas verstecken könnte. Der Gutsherr zeigte jedoch bald, wie genial das Versteck war, das er gewählt hatte, denn als er den Stein, den er herausgenommen hatte, umdrehte, erschien ein kleines ausgehöhltes Loch, und der alte Mann nahm ein Papier und einen Ring heraus. Er legte sie für einen Moment nieder, um den Stein von seinem Schoß zu heben, doch in diesem Moment sagte Beaumont, seine hypnotische Kraft einsetzend, plötzlich:

„Du schaust auf das Papier.“

Unter dem Einfluss der erzeugten Halluzination blickte der Squire ernst auf den Stein auf seinem Schoß, während Beaumont das echte Papier aufhob, es schnell überflog, den Ring untersuchte und sie dann beide wieder vor den Schlafwandler legte.

„Du solltest sie zurückstellen“, schlug er deutlich vor. Garsworth hob das Papier auf, steckte es wieder in den Stein, legte es wieder an seine frühere Position und zog dann die Tafel weiter, bis sie auf die Feder klickte und so ihr früheres Aussehen wieder annahm. Niemand hätte beim Betrachten gedacht, dass ein so großes Bild in irgendeiner Weise bewegt werden könnte, und selbst wenn das Geheimnis der Tafel gelüftet würde, war sich Beaumont sicher, dass niemand auf die Idee kommen würde, das Innere des Steins in der Wand zu untersuchen . Nachdem Beaumont nun alles herausgefunden hatte, was er wissen wollte, bestand seine nächste Aufgabe darin, den Gutsherrn wieder in seine frühere Position zu bringen und ihn zu wecken, damit er nicht merkte, was er während seines hypnotischen Schlafes getan hatte. Dazu beugte er sich zu der knienden Gestalt am Boden vor.

„Mr. Beaumont wartet darauf, Ihr Bild fertigzustellen.“

„Ja, ja. Ich muss das Bild machen lassen“, sagte Garsworth , stand auf und verließ den Raum, gefolgt von Beaumont, der das weiße Gesicht von Patience aus dem Schatten spähen sah und ihn drohend stirnrunzelnd ansah Benehmen.

Er legte seinen Finger auf seine Lippen, um Schweigen zu erzwingen, und glitt an ihr vorbei die breite Treppe hinunter, durch den Flur und in den Salon, wo er feststellte, dass der Gutsherr sich wieder auf seinem Stuhl niedergelassen hatte.

„Nun“, sagte Beaumont zu sich selbst, „es scheint eine Chance zu geben, dieses Geheimnis auszunutzen, aber ich kann es nicht ohne die Hilfe von Patience tun, also muss ich sie sehen. In der Zwischenzeit wecke ich den Knappen.“ ."

Er ging zum Gutsherrn hinüber und berührte dessen Gesicht mit seinen eigenen kalten Händen, woraufhin der alte Mann heftig zusammenzuckte.

Dann sprach er ihm laut ins Ohr:

„Herr Garsworth !“

Der Schlafwandler öffnete die Augen und ein verwirrter Ausdruck erschien auf seinem Gesicht, als er Beaumont ansah.

"Fühlen Sie sich besser?" fragte der Künstler sanft.

„Ja“, antwortete der Knappe und fuhr sich langsam mit der Hand über die Stirn. „Der Schmerz ist weg, aber ich fühle mich sehr müde.“

„Das ist in der Hypnose immer so.“

„Wie lange habe ich geschlafen?“

„Ungefähr eine Viertelstunde“, antwortete Beaumont und warf einen Blick auf seine Uhr. „Haben Sie überhaupt geträumt? Hypnose erzeugt normalerweise Träume.“

"Aha!" sagte Garsworth listig: „Ich habe von meinem Geheimnis geträumt. Ich habe doch nicht im Schlaf gesprochen, oder?" fragte er in plötzlichem Entsetzen.

„Nein, Sie waren vollkommen ruhig", antwortete der Künstler und ging zu seinem Platz zurück.

„Ich fühle mich zu müde, um noch mehr zu sitzen ", bemerkte Garsworth und stand mit großer Anstrengung auf. „Ich muss mich hinlegen. Hypnose scheint den Körper sehr zu erschöpfen."

„Das tut es natürlich; es wirkt körperlich."

Mit Hilfe seines Stocks bewegte sich der Gutsbesitzer mühsam zur Tür und ließ Beaumont lächelnd das Bild vor sich betrachten.

KAPITEL XX.

IM ZWEIFEL SPIELEN SIE TRUMPF.

Das Leben ist ein Spiel.
Der Eifrigste gewinnt. Ansehen oder Schande. Das Leben ist ein Spiel; Wir geben oder fordern Für Tugenden, Sünden; Das Leben ist ein Spiel. Der Eifrigste gewinnt

Beaumont war mit dem Ergebnis seines Experiments vollkommen zufrieden, da er das Geheimnis des Gutsherrn entdeckt hatte und es ihm dennoch gelang, ihn darüber im Unklaren zu lassen. Mit dem scharfen Verstand eines Mannes, der es gewohnt ist, von seinem Verstand zu leben, hatte er während seiner raschen Durchsicht der Papiere die Chancen erkannt, das Geheimnis zu seinem eigenen Vorteil zu nutzen. Aber um dies zu tun, benötigte er die Mitarbeit von Patience, und er war sich nicht sicher, ob er sie bekommen würde.

Sie hielt sich eifrig von ihm fern, und seit der Befragung auf dem Kirchhof gab es keinerlei Anzeichen dafür, dass sie sich seiner Existenz bewusst war. Viele Männer wären durch dieses verächtliche Schweigen entmutigt worden; aber nicht so Beaumont, der nie Unhöflichkeit bei jemandem sah, den er ausnutzen wollte. Bisher war Geduld in seinen Augen nur eine Chiffre gewesen; Aber jetzt, seit er von der Existenz ihres Sohnes erfahren hatte und er das eifersüchtig gehütete Geheimnis des Gutsherrn erfahren hatte, wurde sie plötzlich zu einer wichtigen Person; denn durch sie hoffte er, seine Ziele zu erreichen – Ziele , die nur ihm selbst zugute kommen sollten.

Der einzige Weg, auf dem er hoffen konnte, ihr Gehör zu gewinnen, war ihre Liebe zu ihrem Sohn, daher seine Erklärung auf der Treppe. Nachdem er nun seine Malutensilien weggeräumt hatte, zündete er sich eine Zigarette an und schlenderte gemütlich zum Zimmer der Haushälterin, um mit ihr die Angelegenheit zu klären. Vor dem Ergebnis hatte er keine Angst, da er sich an ihre Mutterschaft berufen wollte, und er wusste genau, dass diese Frau, deren ganzes Leben ihrem Sohn gewidmet war, diesen Appell nicht vernachlässigen würde. Herr Beaumont war ein erfahrener Whistspieler und bewunderte das Spiel darüber hinaus sehr. In diesem Fall zweifelte er etwas an Patience, hatte aber dennoch eine starke Hand, nahm eine Illustration aus seinem Lieblingsspiel und sagte:

„Im Zweifelsfall Trumpf spielen."

„Es wird ein bezauberndes Spiel", murmelte er, als er an die Tür des Zimmers der Haushälterin klopfte, „sie ist keine schlechte Gegnerin und hasst mich wie Gift – umso mehr Ehre gebührt mir, wenn ich gewinne – als ich." meine, es zu tun.

Patience Allerby saß in ihrem ruhigen grauen Kleid schweigend und statuarisch am Fenster und starrte auf die sich rasch verdunkelnde Landschaft. Als Beaumont eintrat, sah sie ihn kalt an, erhob sich jedoch weder, um ihn zu empfangen, noch forderte sie ihn auf, sich zu setzen. Ihr Besucher wurde jedoch nicht von irgendwelchen empfindlichen Gefühlen geplagt, also warf er sich in einen bequemen Sessel, der in der Nähe des Feuers stand, und rauchte kühl weiter.

„Ich hoffe, dir macht meine Zigarette nichts aus", sagte er träge, „aber ich kann nicht existieren, ohne zu rauchen."

„Sie können nicht ohne jeglichen Luxus existieren", antwortete Patience bitter, „Sie sind nicht der Mann, der sich etwas verweigert."

„Als wir in London hungerten, musste ich auf viele Dinge verzichten", sagte Mr. Beaumont gemächlich. „Übrigens möchte ich mit Ihnen über London sprechen."

„Und ich möchte mit Ihnen über den Knappen sprechen", erwiderte sie schnell. „Was hast du gemacht, als du ihm nach oben gefolgt bist?"

„Machen Sie sich keine Sorgen, meine gute Seele", sagte der Künstler kühl und verärgernd. „Das erzähle ich dir später; in der Zwischenzeit reden wir über Chelsea."

"NEIN."

„Verzeihen Sie – ja. Erinnern Sie sich daran, wie wir dort gelebt haben, Sie und ich, und an die Visionen, denen wir uns hingegeben haben? Ich habe es nicht vergessen, das versichere ich Ihnen, und dann Fanny Blake – die arme Fanny! Jetzt ist sie tot. Wie ich sehe, hast du dem Jungen ihren Nachnamen gegeben."

„Und was wäre, wenn ich es täte?" Sie blitzte heftig auf, mit einem tiefen Stirnrunzeln im Gesicht. „Könnte ich ihm deinen geben – den Vater, der ihn verlassen hatte? Könnte ich ihm meinen geben – die Mutter, für die seine Geburt eine Schande war?"

„Eine Schande! Ich dachte, du liebst ihn?"

„ Das tue ich – ich liebe ihn mehr als mein Leben; aber seine Geburt war eine Schande, und ich möchte ihm dieses Wissen vorenthalten, bitte Gott."

„Wurde der Junge, den Sie Reginald Blake nennen, jemals getauft?"

"NEIN."

"Warum nicht?"

„Weil ich nicht die Wahrheit über seine Geburt sagen konnte und mich weigerte, zu lügen. Er wurde weder getauft, noch wurde seine Geburt registriert.“

„Dann hat er kein Recht auf den Namen, den er trägt.“

„Das weiß ich. Wessen Schuld ist es, Basil Beaumont – deine oder meine? Warum hast du nicht eine ehrliche Frau aus mir gemacht?“

„Weil ich es nicht wollte“, antwortete er kühl; „Übrigens, ist unser Sohn konfirmiert?“

"NEIN."

„Oh“, sagte er höhnisch, „es tut mir leid, dass er keinen religiösen Beigeschmack hat . Ich frage mich, Patience, als du ihn Blake genannt hast, hast du ihn nicht als Fannys Sohn ausgegeben.“

Sie erhob sich wütend von ihrem Platz.

„Glaubst du, ich würde meine Sünde auf Fannys Schultern abwälzen?“

„Ich verstehe nicht, warum nicht – Fanny und du kamen beide zur gleichen Zeit nach London – das Kind wurde sechs Monate nach deiner Ankunft dort geboren – warum nennst du es nicht Fannys Kind?“

„Es gab keinen Grund.“

„Damals nicht; aber jetzt gibt es einen, und zwar aus einem sehr guten Grund – zehntausend pro Jahr.“

"Wie meinst du das?"

„Einfach das, dass Reginald Blake von nun an der Sohn von Fanny Blake und Randal Garsworth ist .“

Patience sah ihn überrascht an und wich unwillkürlich einen Schritt zurück, da sie ihn für verrückt hielt. Beaumont sah das und lachte spöttisch.

„Keine Angst – mein Wahnsinn hat Methode.“

„Da ist eine gewisse Schurkerei drin“, sagte sie mit einem harten Lächeln und setzte sich neben ihn; „Sag mir, was du meinst, Basil Beaumont, wenn du vorhast, ein Haar vom Kopf meines Sohnes zu berühren, werde ich dich bestrafen.“

„Ich habe vor, ihm zehntausend pro Jahr zu geben, wenn du kein Narr bist.“

Sie lächelte kalt und faltete die Hände im Schoß.

„Ich bin kein Dummkopf, aber ich kenne dich – mach weiter, Ananias."

Beaumont warf die ausgebrannte Zigarette mit einer gereizten Geste ins Feuer und wandte sein Gesicht der kalten Frau zu, die vor ihm saß.

„Hören Sie zu, was ich zu sagen habe", sagte er langsam, „und dann können Sie tun, was Sie wollen – wenn Sie mir helfen , bedeutet das Geld und Glück für unseren Sohn; wenn Sie es nicht tun, werde ich es sagen." ihm alles und verlasse dann das Dorf für immer .

Patience zitterte leicht unter dem stählernen Glitzern seiner Augen und nahm dann ihre kalte, teilnahmslose Art wieder an.

„Brag ist ein guter Hund", sagte sie spöttisch, „aber er beißt nicht – machen Sie weiter, ich bin ganz aufmerksam."

Der Künstler warf einen Blick auf die Tür, um sich zu vergewissern, dass sie geschlossen war, dann rückte er seinen Stuhl näher an den von Patience Allerby heran und begann schnell und leise zu sprechen.

„ Natürlich wissen Sie, dass der Knappe verrückt ist – ziemlich verrückt – er hat die Idee, dass seine Seele in einem anderen Körper wiedergeboren wird, und da er Angst hat, arm geboren zu werden, hat er sich einen albernen Plan ausgedacht um seines gegenwärtigen Reichtums beraubt zu werden. Ich habe diesen Plan entdeckt – dass er keine Rolle spielt – ich brauche Ihnen nur zu sagen, dass ich alles darüber herausgefunden habe – seine Idee besteht darin, sich als sein eigener Sohn auszugeben ."

„Aber er hat keinen Sohn."

„Natürlich nicht, du Narr", sagte Beaumont ungeduldig, „er könnte seine Idee nicht ausführen, wenn er es getan hätte; auf diese Weise hat er sein Testament gemacht und das Eigentum seinem leiblichen Sohn überlassen, der es irgendwann tun wird." In der Zukunft – Datum steht nicht fest, da er nicht sagen kann, wann er wiedergeboren wird – gehen Sie zu den Anwälten, die das Testament verwalten, und legen Sie als Beweis für seinen Anspruch auf den Nachlass einen von ihm an ihn geschriebenen Brief vor angeblicher Vater, auch der Siegelring des Gutsherrn – wenn er dies tut, erbt er gemäß den Bedingungen des Testaments das Garsworth- Anwesen.

„Bis jetzt verstehe ich das; aber wie soll der Squire in seiner neuen Zusammensetzung an diese Papiere kommen?"

„Oh! Er denkt, er wird sich an die Affäre erinnern, wenn er wiedergeboren ist, also hat er die Papiere dort versteckt, wo er sie finden kann – in seinem neuen Körper wird er sie einfach nachschlagen und hervorbringen sie zu den Anwälten, und da sind Sie."

„Was für eine dumme Idee."

„Was für eine dumme Bemerkung, meinen Sie", sagte Beaumont; „Natürlich ist es dumm, der Mann ist verrückt. Wenn er stirbt, bleiben die Papiere bis zum Jüngsten Tag unberührt – wenn ich will."

"Wie meinst du das?"

„Einfach so: Da er nicht weiß, wann und wo er wiedergeboren wird, hat er in dem Brief einige Lücken gelassen."

„Hast du den Brief gesehen?"

„ Natürlich habe ich das. Ich weiß, wo das Papier versteckt ist – habe ich Ihnen nicht gesagt, dass ich sein Geheimnis entdeckt habe? Nun, ich muss nur noch diese Lücken füllen – den Namen der Mutter , der Ort der Geburt des angeblichen Sohnes und alles andere."

„Ich verstehe. Aber was habe ich damit zu tun?"

Beaumont stand auf und ging wütend auf und ab .

„Was für ein Idiot du bist, Patience", sagte er gereizt. „Siehst du das nicht? Ich werde den Namen der Mutter als Fanny Blake und den des Sohnes als Reginald ergänzen ."

"Unser Sohn?"

„Genau. Verstehst du jetzt, warum ich deine Hilfe brauche?"

„Das tue ich, aber du sollst es nicht haben."

„In der Tat; warum nicht?"

„Eine solche Sünde werde ich nicht auf meinem Gewissen haben."

„Es gibt keine Sünde, du Puritaner", sagte er schnell, „die Reinkarnationsidee ist Quatsch; niemand wird erscheinen, um das Eigentum zu beanspruchen, warum also nicht die zehntausend pro Jahr Reginald geben?"

„Es würde Miss Una enteignen."

„Es würde nichts dergleichen bewirken – nach dem Testament kann Miss Una keinen Anspruch geltend machen – die Anwälte wissen nichts über die Reinkarnationstheorie; sie wissen nur, dass Squire Garsworth einen Sohn hat, der erscheinen und seinen Anspruch beweisen wird. " durch den Besitz bestimmter Papiere und eines Siegelrings – bis dieser Sohn erscheint, kann niemand Anspruch auf den Nachlass erheben."

„Miss Una könnte das Testament mit der Begründung anfechten, sie sei verrückt."

„Ich wage zu behaupten, dass sie es könnte, aber sie wird es nicht – wenn Reginald Herr von Garsworth Grange wird, wird sie ihn heiraten und das

Anwesen genauso genießen, als wäre sie Alleinerbin – andererseits, wenn er es tut Wenn sie nicht Herr wird , muss sie warten, bis dieser nicht existierende Sohn auftaucht oder ihr Testament durcheinander bringt, wobei das eine unmöglich und das andere mühsam sein wird."

Patience dachte einen oder zwei Moment nach und blickte dann auf.

„Woher weißt du, dass Reginald Una heiraten wird?"

„Weil ich Augen in meinem Kopf habe. Der Junge ist unsterblich in sie verliebt. Ich bin sicher, Sie müssen verstehen, dass Ihre Hilfe, Reginald den Besitz dieses Anwesens zu verschaffen, niemandem schadet und für beide von Vorteil ist. " Una und dein eigener Sohn.

„Das sehe ich, aber ich verstehe nicht, welchen Nutzen Sie daraus ziehen, und ich glaube nicht, dass Sie der Mann sind, der umsonst arbeitet."

Grundstücks hereinkommt, kann ich ihm bei der Pflege des Anwesens helfen."

„Und ihn ruinieren."

„Ich werde ihn nicht ruinieren. Warum sollte ich meinen eigenen Sohn ruinieren wollen?"

„Pah! Sprich nicht so mit mir."

„Na ja, wenn Sie nicht an Zinsen glauben, formuliere ich es anders. Warum sollte ich die Gans mit den goldenen Eiern töten?"

„Ja, das trifft eher zu", sagte sie höhnisch. „Ich finde Ihren Plan bewundernswert, aber es gibt ein Hindernis."

"Was ist es?"

„Reginald ist ein ehrenhafter Mann und akzeptiert kein durch Betrug erworbenes Eigentum."

Beaumont seufzte resigniert, offensichtlich aussichtslos, dieser schmerzlich eigensinnigen Frau die Sache klar zu erklären.

„Er wird nie erfahren, dass das Eigentum durch Betrug erlangt wurde, denn Sie werden ihm sagen, dass er der Sohn von Fanny Blake und dem Knappen ist; er wird Ihnen glauben und sich selbst als rechtmäßigen Erben betrachten."

„Trotzdem glaubt er, dass er in einer rechtmäßigen Ehe geboren wurde, und um ihn zu täuschen –"

„Gibt ihm zehntausend im Jahr", unterbrach Beaumont kühl. „Nun, was sagst du dazu, hilfst du mir?"

"Ich werde es Ihnen morgen sagen."

"Warum nicht heute?"

„Weil ich dir nicht vertraue, möchte ich die Angelegenheit in meinem eigenen Kopf durchgehen.“

Beaumont zuckte mit den Schultern, setzte seinen Hut auf und zündete sich eine weitere Zigarette an.

„Ganz wie es Ihnen gefällt“, sagte er und blieb einen Moment an der Tür stehen. „Ich werde dich morgen anrufen und sehen, aber wenn du mir dabei nicht hilfst, werde ich tun, was ich sage, und Reginald alles erzählen.“

Als er gegangen war, saß Patience noch lange da und blickte ins Feuer, offenbar grübelte er tief. Schließlich seufzte sie und murmelte:

„Ich weiß nicht, was ich tun soll, ich muss den Herrn um Rat fragen.“

Sie stand auf und nachdem sie eine Kerze angezündet hatte, öffnete sie die Bibel.

KAPITEL XXI.

Der barmherzige Samariter.

Der Mensch ist bestenfalls ein skurriles Tier, denn es gibt kein Leben außer etwas, das eines Tages im Widerspruch zu seiner Theorie stehen könnte.

Patience Allerby nahm eine sehr seltsame Lage ein und wusste, dass sie dies tat, sehr zu ihrer Verwirrung. Seit ihrem Tugendverfall hatte sie als Sühne für ihre Sünden ein Leben der Selbstverleugnung geführt, und sie hatte Grund, mit den letzten zwanzig Jahren ihres Lebens zufrieden zu sein, da sie die ganze Zeit über nichts Unrechtes getan hatte. Zwar lebte sie in einem fast klösterlichen Dasein und hatte keine Versuchungen, gegen die sie ankämpfen musste, und die Abwesenheit von Versuchungen machte es ihr vergleichsweise leicht, ein tugendhaftes Leben zu führen. Da sie sich nicht in Versuchung führen ließ, führte sie ein asketisches Leben und war sich absolut sicher, dass sie stark genug war, um jeder noch so starken Versuchung standzuhalten. Vergebliche Hoffnung, denn jetzt griff der Teufel in der Person ihres alten Verräters sie von ihrer schwächsten Seite an. Hätte er versucht, sie dazu zu bringen, ihren Herrn zu berauben oder in ihr altes Leben der Sünde zurückzukehren, wäre er kläglich gescheitert, aber ein Appell über ihre Mutterschaft war gefährlich für ihre Stärke, und Beaumont wusste das, als er ihre Liebe zu Reginald als Waffe benutzte gegen sie. Trotz ihrer Gebete, ihrer Tränen und ihrer tröstenden Texte wusste sie, dass Beaumont, wenn sie wollte, dass sie zum Wohle ihres Sohnes ein Verbrechen beginge, dies unter Missachtung ihres religiösen Glaubens tun würde, wie stark er auch sein mochte.

Gott allein wusste, welche Nacht der Angst diese Frau verbrachte, während sie mit der subtilen Versuchung kämpfte, die ihr in einer so attraktiven Gestalt entgegengebracht wurde. Diese alten Heiligen, die laut frommen Legenden mit den sichtbaren Mächten des Bösen kämpften, hatten keine so schrecklichen Feinde zu bewältigen, im Gegensatz zu einer von Zweifeln geplagten Seele, die gegen spirituelle Eingebungen kämpfte.

Vergebens verschloss diese arme Seele, die das Richtige tun wollte, ihre Ohren vor den höllischen Einflüsterungen böser Geister, vergebens las sie mit rasender Begeisterung die schrecklichen Prophezeiungen Jesajas oder die tröstenden Verheißungen der Evangelien, vergebens kniete sie nieder und weinte bitterlich davor das Kruzifix, das darum betet, davor bewahrt zu werden, in die Sünde zu fallen. Es war alles nutzlos. Entweder hatten spirituelle Waffen ihre Wirksamkeit verloren, oder ihre intensive mütterliche Leidenschaft schwächte ihr religiöses Pflichtgefühl ab, und nach einem schrecklichen Kampf mit ihren unsichtbaren Feinden, der sie völlig niedergeschlagen zurückließ, begann sie, ruhig über Beaumonts Plan nachzudenken. Von diesem Moment an war sie verloren; denn als sie die ganze Angelegenheit noch einmal Revue passieren ließ, begann sie, ihr Gewissen mit Argumenten über die Richtigkeit der Angelegenheit zu beruhigen.

Sie würde niemandem Unrecht tun – nein, sie würde Una einen Vorteil gewähren, da sie durch ihre Heirat mit Reginald sofort in den Besitz des Eigentums gelangen würde, während sie dies tun würde, wenn das Testament strikt ausgeführt würde ewig auf das Erscheinen einer nicht existierenden Person warten müssen. Angenommen, sie stimmte Beaumonts Plan zu und sagte, Fanny Blake und der Knappe seien die Eltern ihres Sohnes, dann würde er reich und geehrt werden , einen berühmten Namen tragen und kein unbekannter Landstreicher mehr sein, der im Kampf ums Leben schwer behindert ist.

Andererseits würde er die Schande seiner Geburt erfahren, und das würde einen ewigen Schatten auf seinen jungen Geist werfen . Welcher Reichtum – welche Position konnte in seinen eigenen Augen das moralische Stigma kompensieren, das ihm dadurch auferlegt wurde. Er könnte das Anwesen erwerben, Una heiraten und so niemandem Schaden zufügen. Wenn er jedoch Vater würde, wie tief würde er die Sünden seiner Eltern empfinden, die an seinen Nachkommen heimgesucht wurden. Nein, sie konnte ihn nicht in eine solche Lage bringen; Es ist besser für ihn, unbekannt und im Dunkeln zu bleiben und fest an seine ehrenhafte Geburt zu glauben, als durch das Leben zu gehen, heimgesucht vom Gespenst einer unerträglichen Schande.

Während sie zwischen diesen beiden Ansichten über den Fall schwankte, kam ihr plötzlich eine Idee, die sie dazu veranlasste, Beaumont die Hilfe zu verweigern und dem Jungen zu überlassen, sein eigenes Leben zu führen, ohne sich des Makels auf seinem Namen bewusst zu sein. Der Gutsherr hatte trotz seiner geizigen Gewohnheiten ein gütiges Herz. Sie würde ihn bitten, Reginald fünfzig oder hundert Pfund zu geben, um ihm zu helfen, dann könnte der Junge nach London gehen und sich mit seinen Gesangstalenten eine Stelle sichern. Somit würde er in keiner Weise durch unrechtmäßig erworbenes Geld profitieren, und Una, da er im Besitz des Eigentums war, konnte sie heiraten und es genauso genießen, als ob der Plan ausgeführt würde. Ja, das wäre der beste Weg; Er würde zumindest nie erfahren, wer oder was er war, und sie würde ihm so im Leben helfen, ohne ein Verbrechen zu begehen. Je mehr sie über den Plan nachdachte, desto besser gefiel er ihr, und sie fiel im Dunkeln auf die Knie und dankte Gott lange und inbrünstig für die Lösung, die er ihr für die Schwierigkeit gezeigt hatte.

Am nächsten Morgen begann sie, ihre Ideen in die Tat umzusetzen, denn nachdem Miss Cassy und Una ihren üblichen Morgenbesuch abgestattet hatten, war sie allein mit dem Gutsherrn und in der Lage, ihre Bitte zu äußern.

Garsworth lag im Bett, auf Kissen gestützt, und sah tatsächlich sehr geschwächt aus, so dass Patience erkannte, dass das Ende trotz Nestleys Fürsorge und Aufmerksamkeit nicht mehr weit sein konnte.

Nachdem er sich von seiner Ausschweifung erholt hatte, empfand Nestley bittere Scham über seinen Sturz, aber nachdem er durch die Rückkehr zu seinen alten Gewohnheiten seine Selbstachtung verloren hatte, versuchte er, seine Reue durch Trinken zu übertönen, und der Alkohol gewann schnell wieder seinen alten Einfluss auf ihn zurück . Trotzdem ließ er sich davon nicht abhalten, dem Squire zu folgen, und wenn der alte Mann sah, dass Nestleys Hand zitterte und seine Augen trüb wurden, sagte er nichts, und der unglückliche junge Mann erfüllte seine Pflichten auf mechanische Weise und trank zutiefst, wann immer sich eine Gelegenheit bot.

Nestley , der nach dem Trinken der vergangenen Nacht abgezehrt und unsicher aussah, hatte gerade das Zimmer verlassen und Patience mit dem Gutsherrn allein gelassen, als der alte Mann scharf sprach:

„Geduld, was ist mit dem Arzt los?"

"Trinken!" antwortete sie lakonisch.

"Trinken!" wiederholte der Squire und stützte sich auf den Ellbogen. „Unsinn, Frau, du musst dich irren, er trinkt weder Wein noch Spirituosen."

„Das hat er bis vor einer Woche noch nie gemacht", antwortete Patience kühl, „früher war er ein völliger Abstinenzler, aber jetzt – nun, Sie können es selbst sehen."

Die lange Verbindung, die zwischen diesem seltsamen Paar als Herr und Diener bestand, hatte zwischen ihnen ein gewisses Maß an Vertrautheit entwickelt.

„Ich erinnere mich", sagte Garsworth nachdenklich, „dass ich in meiner letzten Inkarnation sehr viel Bier getrunken habe – es war in der Regierungszeit von Elisabeth, und wir tranken Verwirrung für den König von Spanien –, was zu Verwirrung bei mir selbst führte. Wenn." Ich wäre kein Trunkenbold gewesen, ich wäre kein Armer gewesen; es ist schade, dass dieser junge Mann denselben Weg nach unten gehen sollte.

„Es ist seine eigene Schuld", antwortete Patience steinern, „er sollte aufhören, wenn er merkt, dass es ihm schadet."

„Kein Zweifel“, entgegnete der alte Mann säuerlich, „aber kennen Sie jemals einen Mann, der sich etwas verweigert, wenn es ihm schadet?“

"Du machtest."

„Ja, weil ich etwas zu gewinnen hatte. Das Leben, das ich in der Stadt führte, war sehr angenehm, aber es hätte mich für meine nächste Inkarnation arm gemacht.“

Es war sinnlos, den alten Mann aus seinem Wahn herausreden zu wollen, also sagte Patience nichts, sondern stand in grimmigem Schweigen mit verschränkten Armen neben ihm.

„Ich werde es genießen, wenn ich wiedergeboren bin“, jubelte Garsworth . „Ich werde viel Geld und einen neuen Körper haben. Ich werde wieder Jugend haben. Oh, Jugend! Jugend! Wie kurz sind deine goldenen Stunden. Junge Männer kennen nie den Schatz, den sie in der Jugend besitzen, und verschwenden ihn in Müßiggang und Torheit.“ ; da ist das Kind, das du großgezogen hast, Reginald Blake----“

„Ich habe ihn nicht erzogen.“

„Nun, nun“, erwiderte Garsworth gereizt. „Sie wissen, was ich meine, Sie waren seine Krankenschwester – aber er hat Jugend, gutes Aussehen, Gesundheit und Talente – warum geht er nicht mit solchen Vorteilen nach London, anstatt sein Leben in einem langweiligen Dorf zu verschwenden?“

„Er hat kein Geld“, erwiderte Patience eisig; „Alles, was Sie erwähnen, ist ohne Geld umsonst.“

„Kein Zweifel, kein Zweifel“, murmelte Garsworth mit leuchtenden Augen; „Geld ist eine Notwendigkeit – trotzdem hat er Talente, höre ich.“

„Was können Talente leisten?“

„Alles; ein kluges Gehirn beherrscht die Welt.“

„Ich wage zu sagen“, erwiderte Patience ironisch, „wenn es Geld bekommt, um es in Gang zu bringen. Meister Reginald hat das Zeug dazu, sich mit seiner Stimme einen großen Namen zu machen, aber er braucht Hilfe – die Hilfe von Geld – wer wird das tun?“ gib ihm diese Hilfe?

Während sie sprach, musterte sie den alten Mann aufmerksam.

„Ah, wer eigentlich?“ er antwortete nachlässig: „Wer eigentlich?“

„Warum nicht du selbst?“ sagte die Haushälterin eifrig.

"ICH?" er stieß überrascht aus.

„Ja, du", erwiderte sie vehement. „Ich war, wie Sie sagen, die Amme dieses Jungen. Ich habe ihn viel mehr geliebt, als es seine toten Eltern jemals taten; sie überließen ihn mir, und ich trat an die Stelle seiner Mutter: Es ist mein sehnlichster Wunsch, dass es ihm gelingt – Mit Geld kann er das tun. Ich habe dir lange und treu gedient und um keinen Gefallen gebeten , aber jetzt, wo du seinen Namen erwähnt hast, bitte ich dich um diesen ersten und letzten Gefallen : Gib ihm Geld und verhelfe ihm zum Erfolg."

„Glaubst du, ich bin verrückt?" rief der alte Mann schrill. „Warum sollte ich ihm helfen? Was bedeutet er für mich? Ich habe meinen ganzen Reichtum durch jahrelange Selbstverleugnung angehäuft. Ich möchte ihn in meinem nächsten Leben genießen und ihn nicht dadurch vergeuden, dass ich einem Armen helfe."

„Und doch redest du von den goldenen Stunden der Jugend", antwortete sie bitter. „Das ist leicht gesagt, aber schwer umzusetzen. Was bedeuten Ihnen hundert Pfund ? – ein Tropfen auf den heißen Stein. Was bedeuten ihm das? – alles."

„Ich kann mich nicht von meinem Geld trennen", sagte er hartnäckig und wandte sein Gesicht ab.

Ihre Stimme nahm einen zärtlichen Ton an, als sie für ihren Sohn flehte.

„Er hat keinen Anspruch auf dich, das weiß ich, aber denk an seine Jugend, seine Talente, die in diesem langweiligen Dorf verschwendet wurden. Du sagst, du wirst dich in deinem nächsten Körper daran erinnern, was du hier getan hast; seit Jahren hast du nie etwas Ähnliches getan." Wenn Sie einem Menschen etwas tun, tun Sie es jetzt, indem Sie diesem Jungen helfen, und Ihre nächste Existenz wird nicht schlechter sein, weil Sie einem unbekannten Mann geholfen haben.

Der alte Mann gab keine Antwort, war aber von ihrem Argument deutlich berührt.

„Und wieder", sagte Patience, immer noch mit derselben besorgten Stimme, „wird er mit Ihrer Hilfe eine Position in der Welt einnehmen. Welche Position werden Sie einnehmen? Mit all Ihrem Geld könnten Sie als Prinz oder als Pflügerjunge geboren werden – Du weißt es nicht – aber in welcher Position auch immer du geboren bist, sein Einfluss, seine Freundschaft kann dir eine Hilfe sein, und es wird umso wertvoller sein, wenn du weißt, dass es deine Arbeit ist."

Die Stimme der Frau verstummte sanft und sie beobachtete besorgt das faltige Gesicht des alten Mannes, um zu sehen, ob er tun würde, was sie verlangte. Offensichtlich appellierten ihre Worte entweder an seine

Selbstsucht oder an seine Gutmütigkeit, denn als er sich ihr zuwandte, breitete sich ein Lächeln auf seinem mürrischen Gesicht aus.

„Ich werde es tun, Patience", sagte er schnell. „Ich werde es tun – vielleicht wird er mir in meinem nächsten Leben helfen – besorge mir mein Scheckbuch, und ich werde einen Scheck über fünfzig Pfund ausstellen – nicht mehr – nicht mehr. Ich kann' „Ich kann es mir nicht leisten."

„Fünfzig nützen nichts – sagen wir einhundert", drängte sie eifrig.

„Na ja! Einhundert", sagte er verdrießlich, „das ist eine große Summe, aber es könnte mir trotzdem gut tun. Ich werde einen Brief damit schreiben und ihm sagen, dass er in meinem nächsten Leben tun muss, was ich verlange." Wird er das tun?

"Ja ja!" antwortete sie ungeduldig, keineswegs beleidigt über seine selbstsüchtigen Motive. „Er ist nicht der Mann, der eine gute Tat vergisst."

„Sie danken mir nicht", sagte er wütend, als sie zum Schreibtisch ging und sein Scheckbuch holte. „Greifend! undankbar!"

„Ich bin nicht undankbar", erwiderte sie und brachte ihm Stift und Tinte mit dem Scheckbuch und einem Block Löschpapier zum Schreiben, „aber ich danke Ihnen. Ich war nie jemand für Lippenbekenntnisse."

„Bah! Frauen sind alle gleich", sagte er bösartig, setzte sich im Bett auf und ergriff den Stift. „Geh und bring mir Briefpapier und einen Umschlag."

Sie tat es und kehrte an sein Bett zurück, als er den Scheck ausgestellt hatte.

„Ich habe diesen Scheck vordatiert", sagte er schlau, „weil ich ihn ihm erst kurz vor meinem Tod schicken werde."

„Was meinst du mit nachdatiert?"

„Das ist der zwölfte", antwortete er und strich das Briefpapier glatt, „ich habe es auf den dreißigsten datiert."

„Woher weißt du dann, dass du sterben wirst?"

„Ich weiß nicht, ob ich das tun werde, du Narr", erwiderte er wütend, „aber ich denke schon – wenn ich es nicht tue, stelle ich einen weiteren Scheck aus."

„Ja, und ändern Sie Ihre Meinung."

„Nein – nein – ein Versprechen ist ein Versprechen – wenn er mir in Zukunft hilft, werde ich ihm jetzt helfen – sei still, du Katze, ich möchte schreiben."

Sie schwieg, und sehr langsam und mühsam schrieb der alte Mann einen Brief, dann reichte er den Umschlag an Reginald Blake im Pfarrhaus und legte den Brief und den Scheck hinein. Nachdem er dies getan hatte, schloss er den Brief und forderte sie auf, Siegellack und sein Siegel mitzubringen.

"Wozu?" fragte sie und ging zu seinem Schreibtisch.

„Weil ich niemandem außer ihm selbst zeigen werde, was ich geschrieben habe – Sie brauchen keine Angst zu haben – ich werde tun, was ich sage, schauen Sie sich den Scheck an, Sie Idiot.“

Sie hatte eine Kerze ans Bett gebracht, damit er das Wachs für das Siegel schmelzen konnte, und als er ihr den Scheck hinhielt, las sie ihn im schwachen Licht.

„Es ist alles in Ordnung“, sagte sie mit einem erleichterten Seufzer, „ich danke Ihnen vielmals.“

„Das ist nicht nötig“, erwiderte er zynisch und versiegelte den Brief mit dem Garsworth -Wappen. „Ich tue es für mich selbst, nicht für ihn. Legen Sie jetzt diesen Brief auf den Schreibtisch und lassen Sie mich sehen, wie Sie es tun.“

Er reichte ihr seine Schlüssel, und sie brachte sie und den Brief zum Schreibtisch, legte ihn an der Stelle ab, die sein schlanker, ausgestreckter Finger anzeigte, und nachdem sie ihn sicher verschlossen hatte, blies sie die Kerze aus und brachte ihm die Schlüssel zurück.

Der Gutsherr legte sie unter sein Kissen und legte sich dann mit einem erschöpften Seufzer wieder hin.

„So, ich habe getan, was du verlangt hast“, sagte er mit dumpfer Stimme, „jetzt geh weg. Ich werde ein wenig schlafen.“

Patience packte sorgfältig alle Kleidungsstücke um sich und verließ dann mit einem triumphierenden Gesichtsausdruck den Raum.

„Jetzt, Basil Beaumont“, sagte sie, als sie vor der Tür stand. „Ich glaube, ich kann über Sie und Ihre Drohungen bezüglich meines Sohnes lachen.“

KAPITEL XXII.

PHANTASMAGORIE.

Schatten von dem, was Schatten sind – einmal lebend.
Jetzt nichts als Geister in einer Welt von Geistern. Wer weiß – wir könnten
nur Schatten auf der Erde sein und die Realitäten des anderen Lebens
darstellen.

Miss Cassy war sehr aufgeregt über den Nachmittagstee, zu dem sie Mrs.
Larcher und die übrigen Pfarrhausinsassen eingeladen hatte. Es war lange
her, dass sie an einem kleinen gesellschaftlichen Fest teilgenommen hatte,
wie sie es in London gewohnt war, und so beschlossen sowohl sie als auch
Una, dass es ein Erfolg werden würde. In dem trostlosen, düsteren Leben,
das sie führten, war dies eine kleine, milde Aufregung, und daher war es für
sie ein ebenso großes Ereignis wie der Ball der Saison für eine Stadtschönheit.

Reginald und Pumpkin gingen zum Gutshof, aber Mrs. Larcher wurde von
Dick Pemberton feierlich herübergefahren, der so schnell fuhr, dass er die
Frau des Pfarrers fast in Hysterie versetzte. Als sie an ihrem Ziel ankam,
geriet Mrs. Larcher daher stark unter den Einfluss von „The Affliction" und
musste sofort mit starkem Tee getröstet werden. Cecilia war ebenfalls
eingeladen und kam unter der Obhut von Miss Busky im Grange an , die das
blinde Mädchen so schnell über die Straße hüpfen ließ, dass sie erschöpft
den Park betrat.

Die Gruppe versammelte sich alle in Unas Privatzimmer, wo sich ihnen kurz
darauf der bluffige Dr. Larcher und Beaumont anschlossen. Jellicks , der sich
mit dem Teekuchen und den Muffins herumgekämpft hatte, wurde gänzlich
abgewiesen, da Mrs. Larcher unter dem Einfluss von „The Affliction"
erklärte, die alte Frau mache ihr ein unheimliches Gefühl.

„Sie ist so kurvenreich, meine Liebe", bemerkte sie zu Una, „wie eine
Seeschlange, weißt du – sogar der Pfarrer hat sie bemerkt."

„ *Qui siccis Okulis Monster „Natantia* ", brüllte der Pfarrer und zitierte aus
seinem Lieblingsdichter , „obwohl ich natürlich im Singular von ihr spreche."

„Natürlich", sagte Dick schlau, „sie ist auf jeden Fall einzigartig:"

„So sehr seltsam", kicherte Miss Cassy, die den Tee kochte, „ich meine nicht
Jellicks , aber was Sie sagen – Wortspiele, wissen Sie – wie heißt er, Byron,

hatte er in seinen Burlesken – nicht die Don Juan, den einen kennen Sie, aber den anderen – so seltsam, nicht wahr?"

„Nicht halb so seltsam wie Miss Cassy", flüsterte Dick Reginald zu, aber der letztere junge Herr, der mit Una verlobt war, antwortete nicht.

„Ich weiß nicht, ob ich Muffins essen sollte", sagte Mrs. Larcher düster, als Miss Busky mit einem Teller dieser Esswaren auf sie zusprang. „So sehr butterartig – das macht mich gallig – ich hatte schon oft Galle, nicht wahr, Eleanora Gwendoline?"

„Ja, oft, Mama", stimmte der gehorsame Kürbis zu.

„Ich hoffe, dass es dir jetzt besser geht?" bemerkte Beaumont höflich, als er sah, wie die Dame ihn ansah.

„Ah, ja, jetzt", seufzte Frau Larcher und rührte in ihrem Tee, „aber wird es dauern? Die Frage ist, ob es anhalten wird? Mein Leiden ist so launisch – ich bin sehr schwach – ein ziemlicher Hindu."

„Warum ein Hindu, meine Liebe?" fragte der Pfarrer ziemlich verwirrt.

„Weil sie schwach sind – sterben, wenn man sie ansieht", erklärte Frau Larcher , „Reis natürlich – sie leben davon und es gibt keine Nahrung darin."

„Übrigens, Miss Challoner, wie geht es dem Squire?" fragte Beaumont, der ziemlich gelangweilt am Kaminsims lehnte.

„Er ist überhaupt nicht stark", antwortete Miss Cassy und nahm die Bemerkung für sich auf, „ganz wie eine Kerze, wissen Sie – so seltsam – die jeden Moment erlöschen könnte – aber Dr. Nestley tut ihm gut; aber ich." glaube nicht, dass es dem lieben Doktor selbst gut geht.

Beaumont lächelte darüber leicht, erriet die Ursache der Krankheit des Arztes, und als er Cecilia ansah, sah er, dass das blinde Mädchen heftig zitterte.

„Ich hoffe, er ist nicht sehr krank", sagte sie mit ihrer tiefen, klaren Stimme.

„Oh nein – es wird ihm bald wieder gut gehen – ich denke, das ist Überarbeitung", sagte Una hastig, bemüht, jede Diskussion über die Beschwerde des Arztes zu vermeiden, deren Ursache sie mit ihrer weiblichen Klugheit nur halb erraten hatte. „Cecilia, spielst du etwas?"

Das blinde Mädchen stimmte zu und wurde von Una zu dem urigen alten Spinett geführt, das in der Ecke stand. Mit dem wahren Gefühl einer Künstlerin spielte Cecilia nichts Lärmendes auf dem zarten Instrument, sondern eine zierliche alte Gavotte, die schwach und klar klang wie der Klang einer silbernen Glocke. Die ganze Gesellschaft war von der Feinheit der

Musik entzückt, außer Miss Cassy und Mrs. Larcher , die sich über Kleidung unterhielten.

„Ich hoffe, Ihnen gefällt meins", bemerkte Miss Cassy und blickte auf das Kleid, das sie trug, das aus weißem Musselin mit rosa Schleifen bestand. „Ich hatte Angst, ich würde es klecksig machen – ich fürchte, ich habe es klecksig gemacht – meinst du?"

Mrs. Larcher betrachtete die künstlerische Darstellung von Miss Cassy mit einem kritischen Blick und äußerte ihre Meinung, dass es fleckig sei , was die arme Miss Cassy an den Rand der Tränen brachte. Als Cecilia mit der Gavotte fertig war , drängten alle Anwesenden sie, etwas anderes zu spielen.

„Es ist wie Märchenmusik", sagte Beaumont. „Ich liebe es, diese alten Arien von Purcell und Arne auf einem solchen Instrument gespielt zu hören eine bezaubernde Vorstellung vom Hof von Oberon und Titania."

„Und Miss Mosser spielt so charmant", sagte Reginald fröhlich.

„'O testudinis aureæ
Dulcem quæ Strepitum Pieri- Temperas'"

zitierte der Pfarrer mit seinem rollenden Bass.

„Ich bevorzuge die süße Harmonie des Spinetts gegenüber der Leier", sagte Beaumont lächelnd.

„Meine Güte, Pfarrer", bemerkte Frau Larcher wütend. „Ich wünschte, du würdest nicht immer Latein sprechen. Niemand versteht es."

„Das ist kaum ein Kompliment für die anwesenden Herren, mein Lieber", sagte Dr. Larcher in seiner stattlichsten Art, „aber wie Horace sagt: ,Oh, mater pulchra' – ich bitte um Verzeihung, ich werde davon Abstand nehmen." der Barde."

„Nun, Mr. Blake, ich möchte, dass Sie etwas singen", sagte Una und ging zu Pumpkin hinüber.

„Sicherlich – eine alte englische Melodie, nehme ich an, passend zum Spinett. , Phyllida verspottet mich' oder ,Meine Herrin, wo streifen Sie umher?'"

„Lassen Sie uns beide haben", sagte Beaumont träge. „Sehr wahrscheinlich werden die Geister der alten elisabethanischen Lyriker kommen und zuhören."

„Du wirst bald einen echten Geist sehen", sagte Una geheimnisvoll, als sie und Pumpkin nach einer geflüsterten Beratung zur Tür gingen.

„Der Geist von wem?" fragte Reginald, der am Spinett stand.

„Lady Betty Modish oder Sophia Western – was immer Sie wollen – Stadt oder Land", antwortete Una lachend und verschwand daraufhin mit Miss Larcher .

"Was meint sie?" fragte der Pfarrer erstaunt.

„Etwas sehr Seltsames", sagte Miss Cassy und schüttelte ihren mädchenhaften Kopf. „Ja, ganz wie ein Theaterstück. Die Schule , wie sie heißt. Sheridan, wissen Sie – ganz schön."

Phyllida flouts me" zu singen , während Cecilia, die die Musik auswendig kannte, die Begleitung spielte. Die Nacht begann hereinzubrechen, und der Raum war voller Schatten, phantastisch erleuchtet durch den roten Schein des Feuers, der auf den angelaufenen vergoldeten Rahmen der Bilder und den düsteren Gesichtern, die von den Wänden blickten, blitzte. Beaumont, den Ellbogen auf den Kaminsims gestützt, lauschte ruhig, während ihm gegenüber der Pfarrer, der in einem großen Sessel saß, die Beine übereinander schlug und mit seiner Brille den Takt zur Musik hielt.

So fröhlich und bezaubernd klang das alte Lied. Nichts von der kränklichen Sentimentalität der modernen Salonballade – nichts von der blühenden Leidenschaft der italienischen Schule – sondern alles frisch und gesund, wie ein sanfter Wind, der frei über eine englische Wiese weht, weiß vor Gänseblümchen. Reginald sang charmant die Klage des unglücklichen Liebhabers und endete mit einem gedämpften, zufriedenen Murmeln, über das sich sogar Mrs. Larcher freute.

„So einfach", sagte sie und nickte. „Ganz beruhigend, wie eine Wiege. Ach, es gibt heutzutage keine Lieder mehr wie die alten."

„Meine Liebe, wir haben das Alter von Corydon und Chloe überschritten", antwortete der Pfarrer. „Virgil und Horace würden jetzt kein Arcady finden, über das sie singen könnten."

„Nun, ich glaube nicht, dass das kaiserliche Rom arkadischer war als London", sagte Beaumont träge, „aber ich fürchte, wir haben den Charme der Einfachheit verloren."

„Ah, Sie haben ‚Lady Bell' noch nie gehört", sagte Dick weise.

„Nein. Ich muss meine Unwissenheit gestehen", antwortete der Künstler. „Wer oder was ist Lady Bell?"

„Es ist ein Lied – Schlichtheit, wenn man so will. Reggy hat es unter alter Musik im Pfarrhaus gefunden."

„Hat er das tatsächlich?" beobachtete den Pfarrer ruhig. „Kein Zweifel, es gehörte meinem Großvater. Ich dachte, die Musik wäre alle verbrannt. *Damnosa quid non imminuit stirbt?* "

„Das hat er auf jeden Fall verschont, Sir", sagte Reginald fröhlich. „Miss Mosser, können Sie ,Lady Bell' spielen?"

„Ja, ich denke schon", antwortete Cecilia und schlug eine Saite an. „Es hat mich verfolgt, als ich es zum ersten Mal hörte. Singen Sie es jetzt, Mr. Blake."

Daraufhin spielte sie ein Präludium aus silbrig klingenden Akkorden, und Reginald sang die alte Ballade „Lady Bell". Wie sie, alle Beaux verachtend, ihr Herz einem einfachen jungen Landedelmann schenkte und die Freuden von Ranelagh für die Ruhe eines Dorfes aufgab. So zierlich und knackig klang die Musik zu der einfachen Geschichte mit ihrem arkadischen Ende.

„My Lady Bell in goldenem Brokat
sah nicht so schön aus wie eine Magd , als ob sie in einem Leinenkleid
aus Wolle die laute Stadt aus Liebe verlassen hätte."

Und dann öffnete sich die Tür, als Reginald das entzückende alte Lied beendete, und sicherlich stand My Lady Bell auf der Schwelle, als sie in Ranelagh erschien, in gepudertem Haar, im Schimmer von Goldbrokat, mit breiten Reifen und Flecken auf ihrem bogenförmigen Gesicht. mit zierlichen Schuhen mit roten Absätzen und gekonnt manipuliertem Fächer. Es war sicherlich Lady Bell, die im roten Schein des Feuers zu der melodischen Klarheit der Gavotte, die Cecilia spielte, so würdevoll den Raum betrat, und als Reginald ihr etwas zuflüsterte, erfasste sie sofort den Geist des Scherzes. Oder vielleicht war eine der alten Garsworth- Damen von ihrem vergoldeten Körper herabgestiegen und, angelockt vom vertrauten Klirren des Spinetts, gekommen, um sich die fröhliche Gesellschaft anzusehen, die sich im Eichensalon versammelt hatte ; Aber nein, in ihren Augen war es Lady Bell, schön und zierlich wie einst, die mit wippenden High Heels und steifem Brokat in den Schein des Feuers fegte.

„Wir brauchen Lichter, um das zu sehen", rief Dick und sprang von seinem Stuhl auf.

„Nein, nein, ich protestiere!" sagte Beaumont und hob seine Hand. „Es wird alles verderben. Das ist nicht Miss Challoner, sondern Lady Bell – ein Geist aus der Zeit des Puders und der Flicken, der uns besucht. Sie bewegt sich in geheimnisvollen Schatten – ein Licht wird sie dahinschmelzen lassen."

„Dafür bin ich zu kräftig, fürchte ich", lachte Una und wedelte mit ihrem Fächer. „Aber ist das nicht ein bezauberndes Kleid? Ich habe es neulich gefunden und dachte, ich würde euch allen einen Schrecken einjagen."

„Ich glaube nicht, dass du irgendjemandem einen Schrecken einjagen könntest", flüsterte Reginald, woraufhin sie ihm aus dem Schatten einen frechen Blick zuwarf. Die süße, klare Musik schlich immer noch durch den Raum, und Beaumont redete mit seiner tiefen, trägen Stimme müßig.

„Lady Bell, ich bewundere Sie sehr. Wie haben Sie London und die schicke Gesellschaft in Soho verlassen? Sicherlich hat Sie kein Straßenräuber auf dem Weg hierher in Ihrer Kutsche und Sechser aufgehalten? Und was ist mit meinem Lord Mohun ? Gibt es Neuigkeiten bei Will's Coffee? -Haus, und bewundern die Schönheiten die neue Oper von Herrn Händel? Kommen Sie, erzählen Sie uns die Neuigkeiten.

„Dazu müsste ich ein Amtsblatt sein."

„Und Sie sind nicht nur eine schöne tote Frau aus der untergegangenen Vergangenheit, die gekommen ist, um uns zu zeigen, welchen Witz und welche Schönheit Puder und Pflaster zum Ausdruck brachten. Ah, meine liebe Lady Bell----"

In diesem Moment wurde er unterbrochen, denn ein wilder Schrei hallte durch das Haus, und alle Anwesenden sprangen auf und sahen einander in wilder Vermutung an.

KAPITEL XXIII.

DAS ENDE ALLER DINGE.

Wir mögen bei unserer Geburt auf der Erde gestorben sein.
Vielleicht ist unser Sterben eine weitere Geburt.

Der Schrei wurde von Patience Allerby ausgesprochen , und als die ganze Gruppe, die sich von ihrer Überraschung erholt hatte, nach oben ging, fanden sie sie an der Tür des Zimmers des Gutsherrn gelehnt, mit blassem Gesicht und verängstigten Augen. Dahinter lag, halb sichtbar im schwachen Kerzenlicht, das den Raum erhellte, ein dunkler, formloser Gegenstand auf dem Boden.

Es war nicht nötig zu sagen, was passiert war, denn in der Luft lag dieses unbeschreibliche Gefühl, das von der Anwesenheit des großen Zerstörers kündete. Dr. Larcher überließ Patience der Obhut Beaumonts, an den sie sich mit krampfhafter Angst klammerte, und betrat ehrfürchtig die Kammer des Todes, während er dachte. Er beugte sich zu der Gestalt, die so still auf dem Boden lag, und drehte ihr Gesicht mit sanfter Hand dem Licht zu. Es war gespenstisch blass, und aus den dünnen Lippen floss ein dünner Blutstrahl; Dennoch erkannte der Pfarrer auf den ersten Blick, dass noch Leben übrig war, und so riefen die drei Männer leise Reginald und Dick zu, hoben den Körper sanft hoch und legten ihn auf das Bett.

Beaumont gelang es, Patience einigermaßen zu beruhigen, und er überredete die Frauen, nach unten zu gehen, während er den Arzt holen ließ, um den kranken Mann zu untersuchen. Sie versammelten sich alle wieder in der Eichenstube und verängstigte Gesichter und gedämpftes Flüstern ersetzten fröhliche Blicke und heiteres Gelächter.

Durch den Schrei der Haushälterin angezogen, betrat Dr. Nestley nun das Zimmer und überlegte, was er tun könne, um den Gutsbesitzer wiederzubeleben. Beaumont warf ihm im Vorbeigehen einen scharfen Blick zu, aber obwohl sein Gesicht blass und schwer wirkte, war er dennoch völlig nüchtern. Er ertappte den Künstler dabei , wie er ihn musterte , sich mit wütendem Stirnrunzeln aufrichtete und wortlos an ihm vorbeiging.

„Was ist los, Doktor?" fragte der Pfarrer besorgt, als der junge Mann seine Untersuchung abgeschlossen hatte.

„Aneurismus", antwortete er kurz. „Der Körper ist völlig geschwächt – ihm ist eine Hauptschlagader geplatzt."

„Ist es sein Herz?" fragte Reginald.

„Wenn ihm eine Arterie in der Nähe des Herzens geplatzt wäre, wäre er sofort gestorben – selbst jetzt kann er nicht mehr lange leben – das habe ich erwartet?"

„Was hat den Bruch verursacht?"

„Irgendeine plötzliche Emotion, nehme ich an, oder eine heftige körperliche Anstrengung – hier kommt die Haushälterin; sie wird uns alles darüber erzählen."

Patience, blass, aber gefasst, erzählte als Antwort auf die Fragen des Arztes die folgende Geschichte:

„Der Knappe schlief ruhig im Bett", rief sie ruhig, „und ich schlief auf dem Stuhl neben dem Bett ein – er muss aufgestanden sein und zu seinem Schreibtisch gegangen sein, denn ich wurde durch einen Sturz geweckt und sah Er lag auf dem Boden. Ich war so erschrocken, dass ich aufschrie, und du kamst herauf – mehr weiß ich nicht."

Dank der Heilmittel, die Dr. Nestley anwendete, wurde der Kranke nun wieder lebendig und stöhnte schwach. Kurz darauf öffnete er die Augen, starrte wild auf die Gestalten, die sein Bett umgaben, und versuchte zu sprechen, schien aber außer einem undeutlichen Murmeln keinen Laut von sich zu geben.

Dr. Larcher näherte sich dem Bett und bückte sich, um deutlich und langsam mit dem Sterbenden zu sprechen.

„Du bist sehr krank", sagte er mit mitleidiger Stimme. „Ich hoffe, du hast deinen Frieden mit dem Himmel geschlossen."

Mit einer übermenschlichen Anstrengung richtete sich Garsworth auf den Ellbogen und deutete mit ausgestreckter Hand auf den Schreibtisch.

„Da drin", keuchte er. „Blake – da."

Die Anstrengung war zu groß für ihn, denn mit einem erstickten Schrei fiel er als Leiche auf das Bett zurück.

Nestley stand auf, beugte sich über das Bett, riss das Hemd des Gutsherrn auf und legte die Hand auf sein Herz – es hatte aufgehört zu schlagen.

„Er ist tot", sagte er kalt und professionell, „dieser letzte Versuch hat ihn getötet."

"Tot!" wiederholte Patience, die mit starren Augen und einem weißen, verängstigten Gesicht an den Vorhängen lehnte.

„Ja – tot", wiederholte Dr. Larcher ernst. „Wir können jetzt nichts Gutes tun", und gefolgt von Reginald und Dick verließ er den Raum und fragte sich in seinem eigenen Herzen, was der alte Mann damit gemeint hatte, als er auf den Schreibtisch zeigte, während er Blakes Namen aussprach.

Die traurige Nachricht wurde den verängstigten Frauen unten überbracht, und kurz darauf gingen alle weg und ließen die Bewohner des Gutshofs mit seinem toten Herrn allein zurück. Una und Miss Cassy waren von der Plötzlichkeit des Ereignisses verblüfft und gingen früh zu Bett, und Jellicks legte mit der Hilfe von Patience die Leiche auf das Bett und bereitete sie für den Bestatter vor. Nestley ging in sein eigenes Zimmer und tröstete sich mit Brandy; Geduld blieb an der Seite der Leiche, um sie während der Nacht zu beobachten, und über dem ganzen Haus hing ein Schatten der Angst und des Schreckens, der den Ort mit schrecklichem Schrecken erfüllte.

Und das, was einst die Seele von Randal Garsworth enthielt , lag auf dem Bett unter dem schwer drapierten Baldachin – eine noch immer weißgesichtige Gestalt mit den toten Händen auf der toten Brust gekreuzt und auf den weißen Lippen ein schreckliches Lächeln. Auf jeder Seite des Körpers brannten Kerzen mit einem kränklichen Licht, und eine Frau kniete nieder und betete für die Seele des Toten, das Gesicht in den Händen vergraben.

„ Oh Gott, der du der Richter aller bist, erbarme dich der Seele dieses elenden Mannes ."

Kein Lufthauch in der Weite des Raumes, kein Geräusch, kein Lichtglanz – nur der blasse Schimmer der Kerzen, der in der düsteren Schwärze der brütenden Nacht einen Abgrund leuchtenden Lichts aushöhlt.

„ Oh Gott, der du allmächtig und gerecht bist, lass die Seele dieses Mannes nicht für die Sünden seines Lebens leiden, denn der Geist, der die Seele hätte beherrschen sollen, war ein Wrack und unfähig, so zu herrschen ."

Gab es bei diesem Gebet für sein vergeudetes, nutzloses Leben nicht einen Spott auf den stillen Gesichtszügen des Verstorbenen? Er, der das Gebet verachtete und seine Seele nur als nützlich ansah, um einen neuen Körper zu bewohnen, damit er sie zu einem Werkzeug machen konnte um die sinnlichen Dinge dieser Erde zu genießen.

Mitternacht, und der Wind nimmt zu – mit mürrischer Stimme fegt er durch die blattlosen Bäume und pfeift durch die Ritzen und Winkel des alten

Hauses und lässt das schwache Licht der Kerzen in der dichten Dunkelheit flackern und aufflackern. Von den dünnen Lippen des Beobachters ertönt jetzt kein Gebet mehr, denn ein plötzlicher Gedanke ist ihr durch den Kopf geschossen.

„ Der Brief für meinen Sohn – ich muss ihn vom Schreibtisch holen .“

Sie erhebt sich sanft von ihren Knien, legt ihre Hand unter das Kissen, auf dem der Kopf der Leiche ruht, und zieht die Schlüssel des Toten hervor. Dabei hält sie den Atem an, aus Angst, er könnte aufstehen und ihr kalte Hände auflegen. Die Tasten klirren musikalisch in der Stille, dann geht sie mit verstohlenen Schritten und dem Klang ausladender Kleidung zum Schreibtisch, um den Brief zu erhalten, den der Knappe an Reginald Blake geschrieben hat.

Die Minuten vergehen langsam und der Wind nimmt immer noch zu; Jetzt heult es wütend im Haus umher, rüttelt an den Fensterläden und flattert mit den Vorhängen, als wäre es wütend darüber, Zeuge des frevelhaften Diebstahls zu sein, den es nicht verhindern kann.

Mit dem Brief in der Hand durchquert die Frau, die dieses Verbrechen an den Toten um ihres Sohnes willen begangen hat, leise das Zimmer zum Bett, steckt die Schlüssel wieder an ihren alten Platz unter dem Kissen und steckt den Brief in ihre Brust Mit tränenreichen Augen und ausgestreckten Händen fällt sie erneut auf die Knie.

„ Gott! Gott! Wenn ich darin gesündigt habe, bitte ich um Vergebung, es geschieht um meines Sohnes willen, oh Gott, nicht um meinetwillen .“

Ängstlich blickt sie auf das erstarrte Gesicht, kalt und reglos im schimmernden Licht der Kerzen; Die Toten haben nichts gesehen, die Toten haben nichts gehört – ihr Verbrechen ist niemandem auf der Erde bekannt, aber unwillkürlich blickt sie nach oben, als fürchtete sie sich davor, das allsehende Auge Gottes bedrohlich durch die Dunkelheit brennen zu sehen. Dann wendet sie sich mit Mühe wieder dem Gebet zu.

„ Oh Gott, vergib mir meine Sünden und vergib denen dieser armen Seele, die kürzlich in Deine Gegenwart gegangen ist .“

Ein Sünder, frisch von der Begehung eines Verbrechens, betet für die Seele eines anderen Sünders.

Oh, die Ironie – die Ironie des Gebets.

KAPITEL XXIV.

HERR. BEAUMONT GEWINNT SEINEN PROZESS.

In Wahrheit hatte er eine silberne Zunge,
deren sanfter, überzeugender Akzent klang

Wie Musik in ihrem Ohr;

Trotz ihrer Angst, trotz ihres Hasses.
Sie ließ ihn jemals über ihr Schicksal bestimmen und ihr Herz aus Freude
und Hochgefühl verwandeln

Zu einem, der vor Angst schmerzte.

Die Schatten der Einsamkeit und Tristesse hatten schon immer wie unheilvolle Wolken über Garsworth Grange gehangen, aber jetzt wurden die Schatten durch die Gegenwart des Todes noch vertieft. Zu der unheimlichen Atmosphäre des alten Hauses war ein neues Element der Angst hinzugekommen, und jeder einsame Raum, jede schattige Ecke und jeder hallende Korridor schien von einem unheimlichen Gefühl des Übernatürlichen erfüllt zu sein. Jellicks und Munks waren keineswegs fantasievolle Leute, aber selbst sie spürten den Einfluss des Schreckenszaubers, der über dem einsamen Anwesen zu brüten schien, und unterhielten sich leise im Flüsterton, während sie sich verstohlen umsahen, als erwarteten sie eine ganze Schar von Kobolden und anderen Geister, die aus den düsteren Schatten hervortreten. Miss Cassy und Una blieben beide in ihren Zimmern und versuchten sich gegenseitig aufzumuntern, und die einzige Person, die sich überhaupt zu bewegen schien, war Patience Allerby , die wie ein unruhiger Geist durch die kahlen Räume und düsteren Gänge glitt. Und einem Geist nicht unähnlich sah sie mit ihrem hageren Gesicht, den brennenden Augen und ihrer schlanken Gestalt aus, während sie das Papier bei sich trug, das sie aus der Heiligkeit der Kammer des Toten gestohlen hatte; das Papier, das in ihrer Brust verborgen war, schien ihrer erregten Fantasie ähnlich zu sein Ich fühle bittere Kälte, als ob sein toter Besitzer es mit seiner kalten Hand gepackt hätte, um es aus seinem Versteck zu ziehen. Gewiss, das Papier würde ihrem Sohn zugute kommen, und es gehörte legal ihm, und noch immer schien die Erinnerung an diesen heimlichen Diebstahl in der dunklen Nacht, während die Leiche steif auf dem Bett lag, ihre bewusstlose Seele zu verfolgen wie ein Verbrechen.

Und inmitten all des Schreckens und der Tristesse, die den Ort umgab, lag der Tote in seinem Sarg in dem trostlosen Raum, den er zu Lebzeiten bewohnt hatte. Keine Blumen wurden auf das Bett oder auf den Sarg gelegt, keine Verwandten weinten über das weiße Gesicht, um seine gefrorene Apathie mit heißen Tränen zu schmelzen, keine klagende Stimme war zu hören, die das Schicksal eines guten Mannes beklagte; Randal Garsworth , der die Freuden dieser Erde einer Täuschung geopfert hatte, war im Tod genauso einsam wie im Leben und lag ungeliebt und ungepflegt im stillen Raum, als hätte er seit Generationen in der Gruft seiner Vorfahren gelegen.

Manchmal, wenn Munks oder Jellicks abwechselnd den Leichnam bewachten, kam Patience eine Zeit lang und kniete nieder und betete für die Seele des Toten; Aber der höhnische Blick auf dem stillen Gesicht schien ihre Gebete zu verspotten, und sie floh entsetzt davon, als sie die Gedanken sah, die dieses spöttische Lächeln hervorrief.

Am zweiten Tag nach dem Tod des Squires kam ein Besucher zu Patience, den sie halb erwartet hatte, und die Haushälterin war überhaupt nicht erstaunt, Beaumont gegen vier Uhr an der Tür ihres Zimmers stehen zu sehen Nachmittag.

"Warum kommst du hier her?" fragte sie halb wütend, halb ängstlich.

„Weil ich mit Ihnen sprechen möchte“, antwortete Beaumont, schloss gemächlich die Tür und nahm Platz. „Ich weiß, dass es nicht ganz das Richtige ist, so kurz nach einem Todesfall Besuche abzustatten, aber Miss Challoner und ihre Tante sind, glaube ich, in ihren Zimmern eingesperrt, Munks und die Schlange, die ihr Jellicks nennt , sind in Sicherheit in der Küche, also bin ich gekommen ganz unbemerkt im hinteren Teil des Hauses, dich zu sehen.

"Wie wäre es mit?" fragte sie unbeirrt.

„Ich denke, Sie können sich ziemlich gut vorstellen“, antwortete er kühl, „über das Gespräch, das ich neulich mit Ihnen geführt habe – ich möchte Ihre Antwort.“

"Die Antwort ist nein."

„Ist es in der Tat – ah! Wir sollten uns besser eine Zeit lang darüber unterhalten. Vielleicht überrede ich Sie, Ihre Meinung zu ändern.“

„Das wirst du nie tun“, sagte sie mit einer Art düsterem Triumph, „niemals.“

„In der Tat – wir werden sehen“, erwiderte er ruhig; „Übrigens hoffe ich, dass es Ihnen nichts ausmacht, wenn ich rauche, aber in diesem Grab von einem Haus ist es so verdammt fröstelnd, dass es mir eine Gänsehaut bereitet.“

„Du kannst rauchen", sagte sie knapp.

„Danke – du weißt, ich liebe meinen Komfort."

Er drehte sich eine Zigarette, zündete sie an, blies eine dünne blaue Rauchwolke aus, schlug die Beine übereinander und sah sie selbstgefällig an.

„ Du sagst also nein?" beobachtete er mit einem Lächeln. „ Natürlich kennen Sie die Konsequenzen?"

"Ich tue."

„Und Sie sind bereit, sich daran zu halten?"

"Ich bin."

„Edle Mutter! Darf ich nach deinen Gründen fragen?"

„Ja – und ich werde Ihnen meine Gründe nennen", sagte sie bewusst. „Neulich hatte ich fast vor, Ihrem Plan zuzustimmen, weil ich dachte, er würde meinem Sohn zugute kommen – aber jetzt habe ich einen Weg gefunden, ihm zu helfen, ohne mich an Ihrer Schurkerei zu beteiligen."

„Die Zwei, die Sie haben", sagte Beaumont neugierig. „Wie klug du bist – erzähl mir alles darüber."

Sie lächelte kalt über sein offensichtliches Unbehagen und sprach ruhig mit einer gewissen bösartigen Befriedigung weiter, die für Mr. Beaumont keineswegs akzeptabel war.

„Ich bat den Knappen vor seinem Tod darum, Reginald Blake zu helfen, sagte ihm, dass ich die Krankenschwester des Jungen sei und darauf bedacht sei, ihn im Leben zu etablieren. Er weigerte sich zunächst, aber indem ich an seiner Wahnvorstellung über die Reinkarnation arbeitete, brachte ich ihn dazu, Reginald eine zu geben Scheck über einhundert Pfund.

„Oh, und Sie denken, Reginald würde lieber hundert Pfund als zehntausend pro Jahr haben?" sagte er mit einem hässlichen Blick.

„Reginald weiß nichts davon; der Squire hat den Scheck unterschrieben und einen Brief geschrieben, beide in einen Umschlag gesteckt und ihn mit seinen Armen verschlossen, dann habe ich ihn auf seine Anweisung hin in seinem Schreibtisch eingeschlossen."

„Wo ist es noch?"

„Nein, ich habe es. Ich habe es hier", sagte sie, holte den Brief aus ihrer Brust und hielt ihn ihm hin.

"Wie haben Sie es bekommen?" fragte er listig.

„Ich habe in der ersten Nacht nach dem Tod bei der Leiche gewacht und als mir einfiel, wo er den Brief hingelegt hatte, nahm ich seine Schlüssel unter seinem Kissen hervor und holte sie heraus, dann schloss ich den Schreibtisch ab und legte die Schlüssel zurück.“

„Ah, vielleicht wissen Sie nicht, dass Sie sich einer Straftat schuldig gemacht haben?“

„Das ist mir egal“, erwiderte sie trotzig. „Du willst es nicht verraten?“

„Werde ich das nicht? Das hängt davon ab; auf jeden Fall würde ich mir diesen Brief gerne ansehen“, sagte er und streckte seine Hand aus.

Sie steckte den Brief schnell hinter ihren Rücken.

„Nein, du wirst es nicht sehen.“

"Warum nicht?"

„Weil ich dir nicht vertraue.“

„Sehr gut“, sagte er bewusst, „wenn Sie mir den Inhalt des Briefes nicht zeigen, gehe ich sofort zu den Anwälten, wenn sie eintreffen, und sage ihnen, dass Sie ihn gestohlen haben.“

„Du wärst nicht so ein Bösewicht?“ sie weinte verzweifelt.

„Ich verstehe nicht, warum ich nicht – du hast mich immer für schlecht gehalten, warum sollte ich also deine Einschätzung meines Charakters widerlegen, indem ich mich als gut beweise? – komm, wähle – den Brief oder die Enthüllung.“ !"

Patience sah ihn verzweifelt an, da sie durch ihr tödliches Eingeständnis wusste, dass sie in seiner Macht stand – also hielt sie ihm mit einer plötzlichen Geste des Zorns den Brief hin.

"Nimm es."

Beaumont lachte leise und nahm den Brief vorsichtig zwischen Daumen und Zeigefinger.

„Ich dachte, du hättest es gewusst“, sagte er höhnisch. „Jetzt hol mir Feuer.“

"Um was zu tun?"

„Schmelzen Sie das Wachs – ich möchte sehen, was in diesem Umschlag ist.“

„Aber das dürfen Sie nicht tun – es ist mit dem Wappen von Garsworth versiegelt – die Anwälte werden den Scheck nicht bezahlen, wenn sie feststellen, dass das Siegel manipuliert wurde.“

Garsworth Arms wieder versiegeln ", antwortete er kühl, „seien Sie nicht beunruhigt. Ich weiß, worum es geht."

Sie sah ihn unentschlossen an, dann erkannte sie offenbar die Sinnlosigkeit des Widerstands, zündete eine Kerze an und brachte sie ihm.

Mit einer Geschicklichkeit, die nur durch lange Übung erworben werden konnte, schmolz Mr. Beaumont geschickt das Wachs des Siegels und öffnete schnell den Brief. Zuerst holte er die kurze Notiz heraus, die der Squire geschrieben hatte, und las sie Patience laut vor. Der Inhalt lautete wie folgt:

„ Ich gebe dir dieses Geld, um dir in deinem Leben zu helfen. Wenn ich in einem anderen Körper wiedergeboren werde und dich um Hilfe oder Freundschaft bitte, musst du mir helfen, wenn ich darum bitte, indem ich dich an dieses Geld erinnere, das ich jetzt gebe Sie – denn niemand außer uns selbst wird von dieser Transaktion erfahren, sodass Sie sicher sein können, dass derjenige, der mit Ihnen darüber spricht, ich selbst in einem neuen Körper sein werde .

„ RANDAL GARSWORTH ."

„So verrückt wie immer, wie ich sehe", sagte Beaumont mit einem spöttischen Grinsen und legte den Zettel hin. „Jetzt zum Scheck."

Er warf einen kurzen Blick darauf und sah, dass es sich um einhundert Pfund handelte, die an Reginald Blake zu zahlen waren, und auf den Dreißigsten des Monats datiert war, woraufhin er leise pfiff.

"Was ist los?" fragte Patience schnell.

„Heute, glaube ich, ist der vierzehnte?"

„Ja – ich weiß, was Sie sagen wollen – der Scheck ist auf den dreißigsten datiert – das verstehe ich."

„Ja, und Sie verstehen zweifellos, dass der Squire am zwölften starb und dass dieser Scheck Altpapier ist?"

"Altpapier?"

„Genau – es ist nach dem Tod des Squires datiert, also existierte der Squire praktisch nicht, als er es unterzeichnete."

"Was für ein Unsinn!" sagte sie ungeduldig. „Ich habe gesehen, wie er es selbst unterschrieben hat."

„ Natürlich hast du das", antwortete er sanft. „Sie scheinen mich nicht zu verstehen – ein Scheck soll im Allgemeinen an dem Tag unterschrieben werden, an dem er datiert ist; und da dieser auf den dreißigsten datiert ist und der Squire am zwölften starb – nun ja, ist das so viel Verschwendung Papier."

„Die Anwälte werden es bezahlen, wenn ich den Sachverhalt darlege."

„Die Anwälte haben damit nichts zu tun – die Testamentsvollstrecker könnten es sicherlich als Anspruch auf den Nachlass anerkennen, aber es ist für sie völlig optional; wenn Sie eine Klage einreichen würden, würden Sie zweifellos den Scheck zurückerhalten." , aber ich befürchte, dass die Kosten den geforderten Betrag verschlingen würden."

Um sie dazu zu bringen, sich seinem Plan anzuschließen, argumentierte Beaumont auf so subtile Weise, und er hatte mit seinem Plan zweifellos Erfolg; denn indem er ihr die letzte Chance nahm, brachte er sie zur Verzweiflung.

„Dann kann ich meinem Sohn nicht helfen?" Sie weinte mit einem schrecklichen Ausdruck der Angst im Gesicht.

„Ja, Sie können – helfen Sie mir, Reginald das Grundstück zu verschaffen."

"Ich fürchte."

"Angst wovor?" er fragte mit größter Verachtung: „Das Gesetz?"

„ Nein! – ich habe keine Angst vor dem Gesetz – aber ich habe Angst vor dem Fluch, den dieses Geld für Reginald bedeuten wird, wenn es unrechtmäßig erlangt wird."

„Oh, wenn das alles Ihr Einwand ist, können Sie sich beruhigen", antwortete der Künstler höhnisch. „Ich helfe ihm, das Geld auszugeben, und nehme meinen Anteil am Fluch auf mich. Reden Sie keinen Blödsinn – wenn Sie Reginald in den Besitz von zehntausend Dollar pro Jahr bringen, werden Sie niemandem schaden – dem Geld, das rechtmäßig sein sollte." Una Challoners wird durch die Heirat immer noch ihr gehören, und zwei Menschen werden glücklich gemacht – wenn du mir nicht hilfst, werde ich Reginald alles über seine Geburt erzählen, und er wird ein armer Mann bleiben – wenn du mir hilfst, wird er es tun behalte alles – wenn du ablehnst, wird er alles verlieren.

„Ich weiß nicht, welche Chance ich gegen dich habe", schrie sie verzweifelt.

„Das tue ich nicht mehr!"

„Du Bösewicht!" sagte sie wütend. „Warum kommst du und verlockst mich, so zu sündigen?"

„Ich versuche dich nicht zur Sünde – sage ich es dir nicht, es wird niemandem schaden. Komm, gib mir deine Antwort – ja oder nein?"

„Ja", sagte sie schwach, „ich stimme zu."

„Sie werden sagen, dass Reginald der Sohn von Fanny Blake und dem Squire ist?"

„Das werde ich – um seinetwillen."

„Es ist mir egal, um wessen willen du es tust", erwiderte er brutal und stand auf. „Sie haben zugestimmt, mir zu helfen, also ist das alles, was mich interessiert – jetzt werde ich die Papiere holen."

"Wo sind sie?"

„Das ist meine Sache", sagte Beaumont und schlenderte kühl zur Tür. „Ich werde die nötigen Beweise zusammenstellen, Sie müssen nur eine konsistente Geschichte erzählen – ich werde Sie unterweisen. Übrigens, Sie sind ganz sicher, dass Una Challoner und diese dumme Tante, sind aus dem Weg?"

„Ganz sicher – sie sind im Eichenzimmer . "

„Keine Chance, dass sie rauskommen?"

"Keiner."

„Sehr gut – dann kann ich ohne Verdacht bekommen, was ich will. Haben Sie die Schlüssel zum Schreibtisch des Gutsherrn?"

„Nein, Dr. Nestley hat sie gestern aus dem Zimmer geholt, um sie Miss Una zu geben."

„Verdammt – hat er das getan?"

"Ich weiß es nicht."

„Das ist ein Ärgernis", sagte Beaumont nachdenklich; „Ich möchte die Papiere in den Schreibtisch des Gutsherrn legen und sie verschließen, damit sie dort auf natürliche Weise gefunden werden können. Ich muss diese Schlüssel besorgen. Humph! Macht nichts – ich werde mir einen Plan ausdenken Anwälte kommen?"

"Morgen Nachmittag."

„Nun, ich werde die Papiere heute Abend ordnen und sie Ihnen morgen früh bringen; sie müssen heimlich in den Schreibtisch gelegt werden. Nun, auf Wiedersehen, und denken Sie daran, ich habe Ihr Versprechen."

Patience nickte stumm und wandte sich mit ruhiger, aber entschlossener Miene ab, während Beaumont sich auf den Weg machte, um die Einzelheiten seines schändlichen Plans in die Tat umzusetzen.

„Ich habe alles getan, was ich konnte, um der Versuchung zu widerstehen“,
sagte sie sich bitter, „mehr kann ich nicht tun. Wenn ich sündige, dann um
meines Sohnes willen, nicht um meinetwillen.“

KAPITEL XXV

EINE GESCHICKTE ANORDNUNG.

Die Liebe zum Detail ergibt ein perfektes Ganzes.

Als Mr. Beaumont gegen sechs Uhr im „Haus des guten Lebens" ankam, schlug er vor, zunächst zu Abend zu essen und dann eine gute Nacht lang daran zu arbeiten, alle Einzelheiten seines Plans zur Unterbringung von Reginald Blake zu regeln der Besitz des Garsworth- Anwesens.

Obwohl er Patience gesagt hatte, dass er Reginald nicht in sein Vertrauen aufnehmen würde, um die moralische Natur des jungen Mannes zu schonen, war dies kaum der wahre Grund, da er erstens nach dem, was er gesehen hatte, Angst hatte seinem Sohn, dass der junge Mann nicht zustimmen würde, an dem Schwindel beteiligt zu sein, und zweitens wollte er die wahren Fakten des Falles für sich behalten, damit Reginald sich nicht als schwierig erweisen würde, in welchem Fall Indem er drohte, ihm das Anwesen zu enteignen, konnte er das bewusstlose Opfer seines Plans fest im Griff behalten. So profitierte er durch ein wenig geschicktes Lügen in zweierlei Hinsicht: Er schien in den Augen von Patience freundlich gesinnt zu sein und bewahrte dennoch sein eigenes Geheimnis als nützliche Waffe in Zeiten der Not.

Sobald er das Geheimnis des Gutsherrn entdeckte, sah er voraus, dass er die Schreibkunst des alten Mannes nachahmen musste, um die Lücken in dem Dokument zu füllen, das Garsworth an seinen vermeintlichen Sohn richtete, und hatte daher ein Exemplar des Verstorbenen erhalten Die Handschrift des Mannes übte er eifrig, um die Fälschung so geschickt wie möglich zu begehen. Dies war für ihn eine verhältnismäßig leichte Sache, da er ein ziemliches Talent für die Nachahmung der Handschrift besaß, das er schon früher geübt hatte, obwohl es ihn in keiner Weise in die Nähe des Gesetzes bringen würde. Glücklicherweise musste er keinen Namen unterschreiben, da der Gutsherr seine Unterschrift bereits auf dem Papier bestätigt hatte, und er musste lediglich die Lücken im Briefkörper ausfüllen. Es war offenbar noch nicht sehr lange geschrieben, und da die Tinte noch nicht verblasst war, musste er keine Vorbereitungen treffen, um die Farbe nachzuahmen , sondern lediglich zulassen, dass die von ihm eingefügten Wörter schwarz wurden, genau wie der übrige Inhalt des Dokuments.

Er hatte daher vor, die Lücken mit den notwendigen Details zu füllen, den vom Squire an Reginald Blake gerichteten Umschlag, der den Scheck enthalten hatte, mit dem Siegelring, der sich in seinem Besitz befand, wieder zu verschließen und dann, nachdem er den Brief und den Ring hineingelegt hatte, wieder zu verschließen Verschließen Sie den Umschlag wieder so, dass kein Verdacht entsteht.

Zu diesem Zweck schloss er sich nach Beendigung seines Abendessens in seinem Schlafzimmer ein und breitete das Dokument vor sich aus, das er aus seinem Versteck im Ballsaal hervorgeholt hatte. Der Brief des alten Mannes an seinen vermeintlichen Sohn lautete wie folgt:

" MEIN LIEBER SOHN ,

„ *Sie werden zweifellos überrascht sein, einen Brief von mir zu erhalten, aber ich habe den stärksten Anspruch, Ihnen zu schreiben, da ich Ihr Vater bin. Ich weiß, dass Sie den Eindruck haben, dass Sie bereits einen Vater und eine Mutter haben: aber Sie sind nicht deine wahren Eltern. Ich, Randal Garsworth , bin dein wahrer Vater, und von war deine Mutter, und du wurdest in geboren Ihre wahre Abstammung wurde aus meinen eigenen Gründen geheim gehalten. Ich leiste jetzt die einzige Wiedergutmachung, die in meiner Macht steht, und besteht darin, Ihnen mein Eigentum zu überlassen. denn obwohl du nicht mein rechtmäßiger Sohn bist, bist du sicherlich mein rechtmäßiger Erbe. Nehmen Sie diesen Brief und den beigefügten Siegelring (mit meinem Wappen), der nach meinem Tod in meinen Papieren zu finden sein wird, und suchen Sie meine Anwälte, die Herren Binks & Bolby , von Glutcher's Lane in der City of London auf, und sie werden es sein ausreichend, um Ihre Identität als mein Sohn zu beweisen. Ich habe mein Testament zu Ihren Gunsten gemacht und gesagt, dass Sie den Ring und diesen Brief als Beweis Ihrer Identität vorlegen werden. Das Testament befindet sich selbstverständlich im Besitz meiner oben erwähnten Anwälte, und ich hoffe, dass Sie die in meinem besagten Testament genannten Anweisungen bezüglich Vermächtnissen usw. befolgen. Da wir Fremde waren, wäre es für mich töricht, mein Bedauern zum Ausdruck zu bringen, und ich kann nur sagen, dass ich hoffe, dass der Betrag des Nachlasses, den ich Ihnen hinterlasse, den moralischen Makel in Ihrem Namen ausgleichen wird .*

" *Ich verbleibe ,*

„ *Dein liebevoller Vater ,*

„ RANDAL GARSWORTH .“

Nachdem Beaumont dieses außergewöhnliche Dokument gelesen hatte, legte er es nieder und lachte herzlich. Natürlich war Garsworth ziemlich verrückt, daher war seine Torheit entschuldbar; Aber dass er auf die Idee kam, sein Eigentum aufgrund solch fadenscheiniger Beweise zu beanspruchen, war in Wirklichkeit der stärkste Beweis für seinen Wahnsinn.

„Glücklicherweise", bemerkte Mr. Beaumont zu sich selbst, „kann ich alle fehlenden Verbindungen ergänzen, indem ich Patience anführe, um die Geburt von Reginald als Fanny Blakes Kind in London zu beweisen, das Fehlen von Registrierungs- und Taufscheinen zu erklären und vieles mehr." eindeutigen Geburtsort, als er wahrscheinlich angeben würde.

Daraufhin widmete er sich seiner Arbeit und nachdem er die Namen, die er auf Altpapier eintragen wollte, geübt hatte , fügte er sie in das Originaldokument ein, wobei die Klausel, die ihm die gesamte Arbeit bescherte, wie folgt lautete:

„ Ich, Randal Garsworth , bin dein wahrer Vater, und Fanny Blake aus Garsworth war deine Mutter, und du wurdest in Chelsea, London, geboren ."

Nachdem Herr Beaumont dies mit unendlicher Mühe beendet hatte, betrachtete er seine Arbeit mit sehr selbstgefälliger Weise.

„Wenn diese Tinte trocken ist", sagte er nachdenklich, „wird sie so schwarz wie der Rest der Schrift. Ich werde bis morgen früh warten, bevor ich sie in den Umschlag stecke, nur um zu sehen, wie die Namen aussehen." bei Tageslicht.

Er nahm den vom Squire an Reginald geschriebenen Brief und auch den Scheck und steckte sie sorgfältig in ein Fach seiner Handtasche. Dann steckte er den Umschlag, den Siegelring und das Originaldokument weit geöffnet in ein kleines Versandkarton , damit die Tinte richtig trocknen kann. Nachdem er die Kiste verschlossen hatte, steckte er den Schlüssel in die Tasche, zündete sich eine Zigarette an und dachte über seinen nächsten Schritt nach.

„Ich muss den Brief im Schreibtisch des Gutsherrn einschließen", sagte er sich. „Aber wie? Sehr wahrscheinlich hat Nestley Una Challoner die Schlüssel gegeben, dann gibt es keine Chance. Wenn ich die Schlüssel zum Abschließen nicht bekomme, werde ich sie morgen zwischen ein paar losen Papieren im Schreibtisch verstecken–" - aber verschlossen würde es besser aussehen. Ich denke, ich gehe rüber zum Grange und finde heraus, ob Nestley die Schlüssel noch hat.

Als er jedoch die Treppe hinunterging, stellte er fest, dass es für ihn nicht nötig war, zum Gutshof zu gehen, da er Nestley im Salon saß , offenbar in sehr schlechter Stimmung, und heißen Whisky und Wasser trank. Als er Beaumont sah, errötete sein Gesicht und er wandte den Blick ab, denn der unglückliche Mann, der seine Selbstachtung verloren hatte, spürte seine moralische Erniedrigung deutlich. Beaumont tat jedoch so, als ob er seine Handlung nicht bemerkte, sondern ging auf ihn zu, schüttelte ihm herzlich die Hand und fragte auf die freundlichste Art und Weise nach seinem Befinden. Nestley war zunächst kühl und kurz in seinen Antworten, aber unter der ruhigen Wärme von Beaumonts faszinierender Art begann er freundlicher zu reden.

„Entschuldigen Sie, dass ich diesen heißen Whisky trinke. Es ist heute Abend so sehr kalt", sagte er in einem abfälligen Ton, „und ich hatte einen langen Spaziergang vom Grange."

„Ja, und Sie werden einen kalten Rückweg haben", sagte Beaumont mitfühlend.

„Ich gehe nicht zurück", antwortete Nestley traurig und blickte auf den Tisch.

„Kein Zurück", wiederholte der Künstler; "Warum nicht?"

„Ich habe mein Geschäft im Grange erledigt, und es hat keinen Sinn, dort zu bleiben; außerdem mag mich Miss Challoner so sehr, dass es für mich schmerzhaft war, mit ihr im selben Haus zu leben."

„Woher weißt du, dass sie dich nicht mag?"

„Das ist leicht zu erkennen; ihre Art ist völlig ausreichend – und außerdem haben Sie, indem Sie mich überredet haben, dieser Sache noch einmal nachzugeben", fügte er vehement hinzu und berührte sein Glas, „dabei haben Sie dafür gesorgt, dass ich alle Hoffnung und Selbstachtung verloren habe Sieht mich an, scheint Mitleid mit meinem Untergang zu haben.

„Na dann, hör auf mit dem Trinken."

„Was ist das Gute?" sagte Nestley verzweifelt. „Ich habe fünf Jahre lang damit aufgehört, aber meine Natur ist so schwach, dass ich Euren Überredungen nachgegeben habe, und jetzt hat sie mich wieder völlig unter Kontrolle."

„Sie scheinen entschlossen zu sein, mich als Ihr böses Genie zu betrachten", sagte der Künstler bewusst. „Warum weiß ich nicht. Ich habe an diesem Abend ein wenig Wein vorgeschlagen, um Sie aufzumuntern – das ist alles."

„Alles! Und auch genug. Du wusstest, dass es früher mehr bedeutete, wenn ich ein Glas trank."

„Ich bin nicht schuld an deiner Schwäche."

„Kein Zweifel – aber wenn du diese Schwäche wüsstest, hättest du mich vielleicht in Ruhe gelassen."

„Nun gut", sagte Beaumont ungeduldig, „mein Rücken ist breit genug, um deine und meine eigenen Sünden zu tragen. Was wirst du jetzt tun?"

„Bleiben Sie zwei oder drei Tage hier und gehen Sie dann weg“, antwortete Nestley . „Ich habe beim Würfeln alles riskiert – und verloren, also gehe ich zurück in meine eigene Stadt und lebe den Rest meines Lebens so gut ich kann.“

„Haben Sie sich von Miss Challoner verabschiedet?“

„Nein, und das habe ich auch nicht vor; sie kennt meine Erniedrigung. Ich kann es in ihren Augen sehen, in ihrem Verhalten, in der Art, wie sie vor mir zurückschreckt. Ich habe den besten Teil von mir verloren – meine Selbstachtung.“

Beaumont war im Allgemeinen hart und gefühllos, aber er konnte sich eines Anflugs des Mitleids über das erbärmliche Elend des Mannes, den er so in die Tiefe gebracht hatte, nicht verkneifen.

„Komm, komm, Nestley “, sagte er fröhlich und klopfte dem Arzt auf die Schulter, „es tut mir wirklich leid, dass ich dich jemals überredet habe, den Wein anzurühren, aber du solltest diesen Ort besser sofort verlassen. Wenn du wieder zurück bist.“ , in Ihrem eigenen Zuhause werden Sie Ihr altes Leben voller Mäßigkeit und harter Arbeit wieder aufnehmen.

„Es ist zu spät – das Böse ist geschehen.“

„Quatsch! Für eine Besserung ist es nie zu spät. Verlassen Sie Garsworth unverzüglich.“

„Und überlassen Sie es Ihnen, mit Miss Challoner zu schlafen!“

„Ich“, sagte Beaumont mit einem rätselhaften Lächeln, „Unsinn – ich habe das Zeitalter der Liebe überschritten – Sie können sich in dieser Hinsicht beruhigen; aber wie ich wahrscheinlich sehen werde, Miss Challoner, soll ich es mit Ihrer Meinung sagen.“ Adieux von ihr?“

„Wenn Sie möchten“, erwiderte Nestley düster, „und geben Sie ihr diese Schlüssel – sie gehörten dem Squire, und ich habe vergessen, sie ihr in den Besitz zu geben.“

Hier war ein wunderbares Glück; Die Schlüssel, die er suchte, wurden ihm ohne jegliche Schwierigkeiten in die Hände gegeben. Beaumont glaubte nicht an Astrologie, aber in diesem Moment muss er gewiss geglaubt haben, dass sein Glücksstern auf dem Vormarsch sei. Mit seiner gewohnten Schlauheit unterdrückte er jedoch alle äußeren Anzeichen von Freude und nahm Nestley mit einem zustimmenden Lächeln die Schlüssel ab.

„Ich werde es nicht vergessen“, sagte er ruhig und steckte sie in seine Tasche, „und du wirst meinen Rat befolgen, das Dorf zu verlassen.“

„Warum sehnst du dich so sehr danach, dass ich gehe?" fragte Nestley misstrauisch.

"Für dein eigenes Wohl."

„Und auch für Ihre eigenen Zwecke, daran habe ich keinen Zweifel", erwiderte der Arzt bitter. „Du hast in deinem Leben noch nie etwas ohne Motiv getan."

„Sehr gut", sagte Beaumont und schlenderte zur Tür, „wenn Sie sich nicht entscheiden, meinen Rat zu befolgen, bleiben Sie hier und trinken Sie sich zu Tode, was Sie sicherlich tun werden – erfreuen Sie sich selbst, mein Freund."

„Bitte mir selbst", wiederholte Nestley , als sich die Tür hinter Beaumont schloss. „Das habe ich vor, Basil Beaumont – Sie haben einen Plan umzusetzen, sonst würden Sie nicht so ruhig in diesem langweiligen Dorf bleiben – also werde ich bleiben und das Spiel zu Ende bringen; und wenn ich Sie vereiteln kann Das werde ich tun, und sei es nur, um dich für das Böse zu bestrafen, das du mir angetan hast.

KAPITEL XXVI.

UNA legt ein Geständnis ab.

Er mag arm und völlig unbekannt sein,

Im Rang kann es Männer über ihm geben;

Aber mein Herz schlägt allein für ihn,

Sie fragen nach dem Grund; das – ich liebe ihn!

Am nächsten Morgen untersuchte Beaumont das wichtige Dokument, an dem das Schicksal seines Plans hing, um im prüfenden Licht des Tages zu sehen, ob eine genaue Prüfung seine Änderungen auch nur in greifbarem Maße offenbaren würde. Seinen Erwartungen zufolge schien es überaus zufriedenstellend zu sein, denn die von ihm eingefügten Wörter waren ganz schwarz geworden und hatten den Ebenholzton der übrigen Handschrift angenommen, sodass es für einen gewöhnlichen Betrachter so aussah, als wäre das gesamte Dokument von einer Person geschrieben worden. Wenn es einem Sachverständigen vor Gericht vorgelegt würde, könnte die Fälschung zwar aufgedeckt werden; aber Beaumont war in seinem Inneren durchaus zufrieden, dass die Zeitung solch einer Prüfung niemals standhalten müsste. Die Anweisungen im Testament, die darin erwähnte Vorlage des Papiers und des Siegelrings sowie die Aussage von Patience Allerby über die Geburt von Reginald wären überzeugende Beweise dafür, dass er in den Besitz des Anwesens gelangte, selbst wenn Una dies tun sollte Sie wollte die Affäre anfechten, was sie, wie er wusste, nicht tun würde, als sie feststellte, dass der Erbe, der sie von ihrer rechtmäßigen Position verdrängte, Reginald Blake war.

Da Mr. Beaumont damit vollkommen zufrieden war, nahm er den Umschlag, den der Squire an Reginald Blake gerichtet hatte, im Pfarrhaus entgegen, klebte etwas neues Wachs auf die Verschlussfalte und stempelte ihn mithilfe des Siegelrings mit dem Garsworth- Wappen. Dann legte er das Dokument , das er so sorgfältig vorbereitet hatte, zusammen mit dem Ring hinein, schmolz den unteren Teil des Wachses, bis es weich wurde und den Brief fest verschloss, so dass niemand anhand seines Aussehens den Betrug erkennen konnte.

Nestley ihm gegeben hatte , in die Brusttasche seines Mantels und machte sich fröhlich auf den Weg zum Gutshof, um ihn dort abzulegen, wo er leicht gefunden werden konnte.

Er hatte sich eine triviale Erklärung ausgedacht, die er Una und Miss Cassy geben sollte, falls er sie treffen sollte, bevor er seinen Plan ausführte, und nachdem er das getan hatte, wäre die Mission, Una die Schlüssel zu übergeben, natürlich eine ausreichende Entschuldigung für sein Eindringen in sie Kummer. Das Schicksal war ihm jedoch wohlgesonnen, denn indem er um eine Seitentür herumging, konnte er das Haus betreten und in das Zimmer der Haushälterin gelangen, ohne dass jemand es sah, außer Jellicks , der ihn einließ.

Patience, die blass und erschöpft aussah, erhob sich, um ihn zu empfangen, und er hatte fast Angst, sie anzusehen, weil sie befürchtete, sie hätte ihre Meinung geändert. Ihre erste Bemerkung beruhigte ihn jedoch sofort.

„Hast du alles arrangiert?" sie fragte eifrig.

„Ja! Hier ist das wertvolle Dokument", antwortete er und zog den Umschlag hervor, „und hier sind die Schlüssel zum Schreibtisch des Gutsherrn."

"Woher hast du die?"

„Von Nestley ; er hat sie mir gegeben, damit ich sie zu Miss Challoner zurückbringen kann, wie ich es vorhabe, nachdem ich diesen Brief in den Schreibtisch des Squires gelegt habe. Wir dürfen keine Zeit verlieren, Patience – bringen Sie mich sofort ins Zimmer."

„Warte einen Moment", antwortete sie vorsichtig und wurde etwas blasser. „Ich gehe lieber zuerst hin und schaue nach, ob Miss Cassy und Miss Una im Eichenzimmer in Sicherheit sind . Warte hier."

Sie glitt wie ein Geist aus dem Zimmer und kehrte nach zehn Minuten Abwesenheit mit gefassterem Gesichtsausdruck nach Beaumont zurück.

„Sie sind beim Frühstück", sagte sie flüsternd, „keine Chance, von ihnen gestört zu werden. Kommen Sie mit, aber machen Sie keinen Lärm. Jedes Geräusch hallt durch diesen alten Ort."

Still und heimlich schlichen sie durch die dunklen Gänge, die aufgrund des Lichts, das durch die schmutzigen Fenster fiel, düster aussahen. Leise über das hallende Pflaster der düsteren Halle, die breite Treppe hinauf, während die alten Garsworths sie von den Wänden aus stirnrunzelnd anstarrten, als wüssten sie ihren bösen Auftrag, entlang der kühlen Länge des oberen Korridors und dann das langsame Drehen des Schlüssels im Schloss, das sanfte Öffnen der Tür, und sie standen in der Gegenwart der Toten.

So still, so einsam, so kalt, mit den schweren Vorhängen vor den breiten Fenstern, die nur schwache Lichtstreifen hereinließen, die sich weißlich durch die schwere Atmosphäre des Raumes schlichen. Auf dem Bett lag der schwarze Sarg, in dem der Tote lag. Auf beiden Seiten brannten hohe Kerzen in einem kränklichen Licht, und die schweren Vorhänge des Bettes hingen regungslos, als wären sie vor Entsetzen erstarrt. Im trüben Schatten am anderen Ende des Raumes, wo das schwache Tageslicht und das schwache Kerzenlicht ein unnatürliches Zwielicht erzeugten, stand der Schreibtisch, und Beaumont ging mit einer verstohlenen Bewegung darauf zu , die an die Geschmeidigkeit eines Tigers erinnerte. Nach ihm stahl sich die Frau weichfüßig und blass.

„In welcher Nische hast du den Brief eingesperrt?" fragte er leise flüsternd.

Sie zeigte mit ausgestrecktem Finger auf die Stelle und schauderte, als sie das Klicken des Schlüssels hörte, der sich im Schloss drehte. Ein gedämpftes Rascheln der Papiere, ein leises, schließendes Geräusch, ein weiteres Klicken , als sich der Schlüssel erneut drehte, und der erste Teil des Plans war erreicht.

Im dämmrigen Licht des Zimmers sahen ihre Gesichter blass und ausgezehrt aus, als sie lautlos und schnell zur Tür rasten, als fürchteten sie, der Tote könnte aus seinem Sarg aufstehen und sie auffordern, anzuhalten. Ging kein Stirnrunzeln über das Marmorgesicht? Gab es für sie keinen Hinweis darauf, dass ein körperloser Geist neben dem Bett stand und über das Scheitern seines geliebten Plans durch den Verrat der Menschheit klagte? Nein, alles war still wie im Grab, als die beiden Gefährten aus dem Zimmer glitten, den Flur entlang, die Treppe hinunter und sich wieder im Zimmer der Haushälterin wiederfanden.

„ Faugh !" sagte Beaumont, auf dessen blassem Gesicht die Schweißperlen standen, „was für eine unangenehme Arbeit. Gib mir etwas Brandy."

Die Haushälterin verließ schweigend das Zimmer und kam kurz darauf mit einem Likörglas des Schnapses zurück, das er schnell auskippte, und die Wirkung war bald an der Glut zu erkennen, die über sein Gesicht stieg.

„Du solltest selbst welche haben", schlug er vor und gab ihr das Glas zurück.

„Ich brauche es nicht", antwortete sie kalt. „Ich bin an die Atmosphäre dieses Hauses gewöhnt. Sie nicht."

„Es ist wie ein Leichenhaus", sagte er mit einem angewiderten Gesichtsausdruck. „Nun, ich habe meinen Teil der Angelegenheit erledigt. Jetzt müssen Sie nur noch schwören, dass Reginald Fanny Blakes Sohn ist. Ich überlasse es Ihrem Einfallsreichtum, eine gute Geschichte zu erzählen."

„Da können Sie sicher sein", antwortete sie kalt. „Ich habe es mit allen Bedenken getan, und da es darum geht, meinen Sohn zu bereichern, können Sie sicher sein, dass ich mein Bestes geben werde. Und jetzt, denke ich, sollten Sie Miss Una besser aufsuchen, um jeden Verdacht abzuwenden."

„Ja, natürlich. Ich möchte ihr diese Schlüssel zurückgeben", antwortete er und klimperte mit dem Schlüsselbund. „Wenn irgendwelche Fragen gestellt werden, können Sie natürlich schwören, dass ich den Raum nicht verlassen habe. Aber ich glaube nicht, dass Sie Angst haben müssen , alles wird ganz glatt gehen. Es gibt ein starkes Motiv."

„Und das Motiv?"

„Unas Liebe zu Reginald. Jetzt geh und sag ihr, dass ich hier bin."

Als Patience das Zimmer verließ, um etwas zu erledigen, wischte er sich mit dem Taschentuch die Stiefel ab, zog die Hemdsmanschetten herunter und legte seine Krawatte und seine Haare in den Spiegel über dem Kamin. Als Patience zurückkam, hatte er seine lässige Art wiedergefunden und summte gerade eine Melodie, als sie eintrat.

"Also?" fragte er und drehte sich um.

„Es ist alles in Ordnung. Sie wird dich sehen", antwortete die Haushälterin, und Beaumont schnappte sich Hut und Stock und folgte ihr durch den Flur zum Eichenzimmer .

Una und Miss Cassy, beide in tiefer Trauer, saßen am Frühstückstisch, als er eintrat, und als sich die Tür hinter Patience schloss, entschuldigte er sich für die Störung.

„ Natürlich hätte ich nicht daran gedacht, mich in Ihre Trauer einzumischen", sagte er höflich, „aber Tatsache ist, Miss Challoner, ich habe eine Nachricht von Doktor Nestley für Sie ."

„Ah, armer, lieber Doktor", wimmerte Miss Cassy und betupfte ihre roten Augenlider mit einem Taschentuch. „Er ist weg – sehr seltsam."

„Das glaube ich nicht, Tante", bemerkte Una ruhig. „Er hatte für meinen armen Cousin alles getan, was er konnte, und jetzt wäre es nur noch Zeitverschwendung, wenn er bleiben würde. Was ist die Botschaft, Mr. Beaumont?"

„Nur um dir diese Schlüssel zu geben", sagte er und reichte ihr den Schlüsselbund. „Sie gehörten dem Gutsherrn, und Nestley hat sie nach dem Tod abgeholt, mit der Absicht, sie dir zu geben, aber er hat sie ganz vergessen, bis es zu spät war, und hat mich daher gebeten, sie dir zu bringen."

Una nahm die Schlüssel mit einer ernsten Verbeugung entgegen.

„Vielen Dank, Mr. Beaumont", sagte sie und steckte sie in ihre Tasche. „Es war sehr nett von Ihnen, sie mitzubringen. Ich gehe davon aus, dass es Doktor Nestley gut geht?"

Beaumont zuckte mit den Schultern, die Bedeutung dieser Handlung verstand sie mit weiblicher Schnelligkeit.

„Hoffen wir, dass es ihm ganz gut geht, wenn er nach Hause kommt", sagte sie mit Nachdruck und ihre Farbe stieg. „Es tut mir wirklich leid für ihn. Wo hat er sich diese unglückliche Angewohnheit zugezogen?"

„Oh, in London, glaube ich", sagte Beaumont nachlässig. „Ich kannte ihn dort vor fünf oder sechs Jahren. Er war damals sehr schnell. Dann hat er angehalten und sich völlig verbessert. Es tut mir leid, dass er zu seinen alten Gewohnheiten zurückkehrt."

Mr. Beaumont hielt es nicht für nötig zu erklären, wie er den unglücklichen jungen Mann in Versuchung geführt hatte, und so wurde der arme Nestley von beiden Damen schwer für seinen offensichtlichen Hang zum schnellen Leben verantwortlich gemacht.

„So schrecklich", piepste Miss Cassy und hob ihre Hände. „Ich kann es wirklich nicht verstehen, und der liebe Arzt war so nett. Wirklich, es ist sehr seltsam. Oh, gehen Sie, Mr. Beaumont? Es tut mir so leid – auf Wiedersehen."

Beaumont verneigte sich vor beiden Damen und verließ dann den Raum, sehr zufrieden mit seinem Interview.

„Ich glaube, ich habe alles zufriedenstellend geregelt", murmelte er vor sich hin, während er sich draußen auf der Terrasse eine Zigarette anzündete. „Wenn Patience nur ihren Teil der Angelegenheit so gut erledigt, wie ich meinen getan habe, werden wir Reginald bald den Besitz des Grundstücks übertragen, und dann – ich bin an der Reihe."

Miss Cassy sah zu, wie er die Terrasse überquerte, und wandte sich mit bewunderndem Blick an Una.

„Was für ein gutaussehender Mann ist Mr. Beaumont – so vornehm?" sagte sie wortreich. „Ganz wie ein spanischer Wie heißt er?"

„Er sieht nicht schlecht aus", antwortete Una abwesend, „aber ich bevorzuge Reginald."

„Mr. Blake?" sagte Miss Cassy und war ziemlich erstaunt, ihre Nichte auf so vertraute Weise von ihm sprechen zu hören.

Una sah, dass sie sich selbst betrogen hatte, also ging sie zu der älteren Dame und legte liebkosend ihre Arme um ihre Taille.

„Tante, du musst es die ganze Zeit gesehen haben."

„Was gesehen?" fragte Miss Cassy und öffnete die Augen weit.

„Dass ich Reginald liebe.“

„Ich liebe Reginald Blake! Oh mein Lieber – wie sehr seltsam.“

„Ich finde es überhaupt nicht seltsam“, antwortete Una errötend, „wir lieben uns sehr.“

„Aber, mein Lieber, er ist niemand.“

„In meinen Augen ist er jeder“, sagte Una liebevoll.

„Was hätte der Squire gesagt?“ bemerkte Miss Cassy bestürzt.

„Die Heirat ist mir ohne Zweifel verboten“, antwortete Una, „deshalb haben wir unsere Verlobung geheim gehalten – aber jetzt können wir frei heiraten.“

„Oh, Una, wie herzlos du bist – so seltsam, und der arme Squire ist gerade tot.“

„Meine liebe Tante“, sagte Una ernst, „ich bin der letzte Mensch auf der Welt, der schlecht über die Toten spricht, aber ich kann kein Bedauern vortäuschen, das ich nicht empfinde; der Squire hat uns zu seiner eigenen Befriedigung hierher gebeten – nicht unseres; wir haben von unserem eigenen Geld gelebt und nicht von seinem; er hat sich überhaupt nicht um uns gekümmert – daher können weder Sie noch ich so tun, als würden wir über den Tod eines Mannes weinen, den wir kaum jemals gesehen haben, und den wir mit Sicherheit nicht gesehen haben hat nichts getan, was Tränen verdient hätte.“

„Aber vielleicht hat er Ihnen sein Vermögen hinterlassen“, drängte Miss Cassy mit tränenerfüllter Stimme.

„Das bezweifle ich“, antwortete Una mit einem Seufzer, „aber Glück hin oder her, ich kann mir keinen Kummer vorgaukeln, den ich nicht empfinde.“

„Und Sie sind fest entschlossen, Reginald Blake zu heiraten?“

„Ganz recht – wir lieben uns hingebungsvoll.“

„Das hoffe ich sicher“, sagte die arme Miss Cassy wimmernd, „es ist einfach wie eine Romanze über seinen Namen – so sehr seltsam; er sieht gut aus, ich weiß – aber Geld hat er.“ kein Geld."

„Ich will kein Geld – ich will ihn.“

„Er hat keinen Namen.“

„Er wird mit seiner Stimme einen schaffen.“

„Ich bin sicher“, rief Miss Cassy verzweifelt, „ich kann nicht sehen, was Sie in ihm sehen.“

Una schloss den Streit auf äußerst entschiedene Weise ab.

"Ich liebe ihn."

Diese Bemerkung konnte nicht beantwortet werden, sodass Miss Cassy in
Tränen ausbrach.

KAPITEL XXVII.

Das Testament des Knappen.

„Wie seltsam ist das für ein Testament, Mylord?
Das Ergebnis eines äußerst fantastischen Gehirns. Es ist nur ein Spiegel, der sein Leben widerspiegelt, mit all seinen Wendungen und verrückten Argumenten."

Mr. Bolby , der Juniorpartner der Anwaltskanzlei, der die Geschäfte des Squire kontrollierte, war ein kleiner Mann mit rotem Gesicht und einem runden Kopf, der auf einem ebenso runden Körper saß, der seinerseits von zwei kurzen Körpern gestützt wurde , stabile Beine. Sein Gesicht war glatt rasiert, bis auf zwei kleine Büschel weißen Haares, die auf jeder Wange hervorstanden und einen verblüffenden Kontrast zum Purpur seines Teints bildeten, und sein kahlköpfiger Kopf war spärlich mit ähnlichen Büscheln übersät. Er kleidete sich einigermaßen fröhlich und hatte eine laute, fröhliche Stimme mit zwitschernder Natur, außerdem hatte er die merkwürdige Angewohnheit, dieselben Wörter zweimal auf unterschiedliche Weise zu verwenden.

Als er aus London im Grange ankam, überreichte ihm Una die Schlüssel des Squires und begann sofort damit, alle privaten Papiere des Toten durchzusehen. Offensichtlich hatte er damit ein Ziel, denn er ruhte nie, bis er jedes Dokument auf dem Schreibtisch durchgesehen hatte, und nachdem er sich über den genauen Stand der Dinge im Klaren gewesen war, ruhte er ruhig bis zum Tag der Beerdigung, um die Monotonie dieser Angelegenheit abzumildern Durch häufige Besuche im Pfarrhaus, wo er mehrere lebhafte Auseinandersetzungen mit Dr. Larcher über archäologische Themen führte, führte er ein etwas tristes Leben.

Endlich war der Tag der Beerdigung gekommen, und der Verstorbene wurde mit großem Pomp zur Ahnengruft in der Garsworth- Kirche getragen, wo zahlreiche Generationen der Familie bereits seit vielen Jahrhunderten dahingewesen waren. Einige der Kreisfamilien kamen zur Beerdigung, aber die meisten von ihnen schickten ihre Kutschen, um sie zu vertreten, da Randal Garsworth aufgrund seines zurückgezogenen Lebens keineswegs beliebt gewesen war und sie nur selbst kamen oder ihre Vertreter aus einem bestimmten Grund schickten der Höflichkeit.

So verließ die lange Prozession, angeführt von dem schwerfälligen Leichenwagen mit seinen stattlichen schwarzen Pferden und nickenden

Federbüschen, die Kälte von Garsworth Grange, um in die ähnliche Kälte der Familiengruft zu gelangen, und als sie am Lichttor des Friedhofs ankamen, wurde sie von Dr. Larcher empfangen und sein Pfarrer. Der Sarg wurde in die Kirche gebracht, und der Pfarrer las den Trauergottesdienst auf seine beeindruckendste Art und Weise, woraufhin Cecilia den „Totenmarsch" aus „Saul" spielte und die sterblichen Überreste von Randal Garsworth zu ihrer letzten Ruhestätte in gebracht wurden das düstere Gewölbe. Nachdem dies geschehen war, wurden die schweren Türen noch einmal geschlossen, bis der Tod eines anderen Familienmitglieds ihre Öffnung erforderlich machen würde, und der größte Teil der Trauernden ging ihrer verschiedenen Wege, während Dr. Larcher , begleitet von Reginald und Dick , kehrte in Begleitung von Mr. Bolby zum Gutshof zurück , um die Testamentsverlesung zu hören.

Dr. Larcher musste anwesend sein, da er zusammen mit Mr. Bolby der Testamentsvollstrecker war , und er nahm seine beiden Schüler aus Gesellschaftsgründen mit, Reginald war nichts dagegen, da er Una seit dem Tod des Herrn Bolby nicht mehr gesehen hatte Knappe.

So bezaubernd sah sie in ihrem schwarzen Kleid aus, als sie inmitten der verblassten Pracht des Salons stand und die Besucher mit anmutiger Höflichkeit empfing. Ihr Auftreten war ruhig und selbstbeherrscht, und sie zeigte keine Anzeichen von Trauer über den Tod ihrer Cousine, ganz im Gegensatz zu Miss Cassy, die den Tod des Squire lautstark beklagte, als wäre er ihr Liebster und Vertrautester gewesen Freund.

„So ein Gentleman wie er war", wimmerte sie und wischte sich die Augen, „ganz einer von der alten Schule – ein Stammgast der Regency – sehr seltsam, nicht wahr?"

Dr. Larcher selbst fand Miss Cassys zur Schau gestellte Trauer sehr seltsam, da sie sich um eine Person handelte, von der sie nur sehr wenig gesehen hatte, aber er sagte nichts außer ein paar Worten des Mitgefühls, da er Miss Cassy durchaus als eine von ihnen verstand demonstrative Menschen, die bei Beerdigungen oder Hochzeiten gleichermaßen weinen und ihre Gefühle bei der geringsten Gelegenheit offen zeigen.

Nachdem er etwas Kuchen und Wein gegessen hatte, setzte sich Herr Bolby würdevoll hin, um das Testament zu verlesen, und alle waren bereit, zuzuhören. Dr. Larcher sah Una mitleidig an, denn er kannte den Inhalt des Testaments und wusste, was für ein Schlag es für sie wäre, das Eigentum zu verlieren, aber wie er es dem Squire zum Zeitpunkt der Testamentsvollstreckung angedroht hatte, konnte er nichts mehr tun. also mussten die Dinge ihren Lauf nehmen.

„Dieses Testament, meine Herren und Damen", zwitscherte Herr Bolby und setzte seine Brille auf, „Meine Damen und Herren, dieses Testament wurde vor fünf oder sechs Jahren von meinem verstorbenen Mandanten erstellt – mein verstorbener Mandant war damals, da ich keinen Grund dafür habe." zu zweifeln, im Vollbesitz seiner Sinne, d.

Es war kein sehr langes Dokument, da der Squire, nachdem er Patience, Jellicks und Munks kleine Vermächtnisse hinterlassen hatte, Una ein Einkommen von 1.000 pro Jahr beschert hatte und der gesamte Rest seines Besitzes Dr. Larcher und Simon überlassen wurde Bolby treuhänderisch für den leiblichen Sohn des Verstorbenen, der seinen Anspruch zu gegebener Zeit durch Vorlage eines von seinem Vater verfassten Briefes sowie des Siegelrings der Familie beweisen würde.

Bolbys Lesung herrschte eine beträchtliche Sensation , da niemand glaubte, der Squire hätte Nachkommen, und trotz ihrer Ahnung, dass sie das Anwesen nie bekommen würde, konnte Una nicht anders, als enttäuscht zu sein, wie es schien ein Hindernis für ihre Ehe mit Reginald sein. Sie hatte jedoch tausend im Jahr, und davon konnten sie leben, sodass sie nach kurzem Nachdenken diesem unbekannten Sohn sein Glück nicht gönnte. Miss Cassy war jedoch nicht so leicht zufrieden und brachte lautstark ihren Ärger über die Doppelzüngigkeit des Squires zum Ausdruck, was angesichts der Tatsache, dass sie zuvor seine Tugenden gelobt hatte, ziemlich komisch klang.

„So schrecklich!" Sie sagte empört: „Ein Sohn, von dem wir noch nie gehört haben – wie seltsam! – Wer ist seine Mutter? – Wo wurde er geboren? – Wie heißt er? – ist höchst seltsam."

„Es ist sehr eigenartig", stimmte Mr. Bolby trocken zu, „besonders, wenn ich Ihnen sage, dass ich keines der drei Dinge weiß, die Sie gesagt haben – das heißt, die drei Dinge, die Sie gesagt haben."

„Sagen Sie mir, Herr", fragte der Pfarrer in seiner schwerfälligen Art, „dass Sie den Namen dieses Sohnes nicht kennen?"

"NEIN."

„Noch der Name seiner Mutter?"

"NEIN."

„Noch sein Geburtsort?"

„Ich gebe Ihnen mein Ehrenwort " , sagte Herr Bolby feierlich, „dass ich von all dem absolut keine Ahnung habe – von all dem, mein lieber Herr, bin ich absolut unwissend."

Alle Anwesenden sahen einander mit leerem Erstaunen an, und es dauerte einige Zeit, bis jemand etwas sagen konnte. Una erholte sich als Erste und wandte sich sofort an den Anwalt.

„Wenn das der Fall ist", sagte sie langsam, „wie soll dann dieser unbekannte Sohn Anspruch auf das Anwesen erheben?"

„Haben Sie die Testamentsverlesung nicht gehört, meine liebe Dame?" antwortete Herr Bolby gleichmütig. „Haben Sie nicht gehört, wie ich das Testament verlesen habe? Der Sohn muss einen Brief seines Vaters an ihn und auch den Siegelring der Familie vorlegen."

„Aber Sie würden einem unbekannten Mann das Anwesen doch sicher nicht aufgrund solch dürftiger Beweise überlassen?"

„Was können ich oder Dr. Larcher tun", sagte der Anwalt mit einem abfälligen Achselzucken, „Dr. Larcher und ich; was können wir tun? Wenn er die Papiere und den Ring hat, ist er zweifellos der Erbe, wenn er den Ring vorlegt." und die Papiere.

„Es ist der Wille eines Wahnsinnigen", rief Miss Cassy wütend.

„Ich versichere Ihnen, er war bei klarem Verstand, als es geschrieben wurde", zwitscherte Mr. Bolby ruhig, „meine liebe Dame, ich versichere Ihnen, dass er bei klarem Verstand war."

„Ich werde dieses Testament anfechten", sagte Una entschieden.

„Warten Sie besser, meine liebe junge Dame", sagte der Anwalt, „meine liebe junge Dame, warten Sie besser – bis der Erbe erscheint."

„Aber angenommen, er taucht nie auf?" schlug Dr. Larcher vor .

„Oh, er wird schon auftauchen", sagte Bolby ruhig, „die Leute geben zehntausend im Jahr nicht so leicht auf – nein – zehntausend geben die Leute nicht so leicht auf."

„Aber Mr. Bolby ", sagte Una verzweifelt, „gibt es in den Papieren meines Cousins keine Notiz oder Bescheinigung, die zur Identifizierung dieser unbekannten Person führen könnte?"

Mr. Bolby holte einen Brief aus seiner Brusttasche hervor. „Jetzt kommen wir dazu", sagte er voller Freude. „Ich dachte, dass so etwas möglich sein könnte. Da es also möglich war, habe ich diesen Brief gesucht und gefunden – er ist mit dem Wappen der Familie versiegelt und wurde von mir eingesperrt in seinem privaten Schreibtisch gefunden." , also ist bisher alles in Ordnung – ich bin mir sicher, dass Sie mir zustimmen werden, dass bisher in allem Ordnung ist; es hat auf jeden Fall einen Ring in sich, denn ein Ring ist auf jeden Fall drin, wie ich es fühlen kann. Meiner Meinung nach das Der Umschlag enthält den im Testament erwähnten Brief und Ring.

Die Neugier aller war nun auf den höchsten Punkt geweckt und Una stellte in atemloser Stille die nächste Frage.

„An wen ist der Brief gerichtet?"

Es folgte eine tiefe Stille, in der man hätte hören können, wie die sprichwörtliche Nadel fiel, als der Anwalt feierlich und langsam antwortete:

„Der Brief ist an ‚Mr. Reginald Blake, Pfarrhaus, Garsworth ' gerichtet ."

„An mich gerichtet?" rief Reginald mit erstaunter Stimme und sprang auf. "Unmöglich!"

„Überzeugen Sie sich selbst", antwortete Bolby und reichte ihm den Brief.

Reginald nahm es schweigend entgegen und hielt es einige Augenblicke lang unschlüssig in der Hand, während er sich währenddessen in die erstaunten Gesichter der Anwesenden umsah. Schließlich riss er mühsam den Umschlag auf, doch überwältigt von seinen Gefühlen schien er nicht in der Lage zu sein, weiterzumachen, und durchquerte den Raum und gab dem Pfarrer den geöffneten Umschlag. Dr. Larcher erhob sich von seinem Platz, als er den Brief entgegennahm, und blickte den jungen Mann fest an.

„Soll ich es lesen?" fragte er langsam.

Reginald verneigte sich schweigend und setzte sich auf den Stuhl des Pfarrers.

Daraufhin nahm Dr. Larcher den Brief aus dem Umschlag, ließ den Ring noch darin, und nachdem er ihn geöffnet hatte, las er langsam und bedächtig den Inhalt. Alle lauschten voller Erstaunen der außergewöhnlichen Enthüllung, und alle Augen waren auf Reginald gerichtet, der in seinem Stuhl saß und das Gesicht in den Händen vergrub.

„Das dann", sagte der Pfarrer und faltete den Brief zusammen, „beweist, dass Sie, Reginald, der Sohn von Randal Garsworth und Fanny Blake sind, denn hier ist der Brief und hier ist der Ring."

Er trat auf den Anwalt zu und überreichte ihm feierlich beides, dann kehrte er zu seinem Platz zurück und legte freundlich seine Hand auf Blakes Schulter.

„Sie hören, was ich gelesen habe", bemerkte er klangvoll. "Was sagen Sie?"

„Sagen Sie?" schrie der junge Mann und sprang mit bleichem, hagerem Gesicht auf, „dass es eine Lüge ist – Sie wissen selbst, Sir, dass ich nicht der Sohn des Gutsherrn bin – Patience weiß alles über mich." Geburt – es ist ehrenhaft – ehrenhaft . Ich – ich bin nicht der Sohn dieses Mannes", und der arme junge Kerl brach völlig zusammen.

Als sie hörte, dass Reginald der Erbe des Anwesens sei, zeigte sich in Unas Gesicht große Freude, die jedoch einem Ausdruck von Mitleid und Trauer wich, als sie sah, wie sehr er die unwürdigen Umstände seiner Geburt spürte.

„Um sicherzugehen, gibt es nur eines zu tun", sagte sie und stand auf. „Rufen Sie Patience Allerby an ."

Dick Pemberton ging aus dem Zimmer, um sie zu holen, und während der Totenstille, die jetzt herrschte, ging Una durch das Zimmer zu Reginald und nahm seine Hand.

„Das macht für mich keinen Unterschied", flüsterte sie liebevoll. „Glaube nicht, dass deine Geburt unserer Ehe im Wege stehen wird, dafür liebe ich dich zu sehr."

„Gott segne dich", murmelte er gebrochen und ergriff krampfhaft ihre Hand.

Die Haushälterin betrat das Zimmer, blass und erschöpft, mit einem harten, trotzigen Gesichtsausdruck, als sei sie entschlossen, die Angelegenheit bis zum bitteren Ende durchzuhalten, was sie auch tatsächlich war. Als Reginald ihre Schritte hörte, stand er unsicher auf und sah sie besorgt an. Als sie den Kummer in seinem Gesicht sah , schien sie für einen Moment ins Wanken zu geraten, erholte sich aber bald wieder und verbarg ihren Schmerz hinter gelassener Gelassenheit.

„Geduld", sagte Reginald mit gebrochener Stimme, „ich habe durch einen Brief von Squire Garsworth erfahren , dass ich sein Sohn bin und dass Fanny Blake meine Mutter war – ist das wahr?"

Sie senkte den Kopf und antwortete langsam.

„Absolut wahr."

Reginald warf mit einem Schmerzensschrei die Hände hoch und ließ sich in seinen Stuhl zurückfallen – es stimmte – der Besitz von zehntausend Dollar im Jahr konnte den Makel, der auf seiner Geburt lag, nie beseitigen.

„Warum hast du den Jungen betrogen?" fragte Dr. Larcher streng.

„Auf Befehl seines Vaters", antwortete sie hartnäckig. „Wenn Sie sich erinnern, Sir, bin ich vor über zweiundzwanzig Jahren mit Fanny Blake nach London gegangen; sie erzählte mir, der Gutsbesitzer habe sie ruiniert, und deshalb habe sie das Dorf verlassen; sechs Monate später wurde ihr Kind geboren und sie starb." Ich brachte das Baby ins Dorf zum Gutsherrn. Er weigerte sich, seinen eigenen Nachwuchs anzuerkennen, sagte aber, er würde für den Unterhalt des Jungen aufkommen. Um den guten Namen des Kindes zu retten, erfand ich die Geschichte vom Tod der Eltern in Frankreich , und hat es in Ihre Obhut gegeben, und er ist all die Jahre unter dem Namen Reginald Blake aufgewachsen.

„Und Reginald Blake ist der Sohn des Knappen?"

„Ja. Ich hoffe, er hat dem Jungen endlich Gerechtigkeit widerfahren lassen."

Garsworth Grange anerkannt ."

Patience stieß einen Freudenschrei aus und näherte sich dem jungen Mann mit vor Zärtlichkeit strahlendem Gesicht. Er erhob sich langsam von seinem Stuhl, als sie sich ihm näherte und seine wilden Augen entsetzt auf ihr Gesicht richtete. Sie sah den Blick und zuckte halb zurück, gratulierte aber schüchtern.

„Du bist jetzt reich –", begann sie, als er sie wütend unterbrach.

„ Reich! – reich! Wer kümmert sich schon um Reichtum? Ich bin für den Rest meines Lebens entehrt . Ich habe kein Recht auf den Namen, den ich trage. Du hast mich mit deinen Lügen getäuscht und ausgetrickst und mich glauben lassen, dass ich bei meiner Geburt geboren wurde." Das Wenigste war ohne Schande , und jetzt – jetzt erkenne ich, dass mein Leben eine einzige lange Lüge war. Glaubst du, dass Geld mich jemals für den Makel meiner Geburt entschädigen kann? Ich erkläre Gott, dass ich bereitwillig so arm werden würde, wie ich wäre Ich konnte meine Selbstachtung nur durch meine Armut zurückgewinnen. Schaut mich alle an. Ich bin reich! Jung und ein Bastard."

Mit einem Schrei leidenschaftlicher Wut stürzte er aus dem Zimmer, und mit einem Schrei der Angst antwortete Patience Allerby und fiel ohnmächtig zu Boden.

KAPITEL XXVIII.

Die Bitterkeit des Todes.

Wir nennen den Tod grausam, aber der Tod beendet jeden Streit, und Schande vergiftet das süßeste Leben.

Zu sagen, dass diejenigen, die sich im Salon des Grange versammelt hatten, um der Testamentsverlesung zuzuhören, über die außergewöhnlichen Enthüllungen, die sie gehört hatten, erstaunt waren, würde nur eine schwache Vorstellung von der Verwunderung vermitteln, die sie empfanden. Dass der Squire sein großes Vermögen einem Sohn hinterlassen hatte, von dem noch nie jemand gehört hatte, war höchst bemerkenswert, aber dass es sich bei dem fraglichen Sohn um Reginald Blake handeln sollte, war fast unvorstellbar.

Bolby nach Prüfung aller Beweise zu dem Schluss, dass es keinen Zweifel an der Identität des jungen Mannes geben könne.

Laut der Geschichte von Patience Allerby , die bekanntermaßen die Krankenschwester des Jungen war, war er sechs Monate nach Fanny Blakes Ankunft dort in Chelsea, London, geboren und beim Namen seiner Mutter gerufen worden. Als Randal Garsworth ihn ins Dorf brachte, weigerte er sich, seinen Sohn anzuerkennen , obwohl er zweifellos den Skandal fürchtete , stimmte jedoch zu, für seinen Unterhalt aufzukommen. Patience hatte daher unter den gegebenen Umständen ihr Bestes gegeben und den Jungen bei Dr. Larcher untergebracht , ihm mitgeteilt, dass seine Eltern tot seien, und ihm so zumindest den Anschein einer ehrenvollen Geburt vermittelt. Es war zweifellos eine Lüge gewesen, und dennoch war es eine Lüge, deren Vornehmheit nicht zu leugnen war und die der Aufzeichnungsengel kaum widerlegen würde.

Was die seltsame Entdeckung betraf, die gemacht worden war, erkannte jeder sofort, dass der Gutsherr versucht hatte, seine Sünde verspätet wiedergutzumachen, indem er seinen Besitz seinem unglücklichen Sohn überließ; und die Beweise des Testaments selbst, die Beweise des Briefes, der im Schreibtisch des Gutsherrn gefunden wurde, und die Beweise des Siegelrings zeigten alle deutlich, dass der junge Mann wirklich und wahrhaftig der geheimnisvolle Sohn war, auf den im Testament angespielt wurde. Außerdem hatte der Squire laut Dr. Larcher Reginalds Namen auf seinem Sterbebett erwähnt und auf den Schreibtisch gezeigt, womit er zweifellos andeutete, dass das Dokument, das dem jungen Mann das Recht geben würde, das ihm zusteht, dort versteckt war, und tatsächlich war es das auch War. Insgesamt erklärte Herr Bolby bei der Durchsicht des gesamten Falles, dass es sich um den außergewöhnlichsten Fall handelte, der ihm jemals zur Kenntnis gekommen sei. Es bestand kein Zweifel daran, dass Gerechtigkeit geschehen war und Reginald von allen offiziell als der Herr von Garsworth Grange anerkannt wurde .

Natürlich hätte sich das Fehlen von Registrierungs- und Taufscheinen zweifellos als Stolperstein vor Gericht erwiesen, aber wie Beaumont vorausgesehen hatte, zögerte Una nicht, das Eigentum jemandem zu übergeben, von dem sie glaubte, dass er es sei Als Herr Bolby darüber hinaus herausfand, dass die beiden Kläger verlobt waren, erklärte er, dass dies eine sehr gute Lösung des Problems sei, wenn auch tatsächlich aufgrund der Klarheit des Falles Auf der einen Seite und der Weigerung, seinen Wahrheitsgehalt durch ein Gerichtsverfahren zu prüfen, auf der anderen Seite hatte es nie solche Schwierigkeiten gegeben.

Beaumont war nun äußerst zufrieden mit dem Erfolg seiner Verschwörung, da er seinen Sohn in den Besitz eines schönen Anwesens im Wert von zehntausend Dollar pro Jahr gebracht hatte. Sein nächstes Ziel bestand nun darin, durch den jungen Mann selbst die Kontrolle über dieses große Einkommen zu erlangen. Dank seiner einschmeichelnden Art gelang es ihm vollkommen, Reginald, der ihn sehr bewunderte, in seinen Bann zu ziehen, und Beaumont wollte den jungen Mann nur für ein paar Monate in seiner Gesellschaft haben, um für ihn unentbehrlich zu werden. Er schlug vor, Reginalds rechte Hand zu werden, mit einem festen Gehalt und mit der Befugnis, sich um das Anwesen zu kümmern, von dem er voraussah, dass er einiges daraus machen könnte. Dazu musste er Reginald jedoch aus dem Dorf holen, was Patience durchaus entlarven konnte, wenn sie auch nur einen Moment lang glaubte, dass Beaumont versuchte, seinen Mangel an weltlicher Erfahrung auszunutzen der ganze Schwindel.

Das Schicksal spielte ihm jedoch erneut in die Hände, denn nachdem Mr. Bolby Reginald als den Erben erkannt hatte , bestand er darauf, dass er nach London reiste, um seinen Partner zu sehen und in den formellen Besitz des Anwesens zu gelangen. Beaumont beschloss daher, zunächst ebenfalls nach London zu gehen, um das Misstrauen von Patience Allerby nicht zu erregen , und dann Reginald aufzusuchen, als er später ankam. Als er in London ein Interview mit ihm hatte, war er ziemlich zufrieden, dass er mit der plastischen Natur des jungen Mannes machen konnte, was er wollte.

Blake seinerseits, oder wie er jetzt genannt wurde, Garsworth , wollte unbedingt das Dorf für eine Weile verlassen, bis das Neun-Tage-Wunder vorüber war, denn trotz des tröstlichen Gefühls, zehntausend im Jahr zu haben, fühlte er sich wohl Position bitter. Da er in einem englischen

Gentleman-Haushalt aufgewachsen war, hatte er sein ganzes Leben lang strenge Prinzipien verinnerlicht, daher erschien es ihm eine schreckliche Schande, ein solches Stigma auf seinem Namen zu haben. Er war ein Niemand – ein namenloser Ausgestoßener, der vom englischen Recht nicht anerkannt wurde – und so sehr er Una heiraten wollte, schreckte er davor zurück, ihr einen Namen zu geben, auf den er keinen Rechtsanspruch hatte. Er befürchtete, dass es aus einer solchen Ehe Kinder geben könnte, die in diesem Fall das mit der Geburt ihres Vaters verbundene Stigma tragen müssten, und er sprach ernsthaft mit Dr. Larcher darüber, Una aus ihrer Verlobung zu lösen und ihr das Eigentum zurückzugeben, auf das sie zurückgriff er hatte das Gefühl, dass sie zu Recht dazu berechtigt war. So wurden die Früchte von Beaumonts Verbrechen durch die Ehre und das aufrichtige Gefühl des jungen Mannes, dem dieses Verbrechen zugute gekommen war, gefährdet, aber zum Glück für Herrn Beaumont kam Una zur Rettung.

Sie sagte Reginald deutlich, dass ihr die Umstände seiner Geburt egal seien, an denen er in keiner Weise etwas ändern könne, und dass sie einen rechtmäßigen Anspruch auf das Eigentum hätte, wenn sie ihn heiraten würde, würde das Eigentum genauso ihr gehören, als ob es war ihr ordnungsgemäß vom Gutsherrn überlassen worden. Nach viel Überzeugungsarbeit von Una und Dr. Larcher akzeptierte Reginald seine etwas verbesserte Position mit Gelassenheit.

„Ich kann jedoch nicht hier bleiben", sagte er bitter. „Jeder starrt mich an, als wäre ich ein wildes Tier. Ich werde mit Mr. Bolby in die Stadt gehen und in ein paar Monaten zurückkommen, wenn ich mich mehr an die Position gewöhnt habe."

Una stimmte dem voll und ganz zu und stimmte zu, bis zu seiner Rückkehr bei Miss Cassy im Grange zu bleiben. Anschließend würden sie heiraten und für ein Jahr ins Ausland gehen darin leben, als alle Umstände seiner Nachfolge auf das Anwesen einigermaßen vergessen waren.

Nachdem Beaumont diese Entscheidung gehört hatte, beschloss er, im Voraus in die Stadt zu gehen und dort auf Reginalds Ankunft zu warten. Nachdem er sich von allen überschwänglich verabschiedet hatte, ging er und brachte die guten Wünsche aller mit sich, mit denen er in Kontakt gekommen war. Nur wünschte Patience ihm keine Gottes Segen, sondern musterte ihn grimmig, als er kam, um sich von ihr zu verabschieden.

„Ich freue mich, dich gehen zu sehen", sagte sie kalt. „Für unseren Sohn ist jetzt gesorgt, und Sie haben zumindest etwas getan, um Ihre Schurkerei wiedergutzumachen. Ich hoffe, ich werde Sie nie wieder zu Gesicht bekommen, aber wenn ich jemals höre, dass Sie sich in irgendeiner Weise in Reginald einmischen, wird es noch schlimmer sein." für dich."

„Sag das Schlimmste für uns beide", erwiderte Beaumont leichthin. „Wir sind uns in dieser Affäre einig, und für mich bedeutet die Bestrafung dasselbe für Sie."

Also reiste er ab und hinterließ einen hervorragenden Eindruck, und alle hofften, dass er eines Tages wiederkommen würde , was er lachend versprach, wenn seine Verpflichtungen es ihm erlaubten.

„Wir sehen uns in London, Reginald", sagte er zu dem jungen Mann, „und alles, was ich dort für Sie tun kann, können Sie mir natürlich befehlen."

Reginald dankte ihm für seine Freundlichkeit, ohne darüber nachzudenken, wie heimtückisch diese Freundlichkeit war, und widmete sich dann der Arbeit, seine eigene Abreise vorzubereiten.

Er hatte ein langes Gespräch mit Patience, in dem sie ihm mitteilte, dass die Geschichte, die sie Dr. Larcher erzählt hatte , mit der besten Absicht erzählt worden war, um ihm die Wahrheit zu ersparen, und bei näherer Betrachtung erkannte er selbst, dass sie zum Besten gehandelt hatte , also vergab er ihr die Unwahrheit. Patience blieb im Grange, lebte ihr altes Leben und war nun sehr zufrieden, dass die Zukunft des Menschen, den sie auf Erden am meisten liebte, gesichert war.

Reginald bat Dr. Larcher , ihn mit Dick in die Stadt bringen zu dürfen, woraufhin der würdige Pfarrer stattgab und Mr. Bolby lediglich ermahnte , sorgfältig auf das Paar aufzupassen.

„Ich liebe sie wie meine eigenen Söhne", sagte der gute Mann ernst, „und ich fürchte, dass sie in der großen Stadt auf böse Wege geführt werden – sie sind jung und unerprobt – lasst sie nicht trinken, denn was sagt Horaz?" ?' *Non ego sanius , Bacchabor Edonis ."'*

„Von mir werden sie kein schlechtes Beispiel bekommen", sagte Mr. Bolby , „von mir gibt es kein schlechtes Beispiel. Ich werde sie ins Theater und zu verschiedenen Vergnügungen mitnehmen, aber das ist alles."

Also ließ der Pfarrer voller Sorge um seine lieben Jungen sie gehen, und die letzte, die sich von Reginald verabschiedete, war Una.

„Vergiss mich nicht unter all den Schönheiten Londons", flüsterte sie schelmisch; „Oder ich komme in die Stadt, um dich zu suchen."

„Hab keine Angst", antwortete er mit einer gespielten Leichtigkeit, die er bei weitem nicht spürte. „Ich werde mit ganzem Herzen zu dir zurückkommen, und wenn du mich dann haben willst , werden wir heiraten."

Also ging der arme Junge, nachdem er schon so früh im Leben gelernt hatte, dass Reichtum allein kein Glück bringt.

KAPITEL XXIX.

VON DR. NESTLEYS STANDPUNKT.

So niedrig – so niedrig – ja , ich bin in der Tat niedrig,
aber er, dein Geliebter, auch wenn er von hohem Stand ist,
wird darauf hereinfallen – ich sage dir, zierliche Dame. Der Teufel ist
gerade jetzt an seinem Ohr und atmet Versuchungen in subtilster Gestalt,
die ihn bald alles verlieren werden er liegt am liebsten.

Der Herbst war nun fast vorbei, und es war diese trostlose, kühle Jahreszeit
kurz vor dem Winter, als die Bäume ohne Laub darauf zu warten schienen,
dass der Schnee die kahlen Äste bedeckte, die im kalten Wind klagend
zitterten. Unter ihren Füßen war der Boden dunkel und durchnässt, über
ihnen war der Himmel trüb und senkte sich, während durchdringend kalte
Winde über die einsamen Sümpfe wehten und schrill über das öde Moorland
pfiffen.

So trostlos und trostlos es auch im Sommer ausgesehen hatte, wirkte
Garsworth Grange unter dem düster gefärbten Himmel noch trostloser und
trostloser . Die Feuchtigkeit hatte den weißen Marmor der Statuen verfärbt ,
der inmitten der umgebenden Wüste aus kahlen Bäumen und toten Blättern
verloren schien. Es regnete ununterbrochen, und als Una aus den antiken
Fenstern auf die düstere Landschaft blickte, die durch die treibenden
Regennebel zu sehen war, fühlte sie sich matt und deprimiert. Den ganzen
Tag lang pfiff der Wind durch die trostlosen Räume, und der Regen tropfte
unaufhörlich von den Dachvorsprüngen, sodass es kaum verwunderlich war,
dass sich sowohl Una als auch Miss Cassy alles andere als fröhlich fühlten.

Es war nun etwa zwei Monate her, seit Reginald in die Stadt gefahren war,
und Una hatte häufig Briefe von ihm erhalten, in denen er darüber berichtete,
wie die Anwälte alles arrangierten. In letzter Zeit hatten diese Briefe einen
fieberhaften Ton angenommen, als versuche der Verfasser, seiner
Korrespondenz eine Art fiktive Fröhlichkeit zu verleihen , die er bei weitem
nicht verspürte, und dieser plötzliche Stilwechsel bereitete ihr ernsthafte
Unruhe. Sie wusste, wie sensibel Reginald war und wie tief er die Entdeckung
seiner wahren Geburt empfunden hatte, so sehr fürchtete er, er könnte in die
Zerstreuung verfallen, um die Gespenster zu vertreiben , die ihn verfolgten.
In einem seiner Briefe hatte er außerdem erwähnt, dass er Beaumont in der
Stadt getroffen hatte, und als Una vom Pfarrer erfuhr, dass Dick Pemberton
nach Folkestone gegangen war , um seinen Onkel zu besuchen, zweifelte sie

an der Weisheit eines unerfahrenen jungen Menschen wie Reginald allein in London mit einem rücksichtslosen Mann von Welt wie Beaumont zurückgelassen.

Sie hatte Beaumont misstraut, als sie ihn zum ersten Mal traf, aber durch seine faszinierende Art war es ihm gelungen, ihren Abscheu zu überwinden, aber jetzt, da er weg war, schwand der Einfluss seiner starken Persönlichkeit, und sie begann, seine Macht über den ehrenwerten Mann ihres Geliebten zu fürchten . arglose Natur.

„Ich wünschte, Reginald würde sofort zurückkommen", sagte sie zu Miss Cassy, „und dann könnten wir heiraten und er hätte jemanden, der sich um ihn kümmert."

„Ich bin sicher, ich werde froh sein, wenn Sie verheiratet sind", wimmerte Miss Cassy, deren Stimmung durch das einsame Leben, das sie führte, traurig deprimiert war. „Ich werde melancholisch und verrückt, wenn ich hier bleibe – das weiß ich. Ich bin mir sicher, dass das nicht seltsam ist, oder? Ich fühle mich wie die Müde in der Moated Grange „Ich meine, das müde, tote Ding, und die düsteren Wohnungen – nicht halb so schön wie die Wohnung, die wir in der Stadt hatten. Wenn wir nur noch einmal dorthin gehen könnten – ich fröstele so."

Und so plapperte Miss Cassy unzusammenhängend weiter, ein Gedanke ließ den anderen aufkommen, während Una mit Reginalds letztem Brief in der Hand dasaß und aus dem Fenster starrte und sich fragte, was sie am besten tun sollte.

„Ich vertraue Mr. Beaumont nicht", sagte sie schließlich. „Er ist kein guter Begleiter für Reginald."

„Oh mein Lieber", sagte Miss Cassy und nahm den Teewärmer , den sie bei sich hatte, um ihn sich auf den Kopf zu legen, wenn ihr kalt wurde, „so ein charmanter Mann – ein wahrer Herr, wie heißt er denn?" Sitten und Bräuche."

„Seine Manieren sind in Ordnung, daran habe ich keinen Zweifel", erwiderte Una trocken, „aber was ist mit seinen Moralvorstellungen?"

Miss Cassy stieß einen kleinen mädchenhaften Schrei aus und löschte sich mit dem Teewärmer aus .

„Was für schreckliche Dinge du sagst, Una", bemerkte sie schockiert. „So sehr seltsam – ganz wie Zola, so sehr französisch."

„Meine liebe Tante, ich weiß, dass du zu den Menschen gehörst, die denken, dass unverheiratete Mädchen von solchen Dingen absolut nichts wissen sollten. Ich stimme dir nicht zu. Es ist nicht nötig, dass sie ihr Wissen über das Böse zur Schau stellen, aber sie können nicht helfen Wenn ich davon höre, egal, wie sorgfältig ich es erzähle, weiß ich, dass London kein guter Ort für einen jungen Mann mit viel Geld ist, besonders wenn er so unerfahren ist wie Reginald – außerdem ist Mr. Beaumont ein Mann von Welt, den ich Ich glaube wirklich, dass er von seinem Verstand lebt – und wenn es um seinen Verstand gegen den von Reginald geht, meine liebe Tante, fürchte ich, dass der arme Reginald am schlechtesten davonkommen wird.

„Was ist dann zu tun?" sagte Miss Cassy ausdruckslos. „Denkst du, wenn ich dem lieben Reginald ein paar Traktate schicken würde----"

„Ich glaube nicht, dass das viel nützen würde", unterbrach Una lachend. „Nein, ich werde nach Garsworth gehen, um den Pfarrer aufzusuchen – er wird wissen, was am besten zu tun ist. Ich werde ihm Reginalds Brief zeigen, und ich bin sicher, er wird mir zustimmen, dass es klug wäre, sich zurückzuziehen ihn vor Mr. Beaumonts Einfluss zu schützen."

„Warum kümmert sich Mr. Bolby nicht um ihn?" sagte Miss Cassy empört.

„Ich vermute, dass Mr. Bolby sich um sein eigenes Geschäft kümmern muss", antwortete Una mit einem schwachen Seufzer. „Außerdem betrachtet er Reginald nur aus finanzieller Sicht, nichts weiter – willst du mit mir ins Pfarrhaus kommen, Tante?"

„Oh ja, mein Lieber", rief Miss Cassy mit großer Begeisterung, „der Spaziergang wird mir gut tun, und ich bin so langweilig – ich werde mit der lieben Frau Larcher reden , wissen Sie, sie ist so seltsam, aber sie ist es immer noch." Besser als die eigene Gesellschaft, nicht wahr, Liebes? – Machen wir uns sofort bereit – der Regen hat nachgelassen, wie ich sehe.

„Dann lasst uns dem Beispiel des Regens folgen", sagte Una lachend, und die beiden Damen machten sich auf den Weg, um sich für ihren Spaziergang vorzubereiten.

Als sie sich in schweren Umhängen und dicken Stiefeln auf den Weg machten, stellten sie fest, dass die Sonne dieses Mal ihr Gesicht gezeigt hatte und etwas schwach durch die wässrigen Wolken blickte. Der Boden unter ihren Füßen war nass und schwammig, dennoch war es besser, als im trostlosen Gutshof eingemauert zu sein, und während sie schnell weitergingen, besserte sich ihre Stimmung trotz des deprimierenden Einflusses des Wetters.

Als sie nach einem kurzen Spaziergang an der Brücke ankamen , sahen sie einen Mann, der sich über die Brüstung beugte und auf das kalte, graue Wasser blickte, das darunter wirbelte.

„Meine Güte, Una, wie seltsam", rief Miss Cassy, „da ist Dr. Nestley ."

„Dr. Nestley ", wiederholte Una ziemlich erschrocken. „Ich dachte, er wäre letzte Woche weggegangen?"

„Er wollte gehen, tat es aber aus irgendeinem Grund nicht", antwortete Miss Cassy, die auf mysteriöse Weise den ganzen Klatsch des Dorfes hörte. „Ich habe gehört, dass er immer noch bei Kossiter wohnt – er trinkt, meine Liebe – ach schrecklich – so sehr seltsam."

Zu diesem Zeitpunkt befanden sie sich direkt in der Mitte der Brücke, und als Nestley Schritte hörte , drehte er sich um und zeigte ein blasses, hageres Gesicht mit trüben, trüben Augen voller stummen Elends. Der junge Mann sah so krank und trostlos aus, dass Una ihr Herz schmerzte, als sie dachte, die Veränderung sei durch ihre Weigerung, ihn zu heiraten, herbeigeführt worden, und obwohl sie ihn wegen seiner Charakterschwäche, die er dadurch beeinflussen ließ, verachtete, empfand sie dennoch Mitleid mit ihm die Hilflosigkeit des armen Kerls. Nestley errötete, als er die beiden Damen erkannte, dann hob er seinen Hut und drehte sich wortlos noch einmal um, um auf den Fluss zu schauen. Dabei fühlte sich Una unwohl, denn in ihrem Herzen kamen plötzlich Zweifel auf, ob er nicht die Absicht hatte, seinem Leben ein Ende zu setzen, und so fasste sie einen plötzlichen Entschluss und flüsterte Miss Cassy zu, sie solle allein zum Pfarrhaus gehen.

„Ich werde bald zu Ihnen kommen", sagte sie mit leiser Stimme, „aber zuerst möchte ich mit Dr. Nestley sprechen ."

„Aber es ist so seltsam", wandte Miss Cassy ein, „wirklich so sehr – sehr seltsam."

Dennoch erhob sie keine weiteren Einwände und trottete durch die Dorfstraße davon und ließ Una mit Dr. Nestley allein auf der Brücke zurück . Obwohl der unglückliche junge Mann wusste, dass sie immer noch hinter ihm war, drehte er sich nicht um, sondern starrte weiterhin stumpf auf das schaumige Wasser des Gar.

„Dr. Nestley ", sagte sie und berührte ihn sanft an der Schulter, „ich möchte mit Ihnen sprechen."

Er drehte sich mürrisch um, obwohl die Berührung ihrer behandschuhten Hand ihm einen Schauer über den Rücken jagte, und Una zuckte mit einem Ausruf des Mitleids zurück, als sie sah, was für ein Wrack er war. Sein früher so frisches Gesicht war jetzt grau und dünn, seine Augen waren von dunklen Ringen durchzogen, während seine nervösen Lippen und zitternden Hände zeigten, wie viel er getrunken hatte. Sogar in seiner Kleidung sah sie eine Veränderung, denn sie war nachlässig angezogen, seine Wäsche war schmutzig und seine Krawatte schlampig geknüpft – insgesamt sah er aus wie ein Mann, der seine Selbstachtung völlig verloren hatte und sich nicht um seine Gesundheit kümmerte noch Aussehen.

Nestley sah den Ausdruck auf ihrem Gesicht und lachte, ein hohles, freudloses Lachen, das ganz im Einklang mit seinem elenden Aussehen zu stehen schien.

„Sie betrachten Ihre Arbeit, Miss Challoner", sagte er bitter, „nun, ich hoffe, Sie sind zufrieden."

Unas Stolz war sofort in Aufruhr.

„Sie haben kein Recht, so mit mir zu sprechen, Sir", sagte sie hochmütig und sah ihn mit stolzem, kaltem Gesicht an. „Schreiben Sie Ihre eigene Torheit nicht auf meine Schuld – das ist sowohl schwach als auch unmännlich."

Das elende Geschöpf vor ihr senkte den Kopf vor dem strengen Blick ihrer Augen.

„Du würdest mich nicht heiraten", sagte er schwach, „du würdest mich nicht vor mir selbst retten."

„Soll ich durch die Welt gehen und die Menschen vor ihren eigenen Leidenschaften retten?" sie kam verächtlich zurück. „Es ist eine Schande für Sie, Dr. Nestley , sich hinter eine so schwache Verteidigung zu flüchten . Sicherlich sollte eine Frau sich nicht so herabwürdigen, wie Sie es getan haben, weil sie sich weigert, einen Mann zu heiraten, und dann ihr statt sich selbst die Schuld zuschieben …" Du solltest dieser Torheit ein Ende machen.

„Genau das habe ich mir gedacht", murmelte er und warf einen Blick auf den Fluss. Sie ahnte instinktiv, was der Blick bedeutete, sah ihn an und sagte:

„Würden Sie zu all Ihren Torheiten noch Selbstmord hinzufügen? – das ist die Zuflucht eines Feiglings und eines klugen Mannes wie Ihnen nicht würdig. Kommen Sie, Doktor Nestley ", fuhr sie fort und legte eine freundliche Hand auf seine Schulter, „lassen Sie sich beraten." von mir. Gib diese wahnsinnige Liebe zum Trinken auf, die dich auf das Niveau von Unmenschen erniedrigt, und geh zurück nach Hause – dann wirst du inmitten deiner alten Gefährten bald vergessen, dass ich jemals existiert habe."

"Niemals!" sagte er mit gebrochener Stimme.

„Oh ja, das wirst du", antwortete sie fröhlich. „Die Zeit ist ein wunderbarer Tröster – außerdem, Doktor Nestley , ich hätte Sie nie heiraten können, denn obwohl Sie es damals nicht wussten, wissen Sie es jetzt – ich werde Mr. Blake heiraten."

„Und welchen Unterschied wird das für Sie machen?" fragte er spöttisch und richtete seinen trüben Blick auf ihr ernstes Gesicht.

„Ich verstehe dich nicht", sagte sie kalt und zog sich zurück.

„Dann kann ich es leicht erklären“, antwortete der junge Mann schnell, „der einzige Unterschied wird dieser sein – du liebst ihn, du liebst mich nicht – im Übrigen beides Reginald Blake – oder soll ich ihn Garsworth nennen ?“ - und ich selbst werde in allem anderen gleich sein.

„Du redest wild“, sagte Una in eisigem Ton, „also werde ich dich verlassen – erlaube mir bitte, vorbeizukommen?“

„Nicht, bis ich zu Wort gekommen bin“, erwiderte er, und seine Augen leuchteten. „Ich kann jetzt dein stolzes Herz zerreißen, so wie du damals meines zermürbt hast. Ich habe deinen entsetzten Blick gesehen, als du mich angesehen hast, und gesehen, wie tief ich durch den Alkohol gefallen bin – genauso wirst du deinen Geliebten ansehen, wenn er von zurückkommmt die Vormundschaft von Basil Beaumont.

Una schrie erschrocken auf und taumelte hilfesuchend gegen die steinerne Brüstung der Brücke, während eine kalte Hand ihr Herz zu umklammern schien.

„Sie haben von den alten Teufeln gehört, die die Menschheit in Versuchung geführt haben“, fuhr Nestley schnell fort. „Ja, Sie haben solche Geschichten gehört und sie für fromme Fiktionen des Katholizismus gehalten – aber es ist wahr, ganz wahr. Auch heute noch gibt es in unserer Mitte Teufel dieser Art, und Basil Beaumont ist einer. Ich kannte ihn fünf Jahre lang in London Vor langer Zeit, als ich ein junger Mann war, der gerade ins Leben einstieg. Ich hatte keine Laster, ich hatte große Talente, ich widmete mich meinem Beruf und alles schien ein faires Leben zu versprechen. Aber Beaumont kam, der Teufel, der er ist, in der Gestalt Er war ein Engel des Lichts und ruinierte mich. Er verführte mich mit seiner schmeichelnden Zunge und seinen fadenscheinigen Manieren, damit ich an ihn glaubte. Nachdem er mein Vertrauen gewonnen hatte, verführte er mich zum Spielen und Trinken, bis ich so tief sank, dass sogar er mich im Stich ließ – ja, im Stich ließ der Mann, den er ruiniert hatte. Als sein verhängnisvoller Einfluss zurückging, begann ich mich zu erholen. Ich nahm das Versprechen an, verließ London und seine Faszination und stürzte mich in harte Arbeit. Fünf Jahre lang habe ich keinen Alkohol getrunken und es schien mir gut zu gehen noch einmal – aber ich kam hierher und traf ihn wieder. Ich habe seinen Überredungen lange Zeit widerstanden, aber in der Nacht , in der du mich zurückgewiesen hast, war ich erschöpft vom Wachen am Bett des Gutsherrn und krank vor Enttäuschung; Er überredete mich, ein Glas Wein zu trinken – es folgte ein weiteres – und dann – ich brauche nicht weiterzumachen, aber am nächsten Morgen stellte ich fest, dass ich meine Selbstachtung verloren hatte. Ich gab der Verzweiflung nach, es schien keine Hoffnung mehr für mich zu geben, und jetzt sehen Sie, was ich bin, und durch Basil Beaumont habe ich meinen

guten Namen verloren – mein Geld – meine Position – alles – alles auf der
Welt ."

Una war krank vor Entsetzen und versuchte zu sprechen, konnte ihn aber
nur mit weißen Lippen und verängstigtem Gesicht ansehen. Als er ihre
Beunruhigung sah, nahm er seine Rede wieder auf, allerdings in etwas
milderer Form.

„Ihr Geliebter ist nach London gegangen, und Beaumont ist bei ihm. Er ist
der Besitzer von Geld. Beaumont wird mit diesem Geld umgehen wollen;
um dies zu tun, wird er Reginald Blake auf eine bloße Chiffre reduzieren.
Wissen Sie, wie er es machen wird?" „Das sage ich dir. Durch schnelles
Leben wird er deinen Geliebten in den erbärmlichen Zustand versetzen, in
dem ich war, und durch ihn das Garsworth -Geld verschwenden. Es spielt
keine Rolle, wie hoch Reginald Blakes Prinzipien sein mögen, wie rein er
leben möchte , wie gemäßigt er auch gewesen sein mag, er ist in der Macht
von Basil Beaumont und wird nach und nach in die tiefsten Tiefen der
Erniedrigung und Verzweiflung hinabgezogen.

„Nein, nein!" sie schrie wild: „Das kann nicht sein!"

„Das wird es sein, das sage ich dir – ich kenne Beaumont, das weißt du nicht
–, wenn du deinen Geliebten retten würdest, ihn aus den Fängen dieses
Teufels befreien würdest, sonst wird er für dich, so wie ich, zu einem Objekt
des Schreckens werden." "

Mit einem Ausdruck der Verzweiflung wandte er sich ab, überquerte die
Brücke und schlenderte über die schlammige Straße, ohne einen Blick zurück
zu werfen, während Una mit blassem Gesicht und fest geballten Händen ihm
mit stummer Qual in den Augen nachsah .

„Oh, großer Himmel!" Sie stöhnte und hob ihr blasses Gesicht zum grauen
Himmel. „Wenn das wahr sein sollte – es muss wahr sein – ich kann sehen,
dass er die Wahrheit spricht! Reginald, sich darauf einzulassen – nein, nein!
Das werde ich." Geh zum Pfarrer. Ich werde ihm alles erzählen – alles ! Wir
müssen ihn retten, bevor es zu spät ist!"

Mit fieberhafter Ungeduld begann sie, die Straße entlang zum Pfarrhaus zu
gehen, nur darauf bedacht, einen Weg zu finden, den Mann zu retten, den
sie liebte.

Und der Mann, der keine Frau hatte, die ihn retten konnte, schlenderte müde
die Straße entlang – eine einsame, trostlose Gestalt, mit nur dem grauen
Himmel oben und der grauen Erde unten , ohne Hoffnung, ohne Frieden,
ohne Liebe, die ihn erwartete, sondern nur mit dem leerer, schwarzer
Schatten des nahenden Kummers, der mit düsteren Flügeln über seinem
Leben brütet .

KAPITEL XXX.

Die Zuneigung einer Mutter.

Niobe . Aus dem grausamen Ph[oe]bus fliegen alle meine Kinder.
Chor . Flieg dann, oh Königin, sonst werden sie dir Schaden zufügen.
Niobe . Welcher böse Rat liegt auf deiner Zunge?
Chor . Der Rat, der dich vor dir selbst retten würde.
Niobe . Die Liebe einer Mutter sollte daher ihr Kind schützen.
Chor . Aus solch einem Schutz kommt der Tod über dich.

Niobe . Der Tod wird willkommen sein, wenn er so kommt.
Du weißt nichts von wahrer Mutterschaft.
Ich denke, dass die Angst vor dem Tod mich dazu treiben wird, meine
Nachkommen Ph[oe]bean Darts zu überlassen.

Der nächste Tag war Sonntag, und in der Nacht fiel heftiger Schneefall, so
dass die Einwohner von Garsworth nicht wenig erstaunt waren, als sie
morgens beim Aufstehen den Boden weiß und den Himmel von einer
trüben, bleifarbenen Farbe vorfanden . Una hatte den Pfarrer gesehen und
im Anschluss an das Gespräch, das sie mit ihm geführt hatte, einen Brief an
Reginald geschrieben, den sie gerade in einen Umschlag steckte, als Patience
Allerby eintrat, um die Frühstückssachen wegzuräumen. Sie sah, dass Una an
Reginald geschrieben hatte, und ein Schimmer des Interesses huschte über
ihr ernstes Gesicht, als sie ihre Herrin gespannt ansah. Una ahnte, was sie
dachte, und da sie das tiefe Interesse der Frau an Reginald kannte, das ihrer
Meinung nach darauf zurückzuführen war, dass Patience seine
Krankenschwester war, sprach sie mit ihr über das Thema.

„Ich schreibe an Mr. Blake", sagte sie und schloss den Umschlag, „da ich
darauf bedacht bin, dass er nach Garsworth zurückkehrt ."

„Ihm geht es gut, nicht wahr, Miss Una?" fragte Patience besorgt.

„Oh ja, das denke ich", antwortete Una zweifelnd, „aber ich habe mit dem
Pfarrer gesprochen und er stimmt mir zu, dass es für Reginald gefährlich ist,
in London zu sein."

„Gefahr – von wem?"

„Herr Beaumont."

„Herr Beaumont!" wiederholte Patience mit rauer Stimme. „Was hat er
meinem Jungen angetan?"

Una sah sie erstaunt an, denn das ganze Gesicht der Frau schien verändert zu sein, und anstatt seinen gewohnten ruhigen Ausdruck zu zeigen, war es von stürmischen Leidenschaften zuckend. Diesmal war die Maske abgefallen, und Una erkannte die schreckliche Charakterstärke, die sich unter dem ruhigen Äußeren dieser Frau verbarg. Auch die Haushälterin hatte das Gefühl, sich selbst verraten zu haben, und bemühte sich, durch eine Erklärung den verlorenen Boden wieder gutzumachen.

„Ich bitte um Verzeihung, Miss Una, wenn ich wütend spreche“, sagte sie fieberhaft, „aber denken Sie daran, ich war Mr. Blakes Krankenschwester und er ist das einzige Wesen auf dieser Welt, das mir am Herzen liegt – wenn ihm etwas zustoßen würde, würde ich es tun.“ verzeih mir nie."

„Ich hoffe, dass ihm nichts passieren kann“, antwortete Una sanft, „aber er ist mit Mr. Beaumont in London, und nach dem, was Dr. Nestley mir über diesen Herrn erzählt hat, glaube ich nicht, dass er ein guter Begleiter ist.“ für Reginald.

„Dr. Nestley “, sagte Patience nachdenklich, „ich wusste nicht, dass Dr. Nestley Mr. Beaumont schon einmal getroffen hatte.“

„Ja, ich glaube, er hat ihn in London getroffen“, antwortete Una und richtete den Umschlag weiter, während Patience nachdenklich über das Gehörte hinausging und den Raum verließ.

Als sie ihre Arbeit für den Tag erledigt hatte , zog sie sich in ihr Zimmer zurück, um über das Gespräch nachzudenken. Nach dem zu urteilen, was Miss Challoner ihr erzählt hatte, versuchte Beaumont, Reginald zu ruinieren, und sie erriet sein Motiv dafür. Patience kannte den Künstler gut genug, um zu wissen, dass er nichts ohne einen Gegenstand tat, und da er Blake ein Gehalt von zehntausend Dollar pro Jahr beschert hatte, sah sie voraus, dass sein nächster Schritt darin bestehen würde, sich darum zu kümmern. Da er dies nur durch Reginald tun konnte , versuchte er, den Jungen völlig in seine Gewalt zu bringen, um zu tun, was ihm gefiel. Was Dr. Nestleys Bemerkungen betrifft, so wusste er offenbar etwas über Beaumonts früheres Leben, und Patience kam nach einigem Überlegen zu dem Entschluss, noch am Nachmittag Dr. Nestley aufzusuchen und alles herauszufinden, was er über ihn wusste.

Nachdem sie diesen Entschluss gefasst hatte , zog sie ihre Sachen an und ging hinaus, nachdem sie Jellicks gesagt hatte , dass sie in etwa zwei oder drei Stunden wieder zurückkommen würde.

Draußen hatte es aufgehört zu schneien, und all die kalten Farbtöne und das elende Aussehen der Landschaft waren unter einer reinweißen Decke verborgen. Die kahlen Äste der Bäume waren alle mit Pulverschnee beladen, der bei jedem Windhauch in weißen Flocken heruntergeschüttelt wurde. Die langen Reihen dorniger Hecken verliefen in schwarzen Linien über die weiße Fläche, und hier und da ragten hohe, hagere Bäume in verblüffendem Farbkontrast empor . Patience sah jedoch nichts von der Schönheit des Winters, sondern stapfte langsam die halb verödete Straße entlang und dachte an die Gefahren, denen Reginald durch seinen eigenen Vater ausgesetzt war.

Dann überquerte sie die Brücke und sah, als sie über die Brücke blickte, das bleifarbene Wasser trübe zwischen den weißen Ufern hin und her strömen, das schräge Dach der Kirche mit Weiß bedeckt, wie ein Altar, der mit dem Sakramententuch bedeckt war; die schweren grauen Steine des Turms und dahinter die hohen roten Schornsteine des Pfarrhauses, die einen fröhlichen, leuchtenden Farbfleck gegen den bläulichen Himmel bilden.

Sie wusste, dass Nestley im „Haus des guten Lebens" Halt machte, also ging sie direkt dorthin und fragte nach ihm, woraufhin sie in den Salon geführt wurde , vor dessen Feuer der unglückliche junge Mann saß, der erschöpfter und abgezehrter aussah denn je. Er sprang auf, als er Patience sah, starrte sie ängstlich an und sprach den Gedanken aus, der ihn am meisten beschäftigte:

„Ist Fräulein Una krank?" fragte er und dachte, sie sei gekommen, um seine professionellen Dienste in Anspruch zu nehmen.

„Nein, Sir", antwortete Patience, setzte sich und warf ihren Schleier zurück, „Miss Una geht es ganz gut – ich bin aus eigenem Antrieb zu Ihnen gekommen."

"Sind Sie krank?" fragte er müde, nahm seinen Platz wieder ein und stützte seinen Kopf auf seine Hand: „Was ist los mit dir?"

„Überhaupt nichts", antwortete sie kalt. „Mein Gesundheitszustand ist in Ordnung, aber ich möchte mit Ihnen über Mr. Beaumont sprechen."

Dr. Nestley sah sie überrascht an, mit einem bitteren Lächeln auf den Lippen.

„Was, du auch?" Er sagte spöttisch: „Sind Sie ein weiteres seiner Opfer?"

„Nein – ich bin nicht sein Opfer – aber wie Sie wissen, bin ich die Krankenschwester von Mr. Blake, der kürzlich das Anwesen übernommen hat, und da er jetzt mit Mr. Beaumont in London ist , möchte ich von Ihnen hören Sagen Sie Ihren eigenen Lippen, welche Gefahr Ihrer Meinung nach in einer solchen Kameradschaft liegt.

"Was kann ich sagen?"

„Alles; Sie haben Miss Una gestern Ihre Geschichte erzählt und sie hat mir etwas darüber erzählt----"

„Mein Selbstvertrauen missbraucht?"

„Nichts dergleichen, Sir, sie hat lediglich gesagt, dass Sie Mr. Beaumont nicht für einen guten Begleiter für einen jungen Mann halten, nichts weiter – ist das wahr?"

„Völlig wahr. Ich weiß aus eigener Erfahrung, was Beaumont ist – er wird Reginald Blake in die tiefste Tiefe der Erniedrigung ziehen."

Die Frau presste bedrohlich ihre dünnen Lippen zusammen.

„Das glaube ich nicht, wenn ich es verhindern kann", sagte sie grimmig.

„Dann, wenn Sie es verhindern können – wenn Sie irgendeine Macht über ihn haben – entziehen Sie Blake seinem Einfluss, sonst wird er ihn ruinieren."

"Bist du sicher?"

„Sicher", wiederholte er bitter, „ich weiß es nur zu gut, aber Gott steh mir bei! Basil Beaumont ist ein Teufel und ruht nie, bis er seine Freunde so niederträchtig gemacht hat wie er. Blake hat Geld, Beaumont will dieses Geld und wird nichts daran hindern, es zu beschaffen.

„Er sollte sich besser nicht gegen mich auflehnen."

"Was weißt du über ihn?"

„Mehr, als die Welt wissen möchte."

Garsworth fernzuhalten ."

„Es ist mir egal, ob er nach Garsworth kommt , solange er meinen – meinen Jungen in Ruhe lässt."

"Dein Junge?"

„Reginald Blake – ich war seine Krankenschwester – ich werde ihn dazu bringen, hierher zurückzukehren, und wenn er Miss Una heiratet , glaube ich nicht, dass Mr. Beaumont viel tun kann."

„Er wird so viel tun", rief Nestley schnell, „er wird versuchen, die Heirat zu verhindern."

"Warum?" sie fragte knapp. "Aus welchem Grund?"

„Der beste aller Gründe – er liebt Una Challoner selbst."

Mit einem Schrei erhob sich Patience, ihr Gesicht wurde zu einer gespenstischen Blässe.

„Du – du – bist verrückt", keuchte sie und legte ihre Hand auf ihr Herz, „das kann nicht wahr sein."

„Es ist wahr, das sage ich dir ", sagte er Nestley flüsterte hart und näherte sich ihr. „Una Challoner würde nicht auf mich hören, weil sie Reginald Blake liebt. Beaumont liebt sie auch und sieht, dass Blake ein Hindernis auf seinem Weg ist. Er wird dieses Hindernis mit fairen Mitteln oder Foul beseitigen – aber er wird es beseitigen – er wird es tun." Erlangung einer solchen Macht über Blake, dass er ihn dazu bringt, ein Testament zu seinen Gunsten zu verfassen , dann – dann – können Sie sich vorstellen, was folgen wird.

„Oh! aber es ist schrecklich – schrecklich – dieser Mann würde so etwas niemals tun."

„Ich kenne Basil Beaumont – du nicht."

„Nicht wahr!" sie weinte bösartig und drehte sich um. „Ich kenne ihn nur zu gut – ich war einmal eine gute Frau!"

„Ah! Ich dachte, du wärst ein weiteres Opfer", sagte Nestley zynisch. „Und was haben Sie vor?"

"Tun!" sagte sie heftig. „Ich werde ihm einen Brief schreiben und ihn ein für alle Mal warnen – wenn er sich weigert, die Warnung anzunehmen, werde ich ihm keine Gnade zeigen – er muss jeden Gedanken an Una Challoner aufgeben – sie soll Reginald Blake heiraten und keinen anderen." ."

„Solange Beaumont lebt, wird sie das nie tun – ich weiß, dass sie Blake liebt, aber Beaumont liebt sie, und was sollen diese beiden Unschuldigen gegen seine teuflische List tun?"

„Er muss sowohl mit mir als auch mit ihnen klarkommen", sagte sie großartig. „Eher als Beaumont ihnen auch nur ein Haar kränkt, werde ich gleichzeitig seinem Leben und dem seiner Schurken ein Ende setzen."

„Du würdest ihn nicht töten?"

„Ich werde tun, was ich sage – wenn er die Warnung, die ich ihm schicke, nicht annimmt, liegt sein Leben in seinen eigenen Händen, nicht in meinen."

Nestley stand vor Erstaunen stumm da, während Patience ohne ein weiteres Wort aus dem Zimmer fegte und erst dann seine Sprachfähigkeit wiedererlangte.

"Pfui!" sagte er mit einem Schauder. „Ich glaube, dass sie es tun wird – aber nein – Beaumont ist ein Mann, dem nichts etwas anhaben kann – Teufel werden aus irgendeinem Grund auf die Erde geschickt, und er ist einer."

Er hockte sich über das Feuer, dessen rotes Licht sein Gesicht beleuchtete, alle Linien und Vertiefungen zum Vorschein brachte, die sich jetzt darauf eingeprägt hatten, und ihn sehr alt und grau aussehen ließ. Draußen brach die Nacht herein und er zitterte erneut, als die tiefe Stimme der Kirchenglocke durch die kühle Luft ertönte.

„Es ist Sonntag“, flüsterte er. „Sonntagabend – ich sollte in die Kirche gehen. Kirche!“ Er wiederholte mit einem trüben Lachen: „Für mich gibt es keine Kirche – zwischen mir und Gott steht der Teufel des Trinkens.“

KAPITEL XXXI.

PSALM CVII. 19.

Ein zufälliges Wort
kann ein unaufmerksames Ohr treffen und die Seele aus selbstsüchtigem
Schlummer erwecken ,
um mit tausend subtilen Feinden zu ringen, die ihre Hoffnung auf das
Paradies zerstören würden.

Draußen fiel der Schnee schnell und dicht vom trüben, undurchdringlichen Himmel, aber in der Kirche herrschte Wärme und Licht. Aufgrund der primitiven Zivilisation des Dorfes wurde das heilige Gebäude nur von wenigen Öllampen beleuchtet, die gerade ausreichten, um es mit Schatten zu füllen. Das große gewölbte Dach darüber lag völlig im Dunkeln, und tief unten, fast auf Höhe der Kirchenbänke, brannten die Lampen mit einem matten gelben Licht in der schweren Atmosphäre. Auf dem Abendmahlstisch leuchteten vier Kerzen wie bernsteinfarbene Sterne und berührten mit unregelmäßigen Lichtern die weißen Glieder des Christus, der am Ebenholzkreuz hing. Eine von einer roten Kugel umgebene Lampe schwang in der Mitte des Chorbogens und strahlte grellrote Namen wie ein rotes Auge, das aus dem Halbdunkel leuchtete, und auf jeder Seite der Kanzel warfen zwei Kerzen einen zweifelhaften Schimmer auf die aufgeschlagene Bibel. Inmitten all dieser Fantasie aus Schatten und Licht knieten die einfachen Dorfbewohner mit gesenkten Köpfen und folgten mit murmelnden Stimmen dem Vaterunser, das der Pfarrer rezitierte. Der verwirrte Klang summte zwischen den zahlreichen Bögen und verlor sich in schwachen Echos zwischen den großen Eichenbalken, und dann erklang der Donner der Orgel ein melodisches Amen, das in einem Flüstern verklang, als die Gemeinde mit einem Rascheln aufstand um die Antworten zu geben.

Während die Psalmen gesungen wurden, öffnete sich die Tür am unteren Ende der Kirche und, angekündigt von einem kalten Luftstoß, der alle Lampen zum Flackern brachte, schlich sich ein Mann heimlich auf einen dunklen Sitz und kniete nieder. Das war Duncan Nestley , der, gequält von wahnsinnigen Gedanken und überwältigenden seelischen Qualen, auf der Suche nach Trost zur Religion gekommen war und jetzt mit heißen, trockenen Augen und gefalteten Händen im Schatten kniete.

Der Abendpsalm war jener großartige Gesang, in dem David beschreibt, wie Jehova in all seiner Herrlichkeit hervorkommt, und der Chor, der wirklich hervorragend war, hat die rollenden Verse des hebräischen Dichters gut wiedergegeben. Der dünne Diskant der Jungen hallte durchdringend schrill durch die mystische Dämmerung.

„ Er ritt auf den Cherubim und flog; er kam fliegend auf den Flügeln des Windes ."

Dann donnerten die tieferen Stimmen der Männer ohne Pause die erhabenen Worte:

„ Er machte die Dunkelheit zu seinem geheimen Ort, zu seinem Pavillon um ihn herum, mit dunklem Wasser und dicken Wolken, um ihn zu bedecken ."

Kein Wunder, denn als die große Lautstärke durch die Kirche hallte, war das Herz des unglücklichen Mannes voller Angst.

Pracht hervortrat, war sein Feind, dieser schreckliche Jehova der Hebräer, in dessen Hand das Schwert der Rache blitzte, war sein gnadenloser Richter, und als er dort mit fest geballten Händen kniete, fühlte er sich von ihm auf die Erde gedrückt Der Chor donnerte heftige Denunziationen. Doch dann änderte sich die schreckliche Heftigkeit der Musik, und süß wie eine silberne Trompete erklang die Verkündigung:

„ Der Herr lebt , und gesegnet sei mein starker Helfer und gepriesen sei der Gott meines Heils ."

Damals gab es Gnade – diese unbekannte Pracht , deren Schrecken mit solcher Erhabenheit verdeutlicht worden war, empfand sowohl Mitleid als auch Rache; ein dumpfes Gefühl der Erschöpfung überkam ihn, als der Psalm mit der Verheißung der Barmherzigkeit endete und seine trockenen Lippen sich stumm bewegten, als wollten sie in das abschließende „Ehre sei dem Vater " einstimmen.

Er erhob sich nicht von seinen Knien, sondern lauschte immer noch in einer Haltung unterwürfigen Flehens wie in einem Traum der Vorlesung der Lektionen und der süßen, freundlichen Musik der Hymnen. Erst als der Pfarrer, groß und stattlich in seinem weißen Chorhemd, die Kanzel bestieg und den Text vortrug, regte er sich. Mit einem müden Seufzer stand er auf und setzte sich in die Bank, völlig erschöpft von den widersprüchlichen

Gefühlen, die die Musik in ihm hervorrief, aber die Worte des Textes, die von der klangvollen Stimme von Dr. Larcher vorgetragen wurden , schienen seiner Verzweiflung etwas Trost zu spenden Seele.

„ Dann schreien sie zum Herrn in ihrer Not, und er rettet sie aus ihrer Not .“

Zunächst hörte er der Predigt tatenlos zu, stellte aber zu seiner Überraschung bald fest, dass er den Worten des Predigers aufmerksam folgte. Dr. Larcher war keineswegs ein Chrysostomus mit dem goldenen Mund, aber er hielt eine schlichte, heimelige Predigt, die hervorragend auf die einfache Gemeinde abgestimmt war, deren Pfarrer er war. Niemals verlor er sich in abstrusen theologischen Argumenten, die sie nicht verstanden hätten, sondern erzählte ihnen in kräftigem Sächsisch praktische Wahrheiten, deren Bedeutung niemand übersehen konnte.

„ Denn, meine Brüder, wenn ein Mensch in der tiefsten Verzweiflung steckt, dann ruft er zum ersten Mal den Namen des Herrn an. In Zeiten des Friedens und des Überflusses, wenn unsere Freunde um uns sind und unsere Kassen voll sind, werden wir Leider vergessen wir allzu gerne, dass all diese Wohltaten vom Allmächtigen kommen, und versäumen es daher manchmal, ihm für seine vielen Barmherzigkeiten zu danken. Aber wenn sich die Wolken des Unglücks um uns herum zusammenziehen, wenn die geliebten Menschen ins Grab sinken, wenn unsere weltlichen Reichtum verschwindet wie Schnee, wenn unser Name zu einem Wort der Verachtung und des Vorwurfs wird, dann wenden wir uns an Gott um die Hilfe, die uns der Mensch verweigert. Und weigert er sich jemals, uns zu helfen ?- - Nein!- - Mit den Worten des Psalmisten: „Wirf deine Last auf den Herrn, und er wird dich tragen“ – dem Herzen, das wirklich reuig ist, gibt Er Frieden und Hilfe in Zeiten der Not; nichts ist so niedrig, außer das, was Er nicht hören und hören will Erhöre ihre Gebete, wenn sie von Herzen kommen. Wir von der späteren Generation appellieren nicht an den schrecklichen Jehova der jüdischen Nation, mit dem Prunk und Stolz der Opfer und dem Blasen silberner Trompeten. Nein, seit dem Kommen unseres lieben Herrn, der das Bindeglied zwischen dem allerhöchsten Himmel und der niedrigsten Erde bildet, richten wir in der Einsamkeit demütige Gebete an Ihn, und Er, der milde und barmherzige Vater von uns allen, trocknet die Tränen aus unseren Augen und nimmt die Tränen Kummer aus unseren Herzen. Wenn ein Mensch schwach ist und Sünde begehen würde, rufe er den Herrn an und er werde gestärkt. Wenn die Versuchungen, denen er ausgesetzt war, zu schwer für ihn waren und er erlag, flehe er den Allmächtigen um Gnade an und er wird es sicherlich finden. Ach! Wie oft finden wir Unversöhnlichkeit bei Menschen. Wenn sie die Worte Christi vergessen: „Vergib uns unsere Verfehlungen, so wie auch wir denen vergeben, die gegen uns verstoßen“, wenden sie ihr Gesicht ab und lassen uns erniedrigt im Staub zurück, aber Christus erhebt uns aus dieser Position Demütigung mit tröstenden

Nestley wartete darauf, nichts mehr zu hören, aber mit einem unterdrückten Schmerzensschrei floh er aus der Kirche in die kalte, weiße Welt draußen. Er stolperte über die Grabsteine, durch den blendenden Schnee, der jetzt in dicken Flocken fiel, und befand sich bald auf der offenen Straße. Von einem verrückten Impuls getrieben, er wusste nicht was, raste er wild über den Marktplatz hinweg die Brücke und weiter zum weglosen Common. Mit zusammengebissenen Zähnen und wilden, starren Augen stemmte er sich gegen den Sturm, der vorbeizog. Seine Füße machten auf dem nachgebenden Schnee kein Geräusch und er glitt wie ein unruhiger Geist dahin, die brennenden Worte der Predigt hallten in seinen Ohren wider.

Er befand sich in tiefster Verzweiflung und alle Männer hatten ihr Gesicht von ihm abgewandt; Er würde den Herrn anrufen, um ihm zu helfen — aber würde Gott dabei sein? — Sicherlich würde Er — Was waren die Worte des Textes?

Er würde auch weinen und der Herr würde ihn von den schrecklichen Qualen retten, die er ertragen musste. Er kniete dort und dann im Schnee nieder und rief diesen unsichtbaren Gott, der in der schrecklichen Pracht der umlaufenden Wolken seinen Pavillon hatte, um Hilfe an.

Keine Antwort außer dem Pfeifen des Windes und dem sanften Geräusch des vorbeifegenden Schnees, der sein kaltes Gesicht mit zarten Berührungen streichelte.

Nichts, nichts, nur der schwarze Himmel oben, die weiße Erde unten und er selbst, dazwischen ein rücksichtsloser, verzweifelter Mann, der seine hilflosen Hände hochhält.

„ Vater unser, der du im Himmel bist ----"

Wie süß diese Worte klangen; Er hatte sie sicherlich am Knie seiner Mutter gehört – damals war er ein unschuldiges Kind, aber jetzt! Oh Gott, was für ein böses Leben er seitdem geführt hatte!

„ Gott! Gott! – Mitleid und rette! "

Es wurde jetzt ziemlich warm und er fühlte sich schläfrig; Wenn er eine Weile schlief, erwachte er und bat Gott noch einmal, ihn zu retten; aber nein, wenn er im Schnee einschlief, würde er nie wieder aufwachen, denn dieser tückische Schnee würde ihn mit kalten Umarmungen töten. Er würde sterben – sterben . Ah! Er konnte nicht sterben, obwohl er von der Sirenenstimme und den sanften Liebkosungen der Schneekönigin in den Schlaf gewiegt wurde; Das Leben war süß, also würde er darum kämpfen, es zu behalten.

Ein langer Kampf und er war auf den Beinen; die Straße! Wo war die Straße? er konnte es nicht sehen. Egal, der Schnee und der Wind waren in seinem Rücken, er würde weitergehen, bis er zur Brücke kam, dann wäre er in Sicherheit. Oh, die ermüdenden, ermüdenden Meilen – halb benommen, halb verrückt, taumelte er weiter und schwankte wie ein Betrunkener. Würde der Weg nie zu Ende gehen? Oh, dieser unaufhörliche Wirbel aus Schneeflocken, in dem er sich befand, es war der Tanz des Todes und er war der Tänzer.

Immer schneller fielen die Flocken auf die weiße Wiese und hinüber zur dunklen Oberfläche des Gar, aber jetzt kämpfte sich keine Gestalt weiter; Nein, es lag auf der Brücke, ein ungeordneter Haufen schwarzer Kleidung, den der Schnee schnell unter seinem weichen weißen Mantel verbarg.

Über die Brücke kommt das Pferd und das Gespann eines stämmigen Bauern, der die wilde weiße Wüste dahinter überqueren muss, um nach Hause zu gelangen, und der stämmige Bauer selbst treibt mit seiner drallen Frau an seiner Seite das weise alte Pferd. Plötzlich schreckt das alte Pferd vor der im Schnee liegenden Gestalt zurück – ein Aufschrecken seitens des

Bauern und seiner Frau – dann Ausrufe und Hilferufe, schwarze Gestalten gleiten wie Schatten über den Schnee und freundliche Hände heben Duncan Nestley hoch von seiner tödlichen Ruhestätte.

Bringen Sie ihn ins Gasthaus, stellen Sie ihn vor ein prasselndes Feuer, drücken Sie etwas heißen Brandy zwischen seine blauen Lippen und reiben Sie seine gefrorenen Gliedmaßen, um die Zirkulation des kalten Blutes wiederherzustellen.

Tot! nein, nicht tot! er öffnet seine Augen. In ihnen steckt keine Intelligenz, nur ein leerer Blick – er plappert ein paar Worte und fällt dann in Ohnmacht zurück.

Im Delirium, ja, und im Delirium für viele lange Tage, die arme Seele.

KAPITEL XXXII.

LONDON.

London ist die Kerze, die mit ihrem fieberhaften Schein stets Landmotten anlockt und sie in ihrer grausamen Flamme erbarmungslos vernichtet.

Aufgrund seines gestörten Geisteszustands hatte Reginald Blake in der Stadt nicht besonders viel Spaß. Jahrelang hatte er sich die wunderbare Stadt und sein Leben darin vorgestellt; wie er sich eines Tages als Bewohner der großen Metropole wiederfinden würde, begierig darauf, Ruhm und Reichtum durch die Magie seiner Stimme zu erlangen, wie es ihm Freude bereiten würde, das ehrgeizige, halb böhmische, ganz entzückende Dasein eines Sängers zu führen, und wie er es tun würde in der Lage sein, durch die Straßen zu schlendern und das strahlende Leben der mächtigen Stadt mit ihrer rastlosen Geschäftigkeit und ihrem leidenschaftlichen Streben nach Reichtum, Ruhm und Neuheit zu sehen. Die graue Westminster Abbey, die edle St. Paul's Kirche, der riesige Turm des Parlamentsgebäudes, die goldene Säule des Monuments, er würde all dies mit ihrer Fülle an historischen, religiösen und künstlerischen Assoziationen sehen. Er würde genau die Straßen betreten, über deren Steine der stolze, von Armut geplagte Chatterton, der höfische Addison und der schwerfällige Dr. Johnson wanderten; Er würde die malerischen Gassen, Häuser und Straßen finden, die in den faszinierenden Seiten von Dickens beschrieben sind, und er würde durch die heiligen Stätten von Drury Lane streifen, heimgesucht von den stattlichen Schatten von Wilkes, von Siddons, von Bracegirdle und David Garrick. Mein Gott, was für unzählige fantastische Schlösser hat er nicht im Wolkenkuckucksheim über den unsichtbaren Glanz Londons gebaut, wo jede Straße und jeder Stein an die glorreiche Geschichte Englands von Plantagenet bis Guelph erinnerte
.

Oh, wunderschöne Schlösser des Wolkenlandes, wie schnell verschwand ihre Pracht aus seiner Fantasie, bevor sie von der entzaubernden Berührung der erschreckenden Realität erfasst wurde. Er war tatsächlich in London, aber leider war es nicht das magische London seiner Träume, diese riesige Ansammlung von Häusern, durch die ein melancholischer grauer Fluss floss und über der eine düstere dunkle Wolke aus Rauch und Nebel hing. Das London der Romantik und das London der Realität waren zwei sehr unterschiedliche Dinge, doch die Ernüchterung dieses träumenden Jugendlichen war nicht ausschließlich auf das prosaische Erscheinungsbild der Stadt selbst zurückzuführen, sondern eher auf die Trübsinnigkeit und Niedergeschlagenheit seiner Stimmung.

Die Erinnerung daran, wie sein Reichtum zu ihm gekommen war, lastete schwer auf seinem Gemüt, veranlasste ihn, alle Dinge mit äußerst düsterer Sicht zu betrachten, und quälte sein sensibles Gemüt mit irritierenden Gedanken und wahnsinnigen Wahnvorstellungen. Vergeblich versuchte er, dieses düstere Gefühl abzuschütteln und das bunte Leben der großen Stadt zu genießen; Vergeblich redete er sich ein, dass der Unfall seiner Geburt nicht seine Schuld gewesen sei, und vergeblich bemühte er sich, Freude an der Gesellschaft der Männer und Frauen zu haben, denen Basil Beaumont ihn vorgestellt hatte. Es war alles nutzlos, denn eine dunkle Wolke aus Bitterkeit und Misstrauen schien sich über die Freude seines Lebens zu legen, was dazu führte, dass er alles mit gelbsüchtigen Augen betrachtete. Er hatte das Gefühl, dass er die jugendliche Lebensfreude verloren hatte, wie es Donatello getan haben musste, nachdem er seine Hände mit Blut befleckt hatte, und obwohl er Jugend, Talent, gutes Aussehen und Reichtum besaß, wurden all diese entzückenden Gaben der Feen durch ihn neutralisiert das verhängnisvolle Geschenk der Schande, das ihm die bösartige Beldam zuteil werden ließ, die sich als das böse Genie seines Lebens erwiesen hatte.

Sobald die mit dem Garsworth- Anwesen verbundenen Geschäfte ordnungsgemäß abgeschlossen waren und er vollständig als Erbe des alten Squire anerkannt worden war, überließ Bolby , da er seine Pflicht getan hatte, den jungen Mann und seinen Freund Dick weitgehend sich selbst . Dick genoss alles mit dem unerschöpflichen Appetit der Jugend, aber Reginald nahm seine Freuden, so wie sie waren, auf eine lustlose Art und Weise auf, was zeigte, wie völlig er jegliche Fähigkeit zum Genießen verloren hatte.

Mr. Pemberton war ziemlich irritiert über das prosaische Leben, das sie führten, als sie in den Hauptrollen von Mr. Bolby spielten, dessen Vorstellungen von Unterhaltung äußerst primitiv waren und sich selten über einen Nachmittag im Zoo oder eine Nacht bei Madame Tussaud oder Co. hinaus erstreckten Ägyptischer Saal. Das Einzige, was Dick in Mr. Bolbys Vorstellungen vom Leben sah, was er überhaupt für verdienstvoll hielt, waren die ausgezeichneten Abendessen, die der kleine Anwalt ihnen gab, aber Dick hatte bei seinen Stippvisiten in der Stadt den Baum der Erkenntnis gekostet, unter dessen Schatten die Bäume standen Er besuchte Konzertsäle und Burlesque-Theater und war daher bestrebt, solche Orte zu seiner Unterhaltung aufzusuchen.

Bolby verließen und sich bequem in einem ruhigen Hotel in der Jermyn Street niederließen, übernahm Dick die gesamte Organisation ihres Londoner Lebens, da er sah, dass es Reginald völlig gleichgültig war, wohin er ging oder was er tat Mit eigenen Händen gelang es ihm, viele Orte zu besuchen, die den Pfarrer schrecklich schockiert hätten, wenn er davon gewusst hätte. Solche verbotenen Vergnügungen schadeten ihnen nicht besonders, denn beide Jungen waren für ihr Alter äußerst vernünftig, und dennoch war Dick dank Reginalds Großzügigkeit in der Lage, viel Geld auszugeben, und nahm seinen Freund und sich selbst mit an verschiedene schattige Orte, von denen sie hätte genauso gut unwissend sein können. Aber Nemesis stieß bald auf den unglücklichen Richard, und gerade als er sich zu einem hübschen Mann in der Stadt entwickelte, schrieb ihm sein unverheirateter Onkel in Folkestone einen Brief, in dem er ihn aufforderte, zu Besuch zu kommen, und zwar als Dick, der ihm gehören sollte Als Erbe seines unverheirateten Onkels musste er die Stadt verlassen, sehr zu seinem eigenen Ekel und zum Bedauern von Reginald, der seinen lebhaften Freund jede Stunde des Tages vermisste.

Er blieb jedoch immer noch in der Stadt, aber da er niemanden kannte, war sein Leben gelinde gesagt äußerst langweilig. Reginald hatte im Wesentlichen einen geselligen Charakter und wollte jemanden, mit dem er reden konnte. Deshalb war es ihm nicht leid, als eines Tages Basil Beaumont, der auf die Abreise von Dick gewartet hatte, ihn aufsuchte und sich fortan zu seinem Bärenführer ernannte. Da sie seit ihrer Ankunft in der Stadt nichts mehr von dem Künstler gesehen hatten, hatte Dick nie daran gedacht, Reginald sein Misstrauen gegenüber dem faszinierenden Beaumont zu sagen, und so fühlte sich der junge Mann, der sich an die Freundlichkeit des Künstlers über seine wahrscheinliche Karriere als Sänger erinnerte, ihm gegenüber sehr wohlwollend und war durchaus bereit, sein Angebot der Kameradschaft als Ergebnis einer freundlichen Gesinnung und nicht als Ergebnis eines sorgfältig durchdachten Plans anzunehmen.

Einen gefährlicheren Begleiter als Beaumont konnte man sich für einen jungen Mann in einem deprimierten Geisteszustand kaum vorstellen, denn er brachte Reginald dazu, sich zur Ablenkung in ausgelassene Vergnügungen zu stürzen, vor denen er sonst zurückgeschreckt wäre. Mit einem überaus raffinierten Geist und einer Freude an kultivierter Gesellschaft wäre er, wenn er vollkommen gesund gewesen wäre, von diesem modernen Mephistopheles nie in den Strudel rasender Vergnügungen hineingezogen worden, in dem seine Tage und Nächte jetzt verschlungen waren. Aber da er sich in einem krankhaften Geisteszustand befand, grübelte er ewig über dem angeblichen Stigma, das mit seinem Namen verbunden war, bis es für ihn zu einem wahren Albtraum wurde. Er glaubte, dass jeder seine elende Geschichte kannte und ihn wegen der ungewöhnlichen Stellung, die er jetzt einnahm, verachtete, und so wurde er in einem wahnsinnigen Geist der Tapferkeit völlig rücksichtslos und beschloss, der Welt zu trotzen, als die ihn sein sensibler Geist verspottete ein Bastard. Es ist schrecklich zu erzählen, dass Beaumont, der den jungen Mann hätte verhindern sollen, in einen so ungesunden Geisteszustand zu verfallen, trotz der zwischen ihnen bestehenden Beziehung seine düsteren Anfälle eher förderte als auf andere Weise, da er glaubte, dass dies ihm mehr Halt geben würde Der unglückliche junge Mann stürzte den unglücklichen jungen Mann so absichtlich in den Ruin – nicht in den Ruin seines Vermögens oder seiner Position, sondern in den Ruin seiner körperlichen und moralischen Natur.

In seinen besten Tagen war der Bekanntenkreis Beaumonts nicht sehr groß oder angesehen, aber jetzt war er kleiner und schlimmer als je zuvor; Dennoch stellte er den jungen Herrn von Garsworth Grange seinen Freunden vor, deren Manieren im Allgemeinen ebenso gepflegt waren wie ihre Moral. Zerbrochene Berufsmänner, heruntergekommene Herren, ruinierte Herren des Glücks, zwielichtige Mitläufer der Gesellschaft; Dies waren die täglichen Begleiter von Reginald Blake, bis sein Geist, der eigentlich darauf ausgelegt war, Eindrücke aufzunehmen, zu verderben begann. Die Gesellschaft der Falken ist für Tauben ziemlich gefährlich, und diese arme, unkultivierte Taube war von viel zu argloser Natur, um den Raubvögeln, von denen sie umgeben war , zu misstrauen, obwohl sie freilich ihren natürlichen Instinkten für Recht und Unrecht trauen konnten hat ihn vor vielen Fallstricken bewahrt.

Nicht, dass die Falken um ihn herum seiner finanziellen Situation geschadet hätten, denn Beaumont war zu egoistisch, um zuzulassen, dass jemand außer sich selbst den Rupf dieser gut gefiederten Taube erhielt, und selbst unter Falken gab es einen ungeschriebenen Ehrenkodex, den jungen Mann wurde völlig der zärtlichen Gnade seines bösen Mentors überlassen. Dennoch zerstörten die langen Nächte voller Spiele, die List der Frauen, deren Schönheit ihre Gebrechlichkeit nicht ausgleichen konnte, und das ständige Leben voller Aufregung unter dem fieberhaften Schein des Gaslichts bald das frische, gesunde Gefühl der Jugend, das Reginald Blake während der Stille besessen hatte Jahre seines Landlebens.

Wenn manchmal seine besseren Gefühle die Oberhand gewannen und er diesem ungesunden Leben mit bitter schmeckenden Freuden entkommen wollte, stand ihm Beaumont immer mit einem neuen Trick zur Seite, um ihn ins Verderben zu locken. Blake war keineswegs ein schwachsinniger Mann, dennoch war er jung und beeindruckbar, und der plötzliche Wechsel von der Armut und dem ruhigen Leben in Garsworth zum opulenten, glänzenden Leben in London brachte ihn aus seinem moralischen Gleichgewicht.

Zweifellos hätte er den Verlockungen der Sünde und den oberflächlichen Frivolitäten, denen er mit der Apathie der Verzweiflung nachgab, mutig widerstehen sollen, aber in den Armida-ähnlichen Gärten Londons sind die schärfsten Augen geblendet, die schärfsten Sinne verwirrt und benommen

Durch den Trubel und die Brillanz um ihn herum gerät das Opfer nur allzu leicht in die Fallstricke, die hinter dem prächtigen Schauspiel verborgen sind.

Eines jedoch widerstand Reginald entschieden, und das war die Versuchung zu trinken – er spielte ein Nickerchen und Baccarat und verlor dabei verhältnismäßig große Summen, gemischt mit der Gesellschaft von Frauen, die ihn mit Sirenenstimmen ins Verderben lockten, aber trotzdem Trotz Beaumonts heimtückischen Verlockungen trank er nie mehr Wein, als ihm gut tat, und diese Mäßigung schützte gewissermaßen vor dem verhängnisvollen Einfluss seines ansonsten törichten Lebens. Beaumont war jedoch nicht ungeduldig, da er aus Erfahrung wusste, wie die Zeit gute Vorsätze zermürbt, und wartete ruhig, bis ein glücklicher Zufall es ihm ermöglichen würde, dem Ruin seines unglücklichen Sohnes den letzten Schliff zu geben. Es scheint fast unglaublich, dass ein Mann wie Basil Beaumont existieren konnte, vor dem nicht einmal sein eigenes Fleisch und Blut sicher war; Aber leider ist er nur einer der vielen Männer, bei denen jegliche natürliche Liebe und Zuneigung durch das bösartige, fieberhafte Leben, das sie führen, völlig zerstört wird.

Schauen Sie sich also diese unglückliche Landmotte an, die durch das grelle Glitzern der Lichter Londons ins Verderben gelockt wurde, unter der die tödliche Circe des Vergnügens saß, mit rosa gekröntem Haar und einem mit Wein gefüllten Kelch. Um sie herum bewegte sich die prächtige Schar von Vergnügungssüchtigen, die tanzten, sangen, aßen und tranken und sich in der bösen Freude der Gegenwart nicht um den Morgen kümmerten; Aber unter diesem glitzernden Mahlstrom aus Laster und Schurkerei lagen die von Rosen verborgenen Fallstricke, in die jeden Augenblick ein fröhlicher Nachtschwärmer versank , dessen sterbender Verzweiflungsschrei in der aufrührerischen Menge unterging, die fröhlich über seinem unsichtbaren Grab tanzte.

KAPITEL XXXIII.

CIRCES CUP.

In ihrer Tasse glüht der Rotwein,
Duftend wie die errötende Rose; Heilmittel von Sorgen, Heilmittel von
Leiden,

Daraus wirst du gewinnen.

Ah! Aber Kirkes Kelch täuscht, der
Zauber des Bösen webt ihn, und der Narr, der trinkt, geht davon

Die Bitterkeit der Sünde.

Eines Abends saßen Reginald und Beaumont gemütlich bei Zigaretten und
Kaffee im Raucherzimmer des Hotels und unterhielten sich in einer
beiläufigen Art und Weise über die Neuigkeiten des Tages, als Blake plötzlich
eine Bemerkung machte, die für das Gespräch völlig fremd war.

„Ich frage mich oft, warum du nie geheiratet hast, Beaumont", sagte er
beiläufig.

Der Künstler zuckte mit den Schultern.

„Es ist nicht schwer zu antworten", antwortete er leichthin. „Ich habe noch
nie eine Frau getroffen, die mir besonders am Herzen lag."

„Möchten Sie nicht heiraten?" fragte Reginald.

„Hmpf! Das kommt darauf an. Ich fürchte, ich bin über das Alter hinaus, in
dem ich die häuslichen Tugenden kultiviere. Ich bin ein Kosmopolit – ein
Wanderer – kein Zuhause würde für längere Zeit angenehm für mich sein."

„Aber warum beruhigst du dich nicht?"

„Weil das Zeitalter der Wunder vorbei ist. Ich gehöre zu den Männern, die
nie wissen, in welchem Land sie ihre Gebeine begraben werden. Nein, nein!
Ich fürchte, die häusliche Teekanne und der Familienkreis sind nichts für
mich." "

Es war merkwürdig, diesen Mann so zynisch mit seinem eigenen Sohn reden
zu hören, aber schließlich war Beaumont so lange von seinem Nachwuchs
getrennt gewesen, dass er ihn fast als Fremden betrachtete und ihn deshalb
auch so ansprach.

„Ich denke, Sie wären verheiratet viel glücklicher", bemerkte Reginald.

„Kein Zweifel. Sie beurteilen mich selbst. Wenn Sie Miss Challoner heiraten und sesshaft werden, wird Ihr Leben ein Paradies sein, denn durch die lange Ausbildung sind Sie hervorragend für ein häusliches Leben geeignet. Aber ich – ouf! – ich würde der besten Frau der Welt überdrüssig sein.

„Was für ein neugieriger Mann Sie sind, Beaumont", sagte Blake und sah ihn verwirrt an. „Ihr Leben in der Stadt scheint mir so unbefriedigend zu sein. Jeder ist in Bewegung. Nie ein Moment der Ruhe oder Besinnung, ein ständiges Streben nach Vergnügen, und wenn dieses Vergnügen gewonnen wird, was ist das anderes als eine Frucht vom Toten Meer? Nun, Andererseits kann ich mir kein schöneres Leben als auf dem Land vorstellen. Wenn ich Una heirate, werde ich in Garsworth Grange leben, meine Kinder großziehen, wenn ich glücklich genug bin, Vater zu werden, und mich für die Liebe interessieren altes Dorf, und genieße mein ganzes Leben in einer gemächlichen, angenehmen Art und Weise, die mir weitaus dauerhaftere Freude bereiten wird als dieses schnelle, frivole Stadtleben.

„Ihre Instinkte sind ganz die eines patriarchalischen Zeitalters", sagte Beaumont mit kaum verhohlenem Spott, „aber das kann mich natürlich kaum wundern. Viele Jahre einer höchst künstlichen Zivilisation haben in mir eine Abneigung gegen Ihr Beau-Lebensideal hervorgerufen." , während die Einfachheit Ihrer Ausbildung Sie für das Gas und den Glanz Londons ungeeignet gemacht hat. Ein Mann, der mit Roastbeef aufgewachsen ist, mag keine Trüffel, obwohl Roastbeef natürlich das gesündere von beiden ist.

Reginald lachte über diese außergewöhnliche Art zu argumentieren, ging aber nicht weiter auf das Thema ein, und kurz darauf wirbelten die beiden in einem Hansom zur Totahoop Music Hall.

Dieses Lokal, das seinen außergewöhnlichen Namen von einem bedeutenden Komiker erhielt, der es ursprünglich als Unterhaltungsort eröffnete, war eines der größten, schönsten und am meisten besuchten Musiklokale der Stadt. Es stand an einer Seite eines großen Platzes und wirkte mit seinen Marmorstufen, seinen riesigen Falttüren und dem Ausblick, den sie im geöffneten Zustand boten, auf tropische Bäume, nackte weiße Statuen und wunderschöne Behänge aus blauem Plüsch, alles wie ein Palast sah unter dem kraftvollen Glanz der elektrischen Lichter brillant aus.

Als die beiden Herren ankamen, war die Promenade ziemlich voll mit Männern und Frauen, einige unterhielten sich laut, andere verfolgten die Aufführung, und viele drängten sich um die marmorierten Tresen der verschiedenen Bars, an denen lächelnde Bardamen kühle Getränke ausschenkten. Das Haus war ziemlich voll und verhältnismäßig ruhig, denn jetzt wurde *das Loreley -Ballett* getanzt, und die Bühne war gefüllt mit Scharen hübscher Mädchen in hellgrünen Kostümen mit glitzernden silbernen Schuppen, die sich zu einem schwungvollen Walzer hin und her wiegten Melodie, gespielt vom Orchester.

„Das ist ein sehr gutes Ballett", bemerkte Beaumont, als sie in einer privaten Loge Platz nahmen, „sowohl die Kulisse als auch die Tänze sind ausgezeichnet. Trinken Sie etwas?"

„Nein, danke", antwortete Blake lustlos und zog seinen Umhang aus, „ich schaue mir lieber das Ballett an."

Er beugte sich aus der Loge und interessierte sich bald intensiv für das pantomimische Geschehen auf der Bühne, während Beaumont mit seinem Opernglas über das glitzernde Hufeisen fegte, um zu sehen, ob er einen Freund entdecken könnte. Kurz darauf sah er einen Mann, den er gut kannte, und verließ die Loge mit einer gemurmelten Entschuldigung, während Reginald, der in das Ballett vertieft war, von seiner Abreise keine Notiz nahm.

Schleier aus blassgrüner Gaze fielen wie ein Vorhang vor die Bühne, die von smaragdgrünem Licht durchflutet war, und hinten war der Seepalast der Loreley zu sehen, über dem die blauen Wellen des Ozeans wogten. Der kühne junge Ritter in silberner Rüstung stand wie eine Statue in der Mitte der Bühne und um ihn herum schlängelten sich die Nymphen, Hand in Hand verbunden, in geheimnisvollen Bewegungen, wurden langsamer und langsamer, bis sie alle innehielten, gruppiert in anmutigen Stellungen, als wären sie lebendig Statuen. Ein seltsamer tiefer Akkord aus dem Orchester und dann stahl sich eine seltsame, subtile Melodie hervor, die eine schlangenartige Faszination zu besitzen schien, als sie sich mit schrillen Klängen von Klarinette und Violine hob und senkte. Ein plötzliches Kräuseln silberner Glocken und die tödliche Rheinnymphe glitt aus einer riesigen Muschel weit hinten im unruhigen grünen Wasser auf die Bühne. Dann gab es einen Tanz der Faszination, bei dem der Ritter den Verlockungen der Loreley widerstand, aber auch die schlafenden Nymphen erwachten und begannen ihren verträumten Tanz erneut, während durch den Schwung und den Takt der Band die seltsamen wilden Pfeifen der Loreley *erklangen Motiv* . Schließlich gab der Ritter nach , es ertönte ein Sturm etwas unharmonischer Musik und all die bösen Wesen des Ozeans marschierten auf die Bühne und stürzten schließlich in einen wilden Galopp, während sie um den Ritter herumrollten, der nun in seinen Armen gefangen war Die Sirene. Eine dichte Dunkelheit breitete sich über die Szene aus, und als das Licht wieder brach, waren die Ozeanhallen verschwunden und eine fröhliche Schar von Bauern tanzte auf einem schönen Rasen zu den Pfeifen eines Hirten.

Reginald gefiel diese letzte Szene nicht so sehr, da ihr die geheimnisvolle Verlockung der ersteren fehlte, und er fühlte sich ziemlich enttäuscht, aber die letzte Szene des Balletts, in der der tödliche Loreley-Felsen inmitten trüber Gewässer unter dem Blass dargestellt war, wurde ihm völlig entschädigt Licht des Mondes.

Am Ufer wanderte der verzauberte Ritter umher, und Blake dachte an Heines Ballade mit ihrem ahnungsvollen Anfang:

" Ich weiss „nicht was Boden bedeutet "

düsteren Musik des Orchesters hervortrat . Einsam ist der Ritter, denn er liebt nichts auf Erden, während die Wasserhexe Macht über ihn hat. Immer schriller erklang die Melodie und plötzlich hüllt ein weißer Glanz elektrischen Lichts den Felsen ein, auf dem die Sirene steht und ihre wunderbaren goldenen Locken kämmt.

Mit mystischen Gesten winkt sie dem Ritter zu, er setzt ein Boot zu Wasser und die Wellen steigen weiß und bedrohlich auf, inmitten eines Musiksturms des Orchesters, während über ihnen der Donner grollt und die Blitze zucken. Das Boot erreicht den Felsen, schlägt auf und einen Moment später kämpft der Ritter im Wasser und streckt die Hände flehend zur Wasserhexe aus. Noch einmal Dunkelheit, dann erstrahlt erneut das smaragdgrüne Licht und zeigt die Hallen der Loreley, die über dem toten Körper des Ritters steht, während umher die Flussnymphen mit wehenden Haaren und wehenden Händen schwingen, dann erklingt das schrille Pfeifen des Loreley - *Motivs* noch einmal und der Vorhang fällt.

„Na, was haltet Ihr vom Ballett?" fragte Beaumont, der zur Loge zurückgekehrt war und mit großem Interesse den verträumten Ausdruck auf dem Gesicht des jungen Mannes beobachtete.

„Ich finde es bezaubernd", antwortete Reginald, in dessen Kopf noch immer die geheimnisvolle Melodie der Lorelei erklang, „aber was für ein Narr dieser Ritter war."

„Ah, denkst du?" schloss sich dem Künstler leichthin an. „Da stimme ich dir nicht zu. So mancher Mann hat sein Leben ruiniert, weil er die Musik der Seehexe gehört hat. Die Legende von der Loreley ist einfach eine Allegorie des Lebens."

„Das gilt wohl auch für die Legende der Sirenen", sagte Blake lustlos.

„ Natürlich verliert der Mensch, der durch die verführerische Stimme der Welt von der Natur abgelenkt wird, immer sein Glück und sein Genie."

„Ich halte nicht viel vom Gesang eurer Welt", erwiderte Blake ein wenig zynisch. „Es würde mich nie verführen."

„Es verführt Sie jetzt", dachte Beaumont, obwohl er es nicht sagte, sondern nur bemerkte: „Vielleicht ist zu viel moderne Sentimentalität dabei, oder Sie denken, die Stimme der Welt singt ein zu vulgäres Liedchen. Da stimme ich Ihnen zu, Aber leider vulgarisieren wir in diesem Zeitalter alles; wir schleppen die schönen, geheimnisvollen Träume des Mittelalters aus ihren verzauberten Dämmerungen in den hellen Glanz des Tages und lehnen sie dann mit Abscheu ab, weil wir desillusioniert sind . Ah, bah' die Welt von heute- Der Tag, der alles auf einfache Zahlen reduziert, erinnert mich immer an ein Kind, das eine Trommel verdirbt, um herauszufinden, was drin ist.

„Unangenehm, aber wahr."

„Die Wahrheit ist immer unangenehm, mein Freund, deshalb sagen die Leute sie so selten ", sagte Beaumont, „aber hören Sie sich diese Rezitation an, sie ist das Beste an diesem Abend."

Die Rezitatorin war eine gefeierte Schauspielerin, die durch ein Experiment dazu veranlasst worden war, auf dem Podium des Musiksaals aufzutreten, um zu sehen, ob das gewöhnliche Publikum eines solchen Ortes die höhere Form der Kunst, wie sie durch die Rezitation veranschaulicht wird, annehmen würde.

Einfach gekleidet, ohne szenische Wirkung, sondern nur auf ihre wunderbare Stimme und ihren ausgeprägten dramatischen Instinkt vorzutragen, trug die Dame ein rührendes kleines Stück über eine sterbende Frau vor, und es war wirklich wunderbar, welche Wirkung es auf das vergnügungshungrige Publikum hatte. Trotz der Anziehungskraft komischer Lieder, hübscher Mädchen, grotesker Trinkbecher und kühner Turnerinnen erlag die ganze Schar von Männern und Frauen dem Zauber der Rezitation. Das Gedicht war voller menschlicher Natur, und die Intensität der Stimme des Rezitators trug allen das Pathos der erbärmlichen kleinen Geschichte vor Augen. Die intensive Menschlichkeit der Geschichte, die von einem Künstler auf höchst dramatische Weise vorgetragen wurde, wehte wie ein Hauch kühler Bergluft in die parfümierte Atmosphäre eines Ballsaals und in den Sturm des Applauses, der am Ende der Rezitation losbrach zeigte, wie mächtig das Genie ist, selbst den blasiertesten *Menschen* zu bewegen.

„Das ist ein Schritt in die richtige Richtung", sagte Beaumont, als er mit Reginald den Musiksaal verließ, „jeder prophezeite ein Scheitern eines solchen Experiments, aber Sie sehen, die Stimme des Herzens kann immer das Herz erreichen. Es gibt mehr Kultur." sogar beim Publikum im Varieté, als wir ihnen zutrauen."

„Ich glaube nicht, dass es überhaupt eine Frage der Kultur ist", antwortete Blake unverblümt; „Diese einfache Geschichte, die auf diese Weise vorgetragen wird, würde auch das unterste Publikum in Whitechapel ansprechen.

„Ich glaube, Sie haben Recht", antwortete Beaumont beiläufig, „ein Hauch von Natur macht die ganze Welt gleich. Ich glaube, es war Shakespeare, der diese Bemerkung machte – ein wunderbar weiser Mann – ich hätte ihn gerne ein Drama darüber schreiben sehen die komplexe Zivilisation von heute.

„Unsere Dramatiker von heute geben ihr Bestes."

Theaterstücks vorlegen würden, könnten sie einen neuen Dramastil entwickeln, der für die Weitergabe an die Nachwelt geeignet ist, aber wann." Sie befassen sich nur mit dem Drama kleiner Dinge, ihre Ideen sind ebenso vergänglich wie ihre Stücke. Nein, dies ist nur das Zeitalter der wissenschaftlichen Entdeckungen, nicht die Zeit poetischer Vorstellungen."

Während sie sich unterhielten, schlenderten sie durch die überfüllten Straßen und gingen in einen Speisesaal, wo sie gemütlich aßen. Beaumont versuchte, Reginald zu überreden, mit ihm in seinen Club zu kommen und dort Karten zu spielen, aber der junge Mann, der von der subtilen Melodie der Loreley verfolgt wurde, hatte keine Lust, sich an den grünen Tisch zu setzen, und wünschte dem Künstler eine gute Nacht. bestieg ein Hansom und wurde zurück zu seinem Hotel gefahren.

Während seines ganzen Schlafes in dieser Nacht hallte die schrille Musik in seinem Gehirn wider, und er träumte ständig von der Frau mit der tödlichen Schönheit, die auf ihrem Felsen sitzend Männer ins Verderben lockte.

Flüsterte ihm keine warnende Stimme die Bedeutung seiner Träume zu, wie London ihn mit Sirenenmusik zu seinen grausamen, von Rosen verborgenen Fallstricken lockte? NEIN! Anscheinend hatte sein gutes Genie ihn verlassen, und er befand sich nun im Rachen der Gefahr, ohne dass eine einzige Hand ausgestreckt worden wäre, um ihn vor den grausamen Felsen zu retten, die unter dem wirbelnden Schaum verborgen waren, über dem die Loreley ihr böses Lied sang.

KAPITEL XXXIV.

EIN WORT IN DER JAHRESZEIT.

Ich bin der Tänze und der Lieder des Südens überdrüssig

Von den Klängen der Geige und der Laute,

Ah, bitter, das alles in meinem Mund zu finden

Schmeckt nur nach bitterer Meeresfrucht.

Es waren nun zwei Monate vergangen, seit Reginald nach London gekommen war, und er begann, das anstrengende Leben, das er führte, sehr zu ermüden. Er war halb entschlossen, die Stadt zu verlassen und wieder nach Hause zurückzukehren, war aber noch unentschlossen, als er einen Brief von Una erhielt, der seinen Entschluss bestätigte.

Draußen war der Nebel dicht und gelb und hüllte die zitternden Häuser in einen dicken, schmuddeligen Nebel, der alles unbeschreiblich trostlos erscheinen ließ. Entlang der Straßen und in den Häusern brannte das Gas mit unwilliger Miene, als wüsste es, dass es tagsüber kein Recht hatte, angezündet zu werden. Tag! – mein Gott, war es gerade halb dämmrig, mit dichtem Nebel, der sich auf die Straßen senkte und durch den die Taxis und Busse vorsichtig und verstohlen dahinkrochen? War dieser mattrote Ball, der weder Licht noch Wärme zu spenden schien, die herrliche Sonne? Und die Atmosphäre; eine kühle, feuchte Luft, die sich überall ausbreitete und das Fleisch erschaudern ließ, als würde es von einer abstoßenden Schlange berührt. Sicherlich war dieses Sirenen-London, das nachts unter dem Schein unzähliger Lampen so verlockend war, am Morgen kein angenehmer Anblick, und die lächelnde, mit Rosen umkränzte Circe des Abends verwandelte sich in eine hagere, ungepflegte Hexe mit abgenutztem und trostlosem Gesicht Augen.

Reginald saß am Frühstückstisch, aber das Essen vor ihm blieb unberührt, da er jetzt keinen Appetit mehr verspürte, sondern sich lustlos in seinem Stuhl zurücklehnte und Unas Brief las, der gerade angekommen war. Sie wollte unbedingt, dass er nach Garsworth zurückkehrte , und es war dieser Teil des Briefes, der Blake mit einem gewissen Maß an Reue berührte.

„ Du kannst dir nicht vorstellen, wie sehr ich dich vermisse, Reginald, und jeder Tag deiner Abwesenheit scheint uns noch mehr voneinander zu trennen. Das Geschäft, das dich nach

London geführt hat, muss zu diesem Zeitpunkt sicherlich abgeschlossen sein. Wenn du mich also liebst, Da ich weiß, dass Sie es tun, kehren Sie sofort nach Garsworth zurück, und wir werden heiraten, sobald es mit dem Anstand nach dem Tod Ihres Vaters vereinbar ist. Dann können wir eine Zeit lang auf dem Kontinent reisen, und ich werde an Ihrer Seite sein Fühle nicht länger diese schreckliche Sorge um dein Wohlergehen, die mich jetzt ständig verfolgt. Obwohl ich weiß, dass deine eigenen Instinkte dich immer dazu bringen werden, das Richtige und Gerechte zu tun, sowohl dir selbst als auch deinen Freunden gegenüber, fürchte ich dennoch den Einfluss dieses gefährlichen London, Gegen dessen Versuchungen selbst die stärkste Natur nicht bestehen kann. Dies ist die erste Bitte, die ich jemals an Sie gerichtet habe, lieber Reginald, und ich bin sicher, dass Sie ihr nachkommen werden. Kommen Sie also sofort zu mir zurück und denken Sie daran, dass ich jeden Augenblick zählen werde Zeit, bis ich dich wieder an meiner Seite sehe .

Als er zu diesem Teil des Briefes kam, legte Reginald ihn beiseite und begann über die Worte nachzudenken, die Una geschrieben hatte.

Ja! – sie hatte völlig recht – es war in jeder Hinsicht besser für ihn, nach Garsworth zurückzukehren und diese fieberhafte, unwirkliche Existenz zu verlassen, die er jetzt führte. Er würde noch einmal zum alten, vertrauten Leben mit seiner sanften Einfachheit und seinen angenehmen Freuden zurückkehren – dem Aufstehen im frühen Grau des Morgens, dem morgendlichen Laufen mit den Hunden über die luftige Gemeinde – und dann, später am Tag, Er würde Una treffen und mit ihr durch die ruhigen Straßen des Dorfes schlendern, wo jeder sie beide kannte und liebte, von der alten Großmutter, die sich in der Sonne sonnte, bis zu dem plappernden Kind, das mit unsicherem Gang hinter ihnen hertaumelte, um Aufmerksamkeit zu erregen. Kein Nebel – kein trostloses Taxigeklapper – keine heiseren Schreie von Zeitungsjungen und Fischverkäufern – sondern der strahlend schöne, blaue Himmel mit der goldenen Sonne, die scheint, und einem feuchten, scharfen Wind, der aus den fernen Moorlandschaften weht , erfüllt von seltsamen kalten Gerüchen , die von versteckten Kräutern stammen. Und am Abend sang er ihr vor – sang diese bezaubernden alten Balladen von Phyllis und Daphne und Lady Bell – die er so viele Tage lang nicht gesungen hatte – oder vielleicht hörten sie sich die schwerfällige Unterhaltung von Dr. Larcher an , mit seinem klassischen Horace-Geschmack .

Die Zeit würde in solchen unschuldigen Freuden auf schnellen Flügeln vergehen, bis ihr Hochzeitstag kam, mit den sprießenden Blättern in Bäumen und Hecken und dem schüchternen Aufblitzen zarter Frühlingsblumen. Dann machte der freundliche alte Pfarrer sie in der heiligen Düsternis der vertrauten Kirche zu Mann und Frau, während der Hochzeitsmarsch aus der Orgel erklang und die Freudenglocken im alten normannischen Turm klangen. Danach reisten sie für einige Monate ins Ausland und wanderten durch Städte der alten Welt, zwischen den Schätzen vergangener Zeiten – und kehrten zurück, wenn sie müde waren, um ein ruhiges und nützliches Leben unter ihrem eigenen Dachbaum und unter ihren Freunden zu führen Anfangszeit. Ja! – er würde nach Garsworth zurückkehren und versuchen, diese entzückenden Träume zu verwirklichen, aber – Beaumont –

In diesem Augenblick klopfte es – wie als Antwort auf seine Gedanken – an die Tür, und Beaumont trat ein – und zerstreute sogleich die wolkenverhangenen Schlösser, in denen Reginalds träumerische Fantasie geschwelgt hatte. Sein scharfes Auge erkannte sofort, dass der junge Mann kein Frühstück gegessen hatte – und er lachte fröhlich, als er seinen Hut abnahm und sich ans Feuer setzte.

„Fühlst du dich heute Morgen nicht gut?" sagte er leichthin. „Was für ein Humbug du bist, Blake – ein wenig Ausschweifung sollte für einen gesunden jungen Landsmann wie dich nichts sein."

„Genau das ist es", antwortete Reginald etwas lebhaft und steckte Unas Brief in seine Tasche. „Ich bin ein Landsmann, der es gewohnt ist, ein ruhiges, einfaches Leben zu führen – und keine künstliche Existenz."

„Oh, du wirst dich bald daran gewöhnen."

„Kein Zweifel, aber ich werde den Versuch nicht wagen."

„Oh, tatsächlich!" bemerkte Beaumont und verbarg seinen Ärger. „ Sie haben also vor, in dieses tote und lebendige Loch von Garsworth zurückzukehren ?"

„Loch, wie du es denkst", antwortete der junge Mann mit einiger Wärme, „es ist seit vielen langen Jahren mein Zuhause, und ich habe es liebgewonnen; außerdem vergisst du – ich gehe zurück, um zu heiraten." ."

„Aber sicher noch nicht?" wandte Beaumont ernsthaft ein. „Dein Vater ist noch nicht lange tot? Außerdem musst du eine Affäre als Junggeselle haben, bevor du Benedict, der verheiratete Mann, wirst."

„Ich habe genug von ‚Affäre', wie du es nennst", sagte Reginald kalt, „und es gefällt mir nicht – dieser Lebensstil mit ständigem Hochdruck entspricht nicht meinem Geschmack, also gehe ich weg." davon."

„Ich fürchte, ich kann die Stadt im Moment nicht verlassen", sagte der Künstler mit einem Stirnrunzeln, weil er spürte, wie ihm die Beute durch die Finger glitt.

Blake sah ihn überrascht an.

„Ich möchte nicht, dass du die Stadt verlässt", bemerkte er würdevoll. „Es besteht für Sie keine Notwendigkeit, mich in irgendeiner Weise zu begleiten – Sie haben Ihr eigenes Leben und Ihre eigenen Freunde, ich habe meines, also gibt es zwischen uns in keiner Weise etwas gemeinsam. Sie waren auf jeden Fall sehr freundlich, Ich habe angeboten, mich als Sängerin zu unterstützen, aber da ich Ihre Hilfe jetzt nicht benötige, werde ich Sie natürlich nicht belästigen. Zweifellos habe ich einen beträchtlichen Teil Ihrer Zeit in Anspruch genommen, seit ich in London bin, aber das tue ich bereit, jeglichen Verlust, den Sie möglicherweise erlitten haben, auf die von Ihnen vorgeschlagene Weise zurückzuzahlen.

Während er sprach, blickte er Beaumont direkt an; und dieser Herr, der von der ruhigen Würde des jungen Mannes ziemlich verblüfft war, hatte die Gnade, ein wenig zu erröten, während er schnell über seinen nächsten Schritt nachdachte. Seine finanziellen Angelegenheiten waren derzeit keineswegs in einem florierenden Zustand, und er hätte Blake gerne gebeten, ihm etwas Geld zu geben; aber da er die Zeit nicht für reif genug hielt, einer solchen Bitte stattzugeben, zögerte er geschickt.

„Du verstehst mich falsch", sagte er sanft. „Was ich getan habe, geschieht aus reiner Freundlichkeit, und ich möchte keine Gegenleistung dafür. Wenn Sie Lust verspüren, nach Garsworth zurückzukehren , sind Sie natürlich Ihr eigener Herr und können dies tun. Eines Tages werde ich vielleicht dorthin rennen ." Wir sehen uns, und wenn ich Ihnen bei der Verwaltung Ihrer Güter behilflich sein kann, werde ich natürlich nur allzu gerne tun, was ich kann."

„Vielen Dank, ich werde Ihr Angebot nicht vergessen", antwortete Reginald, immer noch ziemlich kühl, denn ihm gefiel der meisterhafte Ton des Künstlers nicht. „Und jetzt, wenn Sie mich entschuldigen würden, werde ich meinen Koffer einpacken."

„Oh, ich komme und verabschiede dich in Paddington", sagte Beaumont fröhlich; „Mit welchem Zug fährst du?"

„Der Mittagszug", antwortete Blake und warf einen Blick auf seine Uhr.

„Dann sehen wir uns auf dem Bahnsteig", bemerkte Beaumont, stand auf und nahm seinen Hut. „Übrigens, was ist mit deinen Verpflichtungen für diese Woche?"

„Ich muss sie zerschlagen – keine davon ist sehr wichtig und die meisten ziemlich teuer."

Beaumont biss sich bei diesem Stichwort auf die Lippen und gab außer einem nachlässigen Lachen keine Antwort; und nachdem er seinen Hut aufgesetzt hatte, verließ er mit unbekümmerter Miene das Zimmer. Als er jedoch draußen war, veränderte sich sein Gesicht zu einem Ausdruck tiefer Wut;

denn sein bisheriger Erfolg bei Blake hatte ihn nicht erwarten lassen, einen so ruhigen Widerstand gegen seine Wünsche zu erwarten.

„Du wirst mir trotzen, oder?" murmelte er zwischen den Zähnen, während er schnell die Straße entlang ging. „Das werde ich schon sehen, mein Junge – wenn ich dir das Grundstück übergebe, kann ich es dir auch wieder wegnehmen; und ich werde es tun, es sei denn, du lässt dich von mir leiten. Ich werde warten bis du nach Garsworth zurückgehst und kurz darauf folgst. Sobald du die Wahrheit erfährst, und ich glaube nicht, dass du so darauf erpicht sein wirst, deinen besten Freund loszuwerden, kann ich dich reich machen – oder dich arm machen ; also liegt Ihr gesamtes zukünftiges Leben in meinen Händen, und ich werde es gestalten, wie es mir gefällt."

Obwohl er über die unerwartete Entschlossenheit von Blake verärgert war, war er nicht beunruhigt, da er wusste, dass er die stärkste Hand im Spiel hatte und dass Reginald gezwungen sein würde, ihm alles zu überlassen, wenn er reich bleiben wollte. Dennoch war es äußerst irritierend, denn niemand mag es, wenn sich der Wurm dreht, da es eindeutig die Pflicht des Wurms ist, darauf getreten zu werden; Und wenn ein so elendes Ding wie der Wurm sich über sein Schicksal ärgert, verstößt es in direktem Widerspruch zu den Naturgesetzen. Allerdings gibt es zu jeder Regel eine Ausnahme; und in diesem Fall war Mr. Beaumonts Wurm ein gewagteres Tier, als er sich jemals vorgestellt hatte; und obwohl er die stärkste Partei war, könnte er durchaus zweifeln, bei wem der Sieg letztendlich liegen würde.

Beaumonts gewohnte Selbstbeherrschung kam ihm jedoch zu Hilfe und verhinderte, dass er sich verärgert zeigte, als er auf dem Paddington-Bahnsteig am Fenster eines rauchenden Waggons stand und Reginald Lebewohl wünschte.

„Ich hoffe, Sie haben Ihren Aufenthalt in London genossen", sagte er herzlich.

„So lala", antwortete Reginald müde. „Ich kann nichts besonders genießen, wenn ich die Umstände meiner Geburt kenne."

„Unsinn! Das wirst du bald vergessen."

„Das glaube ich nicht, leider verfüge ich nicht über deine glückliche Fähigkeit zu vergessen."

„Pshaw! Du bist reich und Gold verbirgt alles."

„Aus der Sicht der Welt, ja; aber nicht aus der Sicht eines Mannes – niemand außer dem Träger weiß, wo der Schuh drückt."

„Wenn das der Fall ist, lassen Sie den Träger mild lächeln und die Welt wird nie merken, dass ihm sein Schuh nicht passt – es sind Ihre Narren, die ihr Herz auf der Zunge tragen, die das schlechteste Wort von allen bekommen."

„Und der weise Mann, der ein bösartiges Leben verbirgt, bekommt das Lob", sagte Blake bitter. „Was für eine entzückende Welt."

„Es ist die beste aller möglichen Welten", erwiderte Beaumont zynisch. „Ich stimme Herrn Voltaire zu – außerdem beurteilt die Welt Sie immer nach Ihrer eigenen Einschätzung; lächeln Sie, und sie lächelt; runzeln Sie die Stirn, und sie sieht grimmig aus; jeder Mensch ist ein Spiegel für den anderen und gibt das Spiegelbild zurück, das er empfängt. "

„Was für eine kaltblütige Philosophie."

„Kein Zweifel, aber eine sehr notwendige Philosophie", erwiderte Beaumont in gut gelauntem Ton; „Es ist lächerlich, die Einfachheit von Arkadien nach Rom zu bringen. Frankreich versuchte es unter dem 14. Ludwig, und das Experiment endete mit der Guillotine und der Carmagnole."

Der Zug fuhr nun los, und so schüttelte er dem jungen Mann durch das offene Fenster des Waggons die Hand.

„Auf Wiedersehen", sagte Reginald herzlich, „wenn du nach Garsworth kommst , werde ich mich freuen, dich zu sehen, mein Freund."

„Freund", wiederholte Beaumont mit einem bösen Lächeln, als der lange Zug davondampfte, „das nächste Mal, wenn du mich siehst, wird es dein Herr sein."

KAPITEL XXXV.

EINE STIMME AUS DER VERGANGENHEIT.

Nur das Herz einer Frau – tatsächlich;
Eine heilige Sache für dich, sagst du, für mich ein Spielzeug, mit dem man
spielen kann. Nun ja, jeder soll an seinem Glauben festhalten.

Was für eine Rolle sollte es spielen, wenn es blutet? Ist es der geschnittene
Finger eines Mannes ? Nein,
nur das Herz einer Frau.

Deine Fantasien nähren sich von alten Geschichten,
als die Frau auf heilige Weise regierte, aber wir haben solche Dinge heute
geändert. Denn was nützt es schließlich, darauf zu achten? Nur das Herz
einer Frau.

Da Mr. Beaumont sah, dass Reginald ihm auf diese Weise eine Zeit lang
entgangen war, war seine Laune nicht besonders freundlich, als er in seine
Gemächer zurückkehrte. Wie die meisten klugen Männer war der Künstler
sehr stolz auf sein Taktgefühl und seine Feinfühligkeit im Umgang mit der
aufrichtigen Jugend, und er war über sich selbst verärgert, weil er befürchtete,
er hätte seine Beute verloren, weil er es versäumt hatte, geschickt auf diese
Forelle zu angeln, weil er in seiner Diplomatie versagt hatte, und dadurch
zeigte allzu deutlich die wahren Gründe auf, die er für seine scheinbar
desinteressierte Freundschaft hatte. Als Mr. Beaumont in seinen Gemächern
ankam, zündete er sich also eine Zigarette an, warf sich deprimiert in einen
großen Sessel und begann im Geiste, sein gesamtes Verhalten Reginald
gegenüber seit der Ankunft des Jungen in der Stadt noch einmal
durchzugehen.

So sehr er sich auch bemühte, einen Fehler in seinem eigenen Verhalten zu
finden, der Blake hätte auf der Hut machen können, so erfolgreich war er
dabei doch nicht, denn sein Verhalten seinem geplanten Opfer gegenüber
war alles gewesen, was sich der geschickteste Taktiker hätte wünschen
können.

Garsworth zurückgebracht hat . Ich habe einen Brief in seiner Hand gesehen,
also gehe ich davon aus.“ Una Challoner hat ihm geschrieben: Aber das

würde mir nicht schaden, denn sie mag mich, und ich denke, sie wäre ziemlich froh, wenn ich mich um den Jungen in der Stadt kümmern würde. Ich wundere mich, dass die verwirrte Patience geredet hat?, fragte ich Bevor ich Garsworth verließ, war alles klar , aber man weiß nie, was passieren kann, und wenn Patience eine Ahnung von meinem Vorhaben hätte, würde sie alles tun, um den Jungen wieder auf ihre Seite zu ziehen – hm! Ich weiß kaum was Ich denke – das ist das Schlimmste im Umgang mit Frauen; sie sind so krumm, dass man nie weiß, was sie als nächstes tun werden."

Er stand von seinem Platz auf und ging ungeduldig im Zimmer auf und ab, auf der Suche nach einer Lösung für das vor ihm liegende Problem. Dabei warf er zufällig einen Blick auf den Kaminsims und sah darauf einen Brief.

„Ich wünschte, mein Mann würde die Briefe nicht dort ablegen", grummelte er und nahm den Brief entgegen. „Ich kann sie nie finden – aber lass mich sehen, von wem das ist; Poststempel von Garsworth – ich kenne die Schrift nicht." – Ich frage mich, ob Una Challoner – bei Gott!" „Ejakulierte er, als er den Brief herausnahm und einen Blick auf die Unterschrift warf: „Er ist von Patience Allerby . Ich wusste, dass sie Unfug getrieben hatte. Nun ja! Ich werde den Brief lesen und sehen, ob ich Sie nicht austricksen kann." meine Dame."

Er setzte sich wieder in den Sessel und strich den Brief sorgfältig glatt, während er sich darauf vorbereitete, ihn zu lesen. Der Inhalt, der wie folgt lautete, überraschte ihn erheblich, und seine Lippen verzogen sich zu einem zynischen Lächeln, als er auf die eng beschriebene Seite blickte.

„ BASIL BEAUMONT ,- -

„ *Stimmt es, was Dr. Nestley mir gesagt hat – dass Sie in Una Challoner verliebt sind? Wenn das so ist, werde ich alles zwischen uns beenden und Sie denunzieren, selbst auf Kosten meiner eigenen Freiheit. Sie Du hast mein Leben ruiniert, aber du wirst das meines Sohnes nicht ruinieren, indem du ihm die Frau wegnimmst, die er liebt .*

„ *Reginald Blake ist jetzt in London, und ich habe gehört, dass Sie ständig an seiner Seite sind. Handeln Sie ehrenhaft von ihm, oder ich schwöre, ich werde Sie für jeden Schaden bestrafen, den Sie ihm zufügen. Durch unsere gemeinsame Sünde ist er jetzt im Besitz des Garsworth Nachlass und wird dessen rechtmäßige Herrin heiraten. Da dies der Fall ist und seine Heirat mit Miss Challoner die einzige Sühne ist, die wir beide dafür leisten können, dass wir ihr das Erbe entzogen haben, müssen Sie den Dingen ihren Lauf lassen. Sie Ich habe eine verzweifelte Frau, mit der ich mich auseinandersetzen muss, und wenn Sie Reginald oder seiner versprochenen Frau in irgendeiner Weise Schaden zufügen, schwöre ich bei allem, was mir am heiligsten ist, dass Sie wegen Verschwörung auf der Anklagebank sitzen werden, auch wenn ich stehen muss Als Komplize an Ihrer Seite .*

Beaumont lachte sardonisch, als er diesen Brief beendet hatte, drehte ihn zwischen den Fingern und blickte nachdenklich auf den Teppich.

„Ich frage mich", sagte er schließlich mit leiser Stimme, „ich frage mich, ob dieser Brief Liebe zu ihrem Sohn oder Eifersucht auf Una bedeutet; beides erwarte ich, denn obwohl sie mich wie Gift hasst und alles zwischen uns sentimental ist." Vor Jahren tot und begraben, wird sie wütend, sobald sie denkt, ich bewundere eine andere Frau – seltsames Ding, ein weibliches Herz – was auch immer an Asche toter Lieben darin verbleiben mag, es ist immer etwas lebendige Glut darunter verborgen – hmm! Seltsames Ding dass die Liebe von vor zwanzig Jahren plötzlich wieder zum Leben erwachen sollte.

Er erhob sich von seinem Platz und begann noch einmal, mit leiser Stimme im Zimmer auf und ab zu gehen, während draußen der Nebel ganz schwarz wurde und sich eine düstere Dämmerung in der Wohnung ausbreitete.

„ Es ist also Nestley zu verdanken, dass er ihr Misstrauen geweckt hat. Er hat Patience seine Sicht auf meinen Charakter vermittelt, die zweifellos mit ihrer eigenen übereinstimmen wird – beides liebenswürdige Geschöpfe! Sie hat Una gesagt, dass für Reginald Gefahr besteht." Meine Begleiterin, also haben entweder sie selbst oder Una in die Stadt geschrieben und meinen schüchternen Vogel so erschreckt, dass er die Flucht ergreift. Stören Sie diese Frauen, wie furchtbar sie unsere Pläne durchkreuzen; aber das macht mir nichts aus, ich habe Reginald Blake genauso fest im Griff Garsworth , wie es in London ist. Was Patience angeht, die mich anprangert – Mist! – melodramatischer Blödsinn – jetzt ist es zu spät, solchen Unsinn zu reden – wenn sie die Wahrheit sagt, verliert ihr Sohn das Anwesen, und sie liebt ihn zu sehr riskiere das. Was Blake selbst betrifft: Wenn er erfährt, dass ich sein Vater bin, wird er froh sein, sich zu einigen oder das Eigentum und Una Challoner zu verlieren.

Er hielt einen Moment inne, zündete sich eine Zigarette an, ging zum Fenster und starrte geistesabwesend in den schwarzen Nebel hinaus, der sich um die Dächer und Schornsteine der Häuser legte und die strahlend erleuchtete Straße unten vor seinem Blick verbarg.

„Una Challoner", murmelte er nachdenklich. „Patience denkt, dass ich in sie verliebt bin. Neugierig, dass ich es nicht bin: Sie hat alles, was eine Frau haben kann, um einen Mann anzuziehen und zu verführen, und doch ist sie mir überhaupt nicht wichtig. Hätte ich sie geliebt? Ich hätte mir wegen Reginald nicht den Kopf zerbrochen, sondern Una den Besitz erben lassen, und dann wäre es ein Tauziehen zwischen Vater und Sohn gewesen, wer die Erbin geheiratet hat! Dass ich den Besitz für unseren Sohn gesichert habe, dürfte

Patience leicht überzeugen dass ich Geld mehr liebe als Una Challoner, aber sie sieht es natürlich nicht, weil sie vor Eifersucht geblendet ist – ich muss sagen, das ist eher schmeichelhaft für mich, wenn man bedenkt, wie sehr ich in der Vergangenheit versucht habe, ihr das Herz zu brechen.

Seufzend wandte er sich vom Fenster ab, zündete das Gas an, ging dann zum Spiegel über dem Kamin und betrachtete sich selbst lange und kritisch.

„Du wirst alt, mein Freund", murmelte er, „der Wein des Lebens läuft mit dir auf die Hefe, und ich fürchte, du wirst dich nie wieder verlieben – trotzdem ist es wunderbar, wie ich mein Wohl behalte." Sieht aus – mein Gesicht ist mein Vermögen – ah, bah! Und was für ein Glück hat es mir gebracht? Zwei trostlose Zimmer, eine prekäre Existenz und kein Freund auf der Welt.

Er lachte traurig über die düstere Aussicht, die er heraufbeschworen hatte, und setzte seine Meditation fort.

„Ich werde noch einmal auf das Glück wetten, und ich glaube, ich habe gute Karten. Wenn ich gewinne – und das kann ich nicht anders –, werde ich ein neues Kapitel aufschlagen und respektabel werden. Aber wenn ich verliere, und es gibt immer die Möglichkeit zu verlieren, ich werde in England den Schwamm auswerfen und mein Glück in Amerika versuchen. Wenn es mir dort nicht gelingt, wird vielleicht ein freundlicher Cowboy meinem verschwendeten Leben ein Ende setzen; jetzt, *carpe diem* , wie unser Freund, der Pfarrer, sagen würde, also werde ich im Club speisen und einen Brief an Patience Allerby schreiben .

Kutsche ratterte, schüttelte er sich ungeduldig.

„Pah", murmelte er zitternd, „bei diesem Wetter kriege ich einen Anfall von bösen Geistern. Macht nichts, ein gutes Abendessen und eine Flasche Wein werden mich bald wieder in Ordnung bringen."

Er hatte beides und fühlte sich so viel besser, dass er begann, die Dinge in einem rosigeren Licht zu sehen, und einen Brief an Patience Allerby schrieb , der ihn völlig zufriedenstellte.

„So", sagte er fröhlich, während er es in die Schachtel warf, „ich denke, das wird meiner Dame ziemlich deutlich zeigen, wie ich vorgehen werde, und jetzt, da es nichts Besseres zu tun gibt, werde ich ins Theater gehen."

Und er ging ins Theater und versuchte mit allen Mitteln, durch diese erfundene Fröhlichkeit die düsteren Gedanken abzuschütteln, die ihn immer bedrängen, wenn er allein war.

KAPITEL XXXVI.

DIE RUHE VOR DEM STURM.

Nach großen Schwierigkeiten ordnet sich unser Leben in neue Formen um, die nur so lange bestehen bleiben, bis ein späteres Übel daraus entsteht und es erneut verändert, und diese letzteren wiederum unterliegen weiteren Veränderungen, so dass sich unser Schicksal von der Wiege bis zum Grab auf verschiedene Weise ändert jeden Moment unserer Existenz.

So war der verlorene Sohn nach seinen gefährlichen Wanderungen in fernen Ländern zurückgekehrt, und seine Heimatkreise töteten das gemästete Kalb und feierten es zum Zeichen der Freude. Als Una sah, wie ausgemergelt der junge Mann aussah und wie niedergeschlagen sein Geist war, war sie der Vorsehung zutiefst dankbar, dass die zufälligen Worte Nestleys sie dazu gebracht hatten, den Brief zu schreiben, der ihren Geliebten zur Rückkehr veranlasst hatte. Jetzt, da er wieder an ihrer Seite war , beschloss sie, dass nichts sie wieder trennen sollte, und sehnte sich sehnsüchtig nach der Hochzeit, die ihr das Recht geben würde, an seiner Seite durchs Leben zu gehen. Zweifellos würden viele Menschen ein solches Verlangen für kaum mit jungfräulicher Bescheidenheit vereinbar halten, aber Una war eine zu reine und vernünftige Frau, um die Dinge in solch einem falschen Licht zu betrachten. Sie liebte Reginald inbrünstig und er erwiderte diese Liebe. Warum sollte sie dann um des konventionellen Aussehens willen ihr Lebensglück durch Aufschub riskieren, da jetzt alles auf dem Spiel stand? NEIN! Sie war entschlossen, Reginald so schnell wie möglich zu heiraten, damit er nicht durch böse Ratschläge und böse Gefährten ins Verderben gelockt würde. Es war nicht so, dass sie ihrem Geliebten misstraute, denn sie kannte seine geradlinige, ehrenhafte Natur, aber es war besser, nichts dem Zufall zu überlassen, denn selbst der stärkste Mann ist der Versuchung nicht gewachsen.

Eine Woche nach Reginalds Ankunft saßen sie in Dr. Larchers Arbeitszimmer und unterhielten sich über die Frage der Heirat, und der Pfarrer war geneigt, ihrem Wunsch zuzustimmen, dass die Ehe bald stattfinden sollte, obwohl er nicht bereit war, ihnen übermäßige Eile vorzuwerfen.

„Die Welt, meine liebe Una, ist tadelnd", sagte er weise, „und da der Squire erst seit zwei Monaten tot ist, wäre es besser, noch etwas zu warten."

„Das nehme ich an", antwortete Una seufzend, „obwohl ich nicht sehe, dass es eine Missachtung seines Andenkens bedeuten würde, wenn wir sofort heiraten würden."

„Kein Zweifel, kein Zweifel – dennoch, *medio tutissimus ibis* , und ich denke, es wäre für Sie beide klüger, die Ehe um mindestens drei Monate zu verschieben."

„Drei Monate", sagte Reginald stöhnend, „das ist so schlimm wie drei Jahre, aber ich denke, wir müssen – ich werde in der Zwischenzeit in Garsworth bleiben."

„Natürlich, mein lieber Junge, natürlich", antwortete der Pfarrer, schlug die Beine übereinander und legte Daumen und Zeigefinger aneinander, „du kannst dein altes Leben wieder aufnehmen."

„Ah, nie! nie wieder", sagte der junge Mann und schüttelte traurig den Kopf, „das alte Leben ist tot und erledigt. Ich habe vom Baum der Erkenntnis gegessen, und die Frucht ist bitter."

„Mein lieber Reginald", sagte Una, ging zu ihm und legte ihre freundlichen Arme um seinen Hals, „du darfst nicht so verzweifelt sein – es ist nicht deine Schuld."

„Die Sünden des Vaters werden an den Kindern heimgesucht", antwortete er düster, „wenn es etwas anderes gewesen wäre, hätte ich nichts dagegen gehabt – aber das zu sein, was ich bin – ein Niemand – berechtigt, keinen Namen zu tragen – Es ist bitter, in der Tat sehr bitter. Ich zweifle nicht daran, dass ich über solch kleinlichem Stolz stehen sollte, dennoch bin ich nur sterblich, und Schande ist schwer zu ertragen."

„Wenn es eine Schande ist, werde ich es mit dir ertragen", flüsterte Una und strich sich das Haar glatt, „wir werden heiraten und eine Zeit lang weggehen; du wirst die Vergangenheit bald vergessen, wenn wir ins Ausland gehen."

„Mit deiner Hilfe hoffe ich es", sagte er und blickte liebevoll in ihre klaren Augen, die in ihren azurblauen Tiefen mit unbeschreiblicher Liebe auf ihn herabstrahlten.

„Ich denke", bemerkte der Pfarrer, berührt von der tiefen Trauer des jungen Mannes, „dass es unter Berücksichtigung aller Umstände klüger wäre, zu tun, was man möchte."

„Und heiraten?" rief Reginald eifrig.

„Und heiraten", stimmte der Pfarrer zu und nickte gutmütig; „Was sagt Horaz?" *Carpe diem quam Minimum Credula postero* .' Wenn Sie diesen Rat befolgen, ist es das Beste für Sie beide, nächste Woche in aller Stille zu heiraten und eine Zeit lang ins Ausland zu gehen : – wenn Sie zurückkommen, wird Reginald seine Position zweifellos leichter finden."

„Das hoffe ich", sagte Blake traurig, als sie aufstanden, um zu gehen, „aber ich fürchte, es ist hoffnungslos – diese Entdeckung hat alle Freuden des Lebens zunichte gemacht – meine Jugend ist tot."

„Die Seele ist unsterblich", sagte Dr. Larcher feierlich, „und auf den Ruinen Ihrer freudigen Jugend, die Sie für tot halten, können Sie die Struktur eines edleren und weiseren Lebens errichten – es wird schwer sein, aber mit Una." Ihnen zu helfen, nicht unmöglich – *nil mortalibus arduum est* .

Und sie entfernten sich von der Gegenwart des alten Mannes – er mit Resignation in der Brust und sie mit flüsternden Worten des Trostes auf ihren Lippen, unendlichem Mitleid in ihren Augen und anhaltender Zuneigung in ihrem Herzen.

Patience Allerby war hocherfreut, als sie erfuhr, wie bald die Hochzeit stattfinden würde, da sie befürchtete, dass sie durch die Machenschaften von Beaumont abgebrochen werden könnte. Sobald Reginald mit Una verheiratet war, war er sowohl in Bezug auf sein Vermögen als auch auf seine Position in Sicherheit, denn nichts, was Beaumont über die Verschwörung verraten konnte, würde die Lage ändern und ihr einziges Lebensziel, das Glück ihres Sohnes, würde damit erreicht.

Gegenwärtig fürchtete sie sich jedoch jeden Tag davor, Beaumont zu sehen oder von ihm zu hören, insbesondere nach dem Warnbrief, den sie geschrieben hatte, und wurde auch nicht enttäuscht, denn eine Woche nach Reginalds Rückkehr erhielt sie einen Brief von ihrem früheren Liebhaber, in dem er ihr mitteilte, dass er kam herab, um sich mit seinem Sohn richtig zu verständigen.

„ Der junge Schlingel ist zielstrebiger, als ich ihm zugetraut habe ", schrieb er zynisch, „ und nahm die Ausschweifungen Londons weniger eifrig auf, als ich erwartet hätte. Ich fürchte, er hat Ihre Kaltblütigkeit geerbt und nicht." das hitzige Temperament seines Vaters, sonst hätte er kaum die einzige lebenswerte Stadt für ein langweiliges Loch wie Garsworth verlassen . Ich sehe jedoch deutlich, dass er ein Trottel ist und ihm die göttliche Lebensfreude fehlt, die nötig ist, um das Leben zu genießen, also vermute ich, dass er ist in vollkommener Zufriedenheit zurückgekehrt, um Una Challoner zu heiraten und das tierische Leben eines Landedelmanns zu führen. So sei es! Es macht mir sicherlich nichts aus, aber zuerst muss er sich mit mir abfinden. Ich habe ihn in eine gute Position gebracht und ihm eine große gegeben Einkommen, also muss ich für diese Dienste entlohnt werden, und ich komme herunter, um mit ihm ein Interview zu diesem Thema zu führen. Wenn er weise ist , wird er nicht mehr wissen wollen als er, aber wenn er Ihre eigensinnige Natur erbt und es will Wenn ich alles weiß, fürchte ich, dass er die Wahrheit erfahren muss.

Selbst dann wird es nicht zu spät sein, denn ich werde über seine wahre Geburt Stillschweigen bewahren und ihn im vollen Besitz seines Reichtums lassen, vorausgesetzt, ich werde gut bezahlt für dieses Schweigen. Nachdem Sie die Situation nun verstanden haben, sollten Sie ihn besser darauf vorbereiten, mich als jemanden zu empfangen, der freundlich sein möchte — wenn er mich wie einen Feind behandelt , wird er mich als verbittert empfinden, also sollte er besser vernünftig sein und sich abfinden. Was meine Liebe zu Una Challoner angeht, sollten Sie inzwischen wissen, dass ich niemanden sonst liebe

" *Mit freundlichen Grüßen* ,

„ BASIL BEAUMONT .“

Dieser brutale Brief fiel wie ein Eisklumpen auf das Herz der unglücklichen Patience, als sie sah, wie sich das Netz allmählich um sie schloss. Sie wusste nur zu gut, dass Beaumont tun würde, was er sagte, es sei denn, es konnte eine Vereinbarung getroffen werden — und dann, da Nestley sagte, dass er Una liebte, würde er sie zweifellos heiraten und ein Einkommen erzielen wollen, und ihr Sohn würde zurückbleiben miserabel. Nein, sie wollte es nicht, dieser Teufel durfte nicht mehr ungestraft sündigen und Leben ruinieren, wie er es bisher getan hatte. Sie beschloss, ihn vor seinem Interview mit Reginald zu sehen und ein letztes Mal an seine Gefühle als Vater zu appellieren; Wenn er sich weigerte, ihre Gebete zu erhören und den Jungen über seine wahre Geburt im Unklaren zu lassen , würde sie sich früher offenbaren und die Schande ertragen, als er Reginald zu einer Sünde verführen sollte. Als alles gesagt war, würde sie Una anflehen, ihren Sohn noch zu heiraten, und sich dann auf den Weg machen, um sich in der Einsamkeit zu begraben und ihre Sünden durch jahrelange Reue zu sühnen.

Die Ereignisse lagen noch in der Zukunft, und sie wusste nicht, wie sie ausgehen würden, aber eines war ihr klar: Beaumont sollte das Leben ihres Sohnes nicht verderben und ruinieren, so wie er ihr eigenes verdorben und ruiniert hatte.

KAPITEL XXXVII.

EIN RUINIERTES LEBEN.

„Ist das das Ende aller Jahre?

Dass du gelebt hast, mein Freund?

Von fröhlichem Lächeln und bitteren Tränen,

Ist das das Ende?

Obwohl die Vergangenheit traurig und dunkel erscheint,

Gott wird deiner Seele Mut senden,

Und Christus wird dir ins Ohr flüstern

Das Wort, das verzweifelte Herzen jubelt;

Also erhebe dich und nimm an deiner Arbeit teil.

Die Bösen sollen auch nicht mit Spott fragen

Ist das das Ende?"

Wenige Tage nach der Entscheidung über die Heirat tauchte Basil Beaumont wieder in Garsworth auf und bezog sein altes Quartier im „House of Good Living", um eine endgültige Einigung mit Reginald Blake zu erzielen.

Der Künstler war in bester Laune , denn nach seinem eigenen Urteil war er Herr der Lage. Er brauchte Reginald nur mit dem Verlust seines neu erworbenen Reichtums zu drohen, und nachdem er die Natur des jungen Mannes anhand seiner eigenen beurteilt hatte, war er davon überzeugt, dass der falsche Erbe ihm lieber ein stattliches Einkommen zahlen würde, um den Mund zu halten, als Garsworth Grange aufzugeben . Mit einem solchen Einkommen würde er sich auf den Kontinent zurückziehen und sich für den Rest seines Lebens amüsieren, während Patience, da sie sah, dass er keine Verwendung mehr für sie hatte, mit Reginald die Vereinbarung treffen konnte, die ihr gefiel, und sich an ihr erfreuen konnte Art zu leben. Bei all dieser klugen Berechnung berücksichtigte Beaumont jedoch nicht die Andersartigkeit seines Sohnes und glaubte nicht einen Augenblick, dass die edle Seele des jungen Mannes ihn dazu veranlassen würde, lieber um jeden Preis auf alles zu verzichten, als es in Besitz zu behalten was er wusste, war nicht rechtmäßig sein Eigentum.

Kossiter erfuhr er , dass Reginald und Una in der nächsten Woche heiraten würden, und lächelte zynisch, als er darüber nachdachte, wie leicht er die Zeremonie verhindern könnte.

„Wenn Una Challoner nur die Wahrheit wüsste", dachte er, „ich glaube, sogar ihre Liebe würde vor einer solchen Prüfung zurückschrecken. Reginald Blake, der reiche Bastard, ist eine Sache; aber Reginald Blake, der arme Bastard, ist eine andere. Ja, Ich glaube, ich habe in diesem Spiel die beste Hand; was Patience betrifft! Meine Karten sind etwas zu stark, als dass sie sie schlagen könnte.

Mr. Beaumont war erst vor kurzem angekommen und saß vor dem Feuer, rauchte im trüben Licht des Winternachmittags und bereitete sich darauf vor, einen Brief an Reginald zu schreiben. Margery war aufgeweckt und wachsam und räumte gerade das Mittagessen ab, und so begann Mr. Beaumont, der ganz sicher sein wollte, sie über die Ereignisse zu befragen, die während seiner Abwesenheit stattgefunden hatten.

„Ich habe gehört, dass Miss Challoner Mr. Blake heiraten wird", sagte er freundlich; „Es passt gut zu ihr."

„Und für ihn auch, Sir", erwiderte Margery empört. „Miss Una ist eine so süße junge Dame, wie man sie nirgends finden kann."

„Kein Zweifel", antwortete Beaumont milde. „Sie sind ein bezauberndes Paar und verdienen sicherlich die gute Meinung aller; aber sagen Sie mir, Margery, was ist mit Dr. Nestley ? Ich nehme an, er ist schon vor langer Zeit gegangen?"

„Nein", sagte Margery kopfschüttelnd, „er ist immer noch hier."

"An diesem Ort?"

„Ja, Sir, sehr, sehr krank."

„Hmpf!" dachte Beaumont, „ich schätze, ich habe die Sprünge gemacht. Was ist mit ihm los?" fragte er laut.

„Er hat sich letzte Woche im Schneesturm verirrt", erklärte Margery bewusst, „und wäre fast gestorben, aber Farmer Sanders hat ihn auf der Brücke gefunden und hierher gebracht."

„Oh! und ist er noch hier?"

„Das ist er, Sir. Er war ziemlich im Delirium, Sir – er schwärmte fürchterlich. Dr. Blank hat ihn behandelt, und Miss Mosser."

„Die blinde Organistin – warum ist sie Krankenschwester geworden?"

Margery lächelte geheimnisvoll.

„Nun, die Leute sagen das eine und manche sagen das andere", antwortete sie und faltete die Tischdecke zusammen, „aber ich glaube, sie ist in ihn verliebt; jedenfalls kam sie wie eine Verrückte hierher, als sie hörte, dass er krank war , mit Miss Busky , und beide haben ihn seitdem gepflegt.

„Wie gut von ihnen", sagte Beaumont ironisch, „und ist er besser?"

„Er ist vernünftig", antwortete Margery vorsichtig, „aber sehr schwach. Ich weiß nicht, wie er überleben wird."

„Ich würde ihn gerne sehen. Du weißt, dass ich ein Freund von ihm bin – denkst du, ich könnte in sein Zimmer gehen?"

„Ich weiß es nicht, Sir", erwiderte Margery unbeirrt. „Ich werde Miss Mosser fragen."

„Tu, das ist ein braves Mädchen", antwortete er und Margery ging.

„Armer Nestley ", murmelte Beaumont und zündete sich eine weitere Zigarette an, „es war ziemlich schade von mir, ihn so verführt zu haben, aber wenn ich es nicht getan hätte , hätte er meine Pläne bezüglich des alten Garsworth , also ich, durchkreuzt." Ich musste – Selbsterhaltung ist das erste Naturgesetz. Treten Sie ein", rief er, als es an der Tür klopfte. „Komm rein, Margery."

Es war jedoch nicht Margery, sondern Cecilia Mosser, die eintrat, mit einem blassen, traurigen Gesicht und einem schmerzlich angespannten Ausdruck in ihren blinden Augen.

„Mr. Beaumont", sagte sie mit ihrer tiefen, süßen Stimme.

„Ich bin hier, Miss Mosser", antwortete er und erhob sich von seinem Platz. "Was kann ich für Dich tun?"

„Nichts", antwortete sie, tastete sich zum Tisch vor und stellte sich daneben. "Bist du allein?"

„Ganz allein", erwiderte Beaumont höflich.

„Sie möchten Dr. Nestley sehen ?"

„Wenn es mir gestattet wird."

„Sie werden nicht zugelassen", antwortete Cecilia langsam; „Er ist noch sehr schwach, und dein Anblick würde ihn wieder krank machen."

"Und warum?" fragte Beaumont, ziemlich verärgert über die Festigkeit ihres Tons; „Sicherlich ein Freund----"

„Ein Freund", unterbrach sie mit leiser, vibrierender Stimme. „Ja, ein Freund, der nur dem Namen nach einer ist."

„Ich verstehe dich nicht", sagte Basil höflich. „Was wissen Sie über die Freundschaft, die zwischen mir und Dr. Nestley besteht ?"

„Ich weiß alles – ja alles – in seinem Delirium hat er mehr preisgegeben, als er getan hätte----"

„Delirium – pshaw!"

„Was er damals gesagt hat, wurde später von seinen eigenen Lippen bestätigt, als er vernünftig war", antwortete sie völlig kühl, „und ich weiß, wie viel deine Freundschaft ihn gekostet hat – wie du versucht hast, ihn in die unterste Tiefe zu ziehen." der Ungerechtigkeit. Gott weiß, zu welchem Zweck----"

Beaumont lachte höhnisch und lehnte seine Schultern bequem gegen den Kaminsims.

„Sie scheinen das Vertrauen unseres gemeinsamen Freundes zu genießen", sagte er in lockerem Ton. "Darf ich fragen warum?"

„Weil ich seine Frau sein werde", antwortete Cecilia, während eine Flut von Purpur über das reine Weiß ihres Gesichts strömte.

„Seine Frau – ein blindes Mädchen?"

„So blind ich auch bin, er liebt mich", sagte sie empört, „und ich kann ihn vor Ihnen beschützen, Mr. Beaumont."

„Ich? Ich möchte ihm nicht schaden."

„Nein. Das könntest du nicht, selbst wenn du es wolltest; er wird mich heiraten, und ich hoffe, dass ich all den Schaden wiedergutmachen kann, den du ihm zugefügt hast."

„Ich wünsche dir viel Freude bei deiner Aufgabe", antwortete er höhnisch. „Aber Dr. Nestley scheint in der Lage zu sein, seine Zuneigung sehr leicht zu übertragen – vielleicht wissen Sie nicht, dass er in Miss Challoner verliebt war."

„ Ja , das tue ich", antwortete sie leise, „er hat mir alles erzählt; und wir verstehen uns vollkommen. Sie haben Ihr Schlimmstes getan, Herr Beaumont, und können nichts mehr tun – er wird mein Ehemann." , und obwohl ich blind bin, hoffe ich, sein Schutzengel vor Männern wie Ihnen zu sein.

„Diese häuslichen Details interessieren mich überhaupt nicht", antwortete er verächtlich und wedelte mit der Hand. „Wären Sie so freundlich zu gehen, Miss Mosser? Ich muss einige Briefe schreiben."

„Ich gehe", antwortete das blinde Mädchen und tastete sich leise zur Tür. „Ich bin nur gekommen, um dir zu sagen, dass du ihn nie wieder sehen wirst – nie!"

„Du auch nicht", erwiderte er brutal.

Das arme Mädchen brach bei der unmännlichen Verspottung in Tränen aus, trocknete sie aber hastig aus und antwortete ihm stolz.

„Ich kann ihn in meinen Gedanken sehen, Sir", sagte sie empört, „und das ist alles, was ich mir wünsche – seine Fehler sind von Ihnen und nicht von ihm selbst verursacht worden. Ich verabschiede mich von Ihnen, Sir." und wünsche dir nur ein besseres Herz, damit du dich nicht über das Unglück anderer lustig machst.

Als sie die Tür hinter sich schloss, schämte sich Beaumont ziemlich, erholte sich aber bald von diesem Gefühl und setzte sich an den Tisch, um eine Nachricht an Reginald zu schreiben.

„Bah!" sagte er, während sein Stift schnell über das Papier fuhr. „Was kümmert es mich? Wenn er sich mit dieser Frau belasten möchte, kann er das tun. Ich glaube nicht, dass ich ihn in diesem Leben jemals wiedersehen werde, und ich möchte es auch nicht – meine Sache ist jetzt meine Liebe Sohn. Ich werde von ihm bekommen, was ich will, und dann können sie alle zum Teufel gehen.

Inzwischen war Cecilia ins Krankenzimmer zurückgekehrt, wo Miss Busky, ihrer blinden Freundin immer noch treu, am Bett des Kranken saß und zusah. Durch die weiß vorgehängten Fenster drang ein blasses, kränkliches Licht herein, das sich mit dem roten Schein des Feuers vermischte, und in dieser seltsam gemischten Dämmerung konnte man das Schimmern der Medizinflaschen auf dem runden Tisch neben dem Bett sehen, die tiefen Armlehnen. In der Nähe des Stuhls, auf dem Miss Busky saß, sah man das milchige Weiß der unordentlichen Bettwäsche und den gedämpften Glanz auf der Oberfläche der Möbel. Im ganzen Raum herrschte völlige Stille, die nicht einmal durch das Ticken einer Uhr unterbrochen wurde, und nichts war zu hören außer dem schweren Atmen des kranken Mannes.

Als Cecilia eintrat, stand Miss Busky leichtfüßig auf, ging zu ihrer Freundin hinüber und sprach mit gedämpftem Flüstern.

"Hast du ihn gesehen?" Sie fragte.

„Ja – er wird nicht hochkommen, Gott sei Dank! – Dr. Nestley ahnt nichts?"

„Nichts! – er schläft – lass mich dich auf den Stuhl setzen – ich gehe für ein paar Minuten raus."

Sie führte Cecilia vorwärts, und das blinde Mädchen sank in den Sessel; Dann setzte Miss Busky hastig ihren Hut auf und glitt schnell aus dem Zimmer. Cecilia saß am Bett und lauschte dem Atem des Kranken.

So still, so still – es hätte fast die Stille des Grabes sein können. Dann hörte man das leichte Prasseln von Regentropfen auf den Fenstern. Das Feuer war zu einem matten roten Schein versunken, und ein Stück brennender Kohle fiel mit einem eigenartig deutlichen Geräusch auf den Kotflügel. Nestley seufzte im Schlaf, bewegte sich unruhig und erwachte dann – eine Tatsache, die dem blinden Mädchen aufgrund ihres scharfen Gehörs sofort bewusst war.

„Cecilia", sagte der Kranke mit schwacher Stimme.

„Ich bin hier, Liebes", antwortete sie sanft. "Willst du etwas?"

Er streckte seine Hand aus und ergriff mit seinem schwachen Griff eine von ihr.

„Nur du – nur du – ich dachte, du hättest mich verlassen."

„ Still! – du darfst nicht viel reden", sagte sie und ordnete die Bettwäsche.

„Ich hatte einen Traum", flüsterte der Kranke ängstlich, „einen seltsamen Traum – dass ich in den Windungen einer Schlange war und zu Tode zerquetscht wurde. Doch plötzlich erschien eine Frau, und bei ihrer Berührung verschwand die Schlange und ich verschwand." frei. Die Frau hatte dein Gesicht, Cecilia.

„ Still! – sprich nicht mehr – du bist zu schwach – du bist jetzt in Sicherheit, und keine Schlange wird dich berühren, solange ich an deiner Seite bin."

"Du wirst meine Ehefrau sein?"

„Ich werde deine Frau sein", antwortete sie sanft. „Ich habe dich vom ersten Tag an geliebt, als ich dich traf, hätte aber nie gedacht, dass du mit so etwas Nutzlosem belastet werden würdest wie ich."

„Nicht nutzlos, Liebes. Wie konnte ich so dumm sein, deine Liebe vorher nicht verstanden zu haben? Gott sei Dank für diese Krankheit, die mir die Augen geöffnet hat. Du hast mein Leben gerettet – meine Seele."

Er hielt vor Erschöpfung inne, lag schweigend auf seinem Kissen und beobachtete den roten Glanz des Feuers, der auf dem blassen Gesicht des blinden Mädchens schimmerte. Ein großes Gefühl der Freude und Dankbarkeit überkam ihn, als er spürte, dass all das stürmische, stürmische Leben der Vergangenheit endlich vorbei war – und neben ihm saß die einzige Frau, die seine schwache Natur davor bewahren konnte, den Versuchungen der Vergangenheit nachzugeben Welt.

KAPITEL XXXVIII.

MATER DOLOROSA.

„Madonna, die immer
als Sinnbild der heiligen Mutterschaft gestanden hat, ich bitte dich, um
deines lieben Sohnes willen, nimm diesen Kummer aus meinem Busen.
Denn es gibt diejenigen mit wildem Zorn, die die Mutter durch das Kind
verletzten. Ich weiß dass du Mitleid mit mir haben wirst, denn dein Sohn
hing am Baum. Und als er starb, um zu retten und zu segnen, hilf mir, du,
in meiner Not.“

Nachdem er ein sehr schönes kleines Abendessen mit einer kleinen Flasche
Champagner als Würze beendet hatte, zündete sich Mr. Beaumont eine
Zigarette an und setzte sich bequem vor das Feuer, um auf Reginald Blake
zu warten. Er hatte dem jungen Mann geschrieben, seine Ankunft
angekündigt und ihn gebeten, anzurufen, sodass er keinen Zweifel daran
hatte, dass ihm ein Besuch zuteil werden würde. Nachdem er nun seinen
Aktionsplan aufgestellt hatte, lehnte er sich träge in seinem Stuhl zurück,
schmiedete Pläne für die Zukunft und baute Luftschlösser inmitten der
blauen Rauchspiralen, die von seinen Lippen aufstiegen.

Gegen sieben Uhr hörte er ein Klopfen an der Tür, und als Antwort auf seine
Aufforderung einzutreten, erschien eine Frau. Beaumont, der lediglich den
Kopf gedreht hatte, um Reginald zu begrüßen, war ziemlich erstaunt über
diesen unerwarteten Gast und stand auf, um zu sehen, wer es war. Sein
Besucher schloss vorsichtig die Tür hinter ihr und trat vor, so dass sie in den
Lichtkreis der Lampe auf dem Tisch kam, dann warf sie ihren Schleier zurück
und blickte die Künstlerin fest an.

"Geduld!"

„Ja, Patience“, antwortete sie und setzte sich auf einen Stuhl neben dem
Tisch. „Du hast nicht damit gerechnet, mich zu sehen?“

„Nun, nein“, antwortete Beaumont und lehnte sich träge gegen den
Kaminsims. „Ich muss gestehen, dass ich es nicht getan habe – aber wenn
Sie mit mir sprechen möchten, kann ich Ihnen sehr wenig Zeit ersparen, da
ich darauf warte …“

„Für Reginald?“ sie unterbrach sie schnell. "Ja, ich weiß, dass."

„Was für eine tolle Frau du bist! Wie hast du herausgefunden, dass ich hier bin?“

„Ich habe die Anweisung hinterlassen, dass ich über Ihre Ankunft informiert werden soll, da ich mit Ihnen sprechen möchte, bevor Sie unseren Sohn sehen.“

„In der Tat! Und worüber willst du mit mir reden?“

"Dein Brief."

„Ich denke, mein Brief war zu klar, als dass er einer weiteren Erklärung bedarf“, sagte er ungeduldig. „Ich habe dir meine Absichten gesagt.“

„Das haben Sie – und ich bin gekommen, um Ihnen zu sagen, dass sie nicht ausgeführt werden.“

"Ist das so?" sagte Beaumont mit einem höhnischen Grinsen. „Nun, wir werden sehen. Wer wird mich daran hindern, das zu tun, was ich will?“

"Ich werde."

„Wirklich – ich fürchte, Sie überschätzen Ihre Kräfte, meine liebe Patience. Sie sind zweifellos eine kluge Frau – eine sehr kluge Frau – aber es gibt Grenzen.“

„Wie Sie sehen, gibt es wirklich Grenzen“, erwiderte sie grimmig, „und diese Grenzen haben Sie überschritten. Glaubst du, ich werde zusehen, wie du meinem Sohn Geld auspressst?“

„Unser Sohn“, korrigierte er sanft. „Du vergisst, dass ich sein Vater bin. Was das Auspressen von Geld angeht, ist eine sehr unangenehme Art, es auszudrücken. Ich schlage einfach vor, an seinen gesunden Menschenverstand zu appellieren.“

„Setz dich“, sagte Patience plötzlich. „Ich möchte mit Ihnen sprechen.“

Beaumont zuckte mit den Schultern, dann schob er den Sessel zur Seite und setzte sich hinein, sodass er sie fair ansah, wobei er sein Gesicht jedoch mit gewohnter Vorsicht gut im Schatten hielt.

„Auf jeden Fall“, sagte er freundlich. „Ich gebe einer Frau immer dann den Gefallen, wenn es nichts bringt, etwas anderes zu tun. Mach weiter, mein lieber Freund, ich bin ganz im Zeichen der Aufmerksamkeit.“

Die Haushälterin beugte sich vor, stützte ihre Ellbogen auf den Tisch, und er konnte ihr fein geschnittenes, blutleeres Gesicht sehen, das im gelben Licht des Lampenlichts wie aus Marmor geschnitzt aussah, mit geweiteten Nasenlöchern. Ihre Lippen waren fest geschlossen und ihre schwarzen Augen funkelten vor unterdrückter Wut.

„Ich sehe, es wird ein Duell auf Leben und Tod", sagte er spöttisch und lehnte seinen Kopf gegen das Stuhlkissen. „Nun, das macht mir nichts aus, ich mag Duelle."

„Du bist ein Teufel!" sie platzte wütend heraus.

„Wirklich! Sind Sie den ganzen Weg gekommen, um diese Informationen weiterzugeben? Wenn ja, haben Sie Ihre Zeit verschwendet. Ich habe die gleiche Bemerkung schon so oft gehört."

Seine brutal kühle Art hatte eine wunderbar beruhigende Wirkung auf sie, denn nach diesem einen Wutausbruch schien sie ihren Zorn mit starker Willensanstrengung zu unterdrücken, lächelte verächtlich und sprach dann mit kalter, klarer Stimme.

„Hör mir zu, Basil Beaumont: Vor Jahren hast du mir den schlimmsten Schaden zugefügt, den ein Mann einer Frau zufügen kann – du hast mein Leben zerstört, aber dank meiner eigenen Klugheit gelang es mir, zumindest den äußeren Anschein einer reinen Frau zu bewahren, ohne Opfer zu bringen unser Sohn in irgendeiner Weise, aber glauben Sie, dass mich das nichts gekostet hat – glauben Sie, dass ich nicht bittere Schmerzen empfand, weil ich meinen eigenen Sohn verleugnen und meine mütterlichen Sehnsüchte unter dem Deckmantel einer Dienerin verschleiern musste? Das habe ich getan , nicht so sehr, um meinen eigenen guten Namen zu wahren, sondern vielmehr, um dem Jungen zu helfen. Ich wollte, dass er glaubte, er hätte kein Erbe der Schande, damit er zumindest Stolz und Selbstachtung empfinden konnte. Als ich die Belohnung für mein Opfer erhielt- - Als ich sah, dass mein Sohn mit seinem Los zufrieden war und Talente hatte, um seinen Weg in der Welt zu finden, bist du zum zweiten Mal heruntergekommen, um nicht mein Leben, sondern sein Leben zu ruinieren - das Leben eines unschuldigen Wesens, das es noch nie getan hatte Ich habe mich auf Ihre abscheuliche Verschwörung eingelassen, weil ich dachte, sie würde meinem Sohn nützen, und jetzt bereue ich bitterlich, dass ich das jemals getan habe. Dank der üblen Lüge, zu der Sie mich gezwungen haben, hat er ein Vermögen gewonnen, aber seine Selbstachtung verloren. Sie verstehen das Gefühl nicht, weil Ihr Herz all die Jahre von Bosheit durchtränkt war, aber bedenken Sie, was es unserem unglücklichen Kind angetan hat – es hat einen Schaden in sein Leben geworfen, den kein Geld, keine Position jemals beseitigen kann – seine Jugend starb in dem Moment, als ich ihm diese Lüge erzählte, und wessen Werk ist es – meins oder deins, Basil Beaumont? Meins oder deins?"

Sie hielt einen Moment inne, befeuchtete ihre trockenen Lippen mit der Zunge und sprach dann schnell und heftig weiter.

„Und jetzt, wenn das Schlimmste vorbei ist – wenn er fest im Besitz des Reichtums ist, dessen Gewinn ihn sein jugendliches Glück gekostet hat –, wenn er die Frau heiraten wird, die er liebt, die ihn trösten kann In gewisser Weise – Sie kehren zum dritten Mal wieder ruiniert zur Arbeit zurück – Sie verlangen Geld, um ein schändliches Geheimnis zu vertuschen – Sie würden ihm nicht nur sagen, dass er immer noch ein namenloser Außenseiter ist, sondern Sie würden ihm sein ganzes Geld wegnehmen ihn, ja, und nimm auch das Mädchen, das seine Frau sein soll – du würdest ihn als Armen zurücklassen – als Ausgestoßenen – als elendes Wesen ohne Selbstachtung, noch Reichtum, noch Trost. Ich flehe dich um meinetwillen an – um seinetwillen – um deinetwillen, um dies nicht zu tun – unser Verbrechen hat sein junges Leben schon zu sehr überschattet – sag ihm nichts mehr – geh von diesem Ort weg und gib ihm wenigstens eine Chance des Glücks.“

Bei den letzten Worten erhob sie sich und streckte mit feuchten Augen und einem flehenden Gesichtsausdruck flehend die Arme nach Beaumont aus. Der Künstler saß schweigend da, lächelte zynisch und hatte ein wildes Glitzern in den Augen, und als sie fertig war, brach er in lautes Lachen aus, als er ebenfalls aufstand und seine Zigarette brutal ins Feuer warf.

„Eine sehr hübsche Bitte von mir“, sagte er spöttisch, „und eine sehr nutzlose Bitte. Glauben Sie, dass mir seine oder Ihre Gefühle am Herzen liegen? – kein Fingerschnippen. Ich habe Reginald in Besitz genommen.“ des Garsworth- Anwesens, nicht um seiner selbst willen, sondern um meinetwillen. Wäre er weise gewesen und hätte sich von mir führen lassen, hätte er nicht mehr gewusst als jetzt. Wenn er mir das Geld gibt, das ich verlange, ist es das auch jetzt nicht Zu spät, aber ich werde ihn nicht verschonen, weder um seinetwillen noch um deinetwillen. Er wird bald hier sein und ich werde ihm alles erzählen. Wenn er mir also nicht gibt, was ich verlange, werde ich seinen Körper ruinieren und Seele."

Patience warf sich ihm zu Füßen und brach in Tränen aus.

„Um Gottes willen, Basil, verschone ihn.“

"NEIN."

„Er ist dein Kind.“

„Umso mehr Grund für ihn, mir zu helfen.“

„Hast du keine Gnade?“

„Keine – wenn es bedeutet, kein Geld zu bekommen.“

„Um meinetwillen verschonen Sie ihn.“

„Am wenigsten dir zuliebe.“

„Du hast vor, es ihm zu sagen?“

„Das tue ich. Sie können sich die Mühe ersparen, diese melodramatische Ausstellung zu machen. Ich werde keinen Schritt von der Position abrücken, die ich eingenommen habe. Ich will Geld, und ich habe vor, es zu haben.“

In einem Anfall wahnsinniger Wut sprang Patience auf und stand mit geballten Händen und leuchtenden Augen vor ihm.

„Hast du keine Angst, dass ich dich töte?“

"Kein Bisschen."

„Du trotzst mir.“

"Ich tue."

Sie holte tief Luft und schnappte sich ihre Handschuhe vom Tisch. Ihre Leidenschaft ließ unter seiner kühlen Brutalität nach, so wie eine stürmische See nachlässt, wenn Öl auf das Wasser gegossen wird.

„Sehr gut“, sagte sie kühl. „Ich werde Doktor Larcher alles erzählen und ihn dazu bringen, uns beide wegen Verschwörung anzuklagen. Ich werde auf der Anklagebank stehen und Sie neben mir.“

Beaumont lachte höhnisch.

„Ich habe keinen Zweifel, dass Sie auf der Anklagebank stehen werden“, sagte er mit Nachdruck, „aber nicht ich. Ich habe in dieser Angelegenheit nichts getan, Sie alles. Wer soll beweisen, dass ich den alten Mann hypnotisiert und die Papiere gefälscht habe? Reginald, der Erbe? – niemand. Wer soll beweisen, dass Sie Ihren Sohn fälschlicherweise als Erben ausgegeben haben ? – jeder. Sie sind der einzige Vertreter der Verschwörung, und ich werde die ganze Angelegenheit einfach leugnen. Es wird mir gehören Das Wort widerspricht dem Ihren, und mit so starken Beweisen, die gegen Sie vorgebracht werden können, schätze ich, dass Sie das Schlimmste davontragen werden.

Ein Ausdruck des Entsetzens huschte über das Gesicht der unglücklichen Frau, als sie sah, welch eine Kluft sich zu ihren Füßen öffnete. Es stimmte, was er sagte – sie war die Einzige, die gesprochen hatte –, allem äußeren Anschein nach war er überhaupt nicht in die Verschwörung verwickelt gewesen. Mit einem Schrei der Verzweiflung taumelte sie gegen die Wand und bedeckte ihr Gesicht mit den Händen. In diesem Moment war draußen Reginalds Stimme zu hören, und mit einer schnellen Bewegung sprang Beaumont vor und ergriff eines ihrer Handgelenke.

„Hier ist Reginald“, sagte er mit rauem Flüstern, „halte den Mund, sonst wird es noch schlimmer für dich. Ich möchte nicht, dass er dich sieht – versteck dich hier und schweige. Was ich vorhabe, wird es tun." hängen vom Ergebnis dieses Interviews ab."

Patience sagte nichts, da alle Willenskraft sie verlassen zu haben schien, sondern ließ sich zu einer Tür in der Wand ziehen, die mit einer Treppe verbunden war, die in den oberen Teil des Hauses führte. Beaumont schob sie hierher, schloss die Tür, kehrte dann schnell zum Kamin zurück und warf sich auf seinen Stuhl.

„Akt I. war ziemlich stürmisch", sagte er sich mit einem höhnischen Grinsen. „Ich frage mich, wie der zweite Akt aussehen wird."

KAPITEL XXXIX.

VATER UND SOHN.

Vater! – bist du mein Vater? – halte inne, guter Herr,
bevor du diesen heiligen Namen auf diese Weise entweihst. Ein Vater sollte
sein Kind beschützen und führen durch den rauen Tumult dieses lauten
Lebens, aber du hast diese vielen Jahre abseits gestanden und mich
verlassen Der Gnade der Welt ausgeliefert, mit all ihren Fallstricken und
ihrem verrückten Einfluss,
doch jetzt sagst du: „Ich bin dein Vater" – nein,
kein Name ist das für jemanden wie dich.

Beim Anblick dieses ruhigen, vom sanften Licht der Lampe erleuchteten
Raums hätte sich niemand die Szene des Schreckens und der Verzweiflung
vorstellen können, die sich kürzlich abgespielt hatte, doch als Reginald
eintrat, zeigte sein Gesicht einen etwas verwirrten Ausdruck.

„Wie geht es dir, Beaumont?" sagte er, als der Künstler mit einem offenen
Lächeln aufstand und seine Hand nahm. „Ich dachte, ich hätte einen Schrei
gehört."

"Hast du?" antwortete Beaumont und half seinem Besucher, seinen großen
Mantel auszuziehen. „Dann fürchte ich, ich muss geschlafen haben, denn ich
habe nichts gehört, nicht einmal dein Klopfen; das Öffnen der Tür hat mich
geweckt."

„Ich habe überhaupt nicht geklopft", sagte Reginald, setzte sich ans Feuer
und rückte seinen Stuhl näher an die brennenden Kohlen heran. „Ich hätte
es tun sollen, aber ich habe es vergessen und bin direkt hineingegangen – es
macht dir doch nichts aus, oder?"

„Überhaupt nicht, mein Junge, du bist herzlich willkommen", antwortete der
Künstler herzlich. „Wirst du rauchen?"

„Danke, ich habe meine Pfeife."

Er zündete sich seine Pfeife an und lehnte sich im Sessel zurück und
beobachtete das Feuer, während Beaumont, der sich nach vorne beugte, sein
Gesicht im Schatten hielt, an seiner Zigarette zog, Reginald beobachtete und
eine schweigsame Frau, die auf der dunklen Treppe hockte und den Blick auf
das Schlüsselloch richtete, zusah beide. Es war eine merkwürdige Situation
und nicht ohne einen Hauch düsterer Komödie, obwohl das Stück, das das

Trio aufführen wollte, tatsächlich mehr tragische als komische Elemente enthielt.

Reginald, der traurig und müde aussah, beobachtete einige Augenblicke das Feuer, bis Beaumont, der die Stille bedrückend empfand, sie mit einem Lachen brach.

„Wie furchtbar langweilig du bist, Blake", sagte er fröhlich, „ist irgendetwas nicht in Ordnung?"

Blake wandte seinen traurigen Blick vom Feuer ab und blickte den Sprecher mit einem einzigartigen Lächeln an.

„Nicht das, was viele Leute als falsch bezeichnen würden", sagte er schließlich. „Ich habe ein großes Einkommen, ich bin jung und ich heirate nächste Woche das Mädchen, das ich liebe."

„Nun, da du keinen dieser Segnungen als falsch bezeichnen kannst, mein Freund, solltest du vollkommen glücklich sein."

„Kein Zweifel – aber vollkommenes Glück wird keinem Sterblichen geschenkt."

„Sie sind noch sehr jung, um zu moralisieren", sagte Beaumont mit einem leichten höhnischen Grinsen.

„Ja, es scheint absurd, nicht wahr, aber ich kann nichts dagegen tun; seit ich die wahre Geschichte meiner Geburt erfahren habe, scheint ein Schatten auf mein Leben gefallen zu sein."

„Und warum – wer kümmert sich heutzutage schon um das Unheimliche in der Bar?"

„Nicht viele Leute, nehme ich an, aber ich tue es – ich wage zu behaupten, dass ich altmodisch erzogen wurde, aber ich spüre den Verlust meines guten Namens sehr – Reichtum kann Scham vergolden, nicht verbergen."

„Quatsch! Du bist bei diesem Thema krankhaft empfindlich."

„Zweifellos bin ich das – wie ich bereits sagte, es ist die Schuld meiner Erziehung – aber kommen Sie", fuhr er in lebhafterem Ton fort, „ich habe Sie nicht angerufen, um Ihnen meine düstere Stimmung aufzuzwingen, lassen Sie uns über andere Dinge reden." ."

„Zum Beispiel deine Ehe?"

„Sicher – die Ehe ist ein angenehmes Thema", sagte der junge Mann mit einem ruhigen Lächeln. „Wie ich Ihnen bereits sagte, heirate ich nächste Woche Miss Challoner und dann gehen wir für ein oder zwei Jahre ins Ausland."

„Und was ist in der Zwischenzeit mit Ihrem Eigentum?" fragte Beaumont.

„Oh, ich überlasse es meinen Anwälten, sich darum zu kümmern."

„Warum ernennen Sie mich nicht zu Ihrem Agenten?"

Blake errötete bei dieser direkten Bitte ein wenig und lächelte verlegen.

„Nun, ich weiß kaum, wie ich das schaffen soll", sagte er offen, „ich kenne Sie erst seit etwa drei Monaten, und außerdem habe ich vollkommenes Vertrauen in meine Anwälte, die die Immobilie verwalten, also bei allem gebotenen Respekt." Sie, Beaumont, ich muss es ablehnen, Sie zu meinem Agenten zu ernennen.

Er sprach etwas hochmütig, da ihn die kühle Art, in der Beaumont sprach, irritierte, aber dieser Herr schien keineswegs beleidigt zu sein und lächelte mild, als er antwortete:

„Wenn Sie mir auf diese Weise nicht helfen, geben Sie mir dann etwas Geld, sagen wir fünfhundert Pfund?"

"Sicherlich nicht!" erwiderte Blake hitzig und schob seinen Stuhl zurück, „Warum sollte ich so etwas tun? Wie ich bereits sagte, ich kenne dich erst seit drei Monaten – du warst so freundlich, mich einigen Freunden von dir in der Stadt vorzustellen, die darüber hinausgehen Freundschaft verlängert sich nicht – ich habe noch nicht erfahren, dass Herren von vergleichsweise Fremden Geldsummen verlangen."

„Sie müssen noch viele Dinge lernen", sagte Beaumont kühl, irritiert über den unabhängigen Ton des jungen Mannes, „und eines davon ist, dass Sie mir das Geld geben müssen, das ich verlange."

Blake sprang erstaunt über den gebieterischen Ton des Künstlers auf und sah ihn empört an.

"Muss!" er wiederholte wütend: „Ich verstehe das Wort nicht – welches Recht hast du, so mit mir zu sprechen ? – wenn du denkst, dass du es mit einem Narren zu tun hast, täuschst du dich gewaltig – ich lehne ab um Ihnen einen Sixpence zu leihen oder zu geben, und außerdem lehne ich Ihre Bekanntschaft von diesem Moment an ab.

Er schnappte sich seinen Mantel und zog ihn an, aber Beaumont, immer noch kühl und ungerührt, saß lächelnd in seinem Stuhl.

„Warten Sie einen Moment", sagte er langsam, „Sie sollten die Situation besser verstehen, bevor Sie diesen Raum verlassen."

Reginald Blake, der dem Künstler den Rücken gekehrt hatte, drehte sich mit einem gefährlichen Ausdruck in seinen dunklen Augen um.

„Ich verstehe die Situation vollkommen, Sir; Sie dachten, ich sei ein junger Narr, der, nachdem er zu Geld gekommen war, einfach genug war, Ihrem Falken die Rolle der Taube zu spielen."

Beaumont erhob sich bei dieser beleidigenden Rede langsam von seinem Stuhl und runzelte bedrohlich die Stirn, während die Frau, die sich hinter der Tür versteckte, das Paar katzenartig beobachtete und bereit war, einzugreifen, wenn sie einen Grund sah.

„Du solltest besser auf dich aufpassen, mein Junge", sagte Beaumont mit Bedacht. „Ich bin jetzt dein Freund, pass auf, dass du mich nicht zu deinem Feind machst."

„Glaubst du, dass mir deine Freundschaft oder deine Feindschaft völlig egal ist?" antwortete Blake mit größter Verachtung und musterte den Künstler von oben bis unten. „Wenn ja, irren Sie sich – was können Sie tun, um mir zu schaden, würde ich gerne wissen?"

„Dann wirst du es wissen – ich kann dich deines Reichtums berauben und dich arm zurücklassen."

„Kaum – da ich jetzt deinen wahren Charakter kenne und weder Würfelbox noch Karten anrühre."

„Es werden weder ein Würfelspiel noch Karten benötigt", antwortete Beaumont und zuckte angesichts dieses Heimstoßes zusammen. „Ich kann auf diese Hilfsmittel verzichten – und ich kann Sie auf Ihre frühere Position als armer Mann reduzieren und Ihre Ehe stoppen."

„In der Tat! Dann tu es."

Beaumont geriet durch die Kühle des jungen Mannes plötzlich in Wut und verlor die Beherrschung.

„Du trotzst mir!" zischte er und ging auf Blake zu. „Du wagst es, mir zu trotzen, du Armer – du Ausgestoßener – du Bastard!"

"Lügner!"

Im nächsten Moment hatte Reginald seine Hand auf Beaumonts Kehle gelegt, sein Gesicht war vor Wut verzerrt, als plötzlich Patience aus ihrem Versteck hervorsprang.

„Hör auf! Er ist dein Vater."

Blakes Griff lockerte sich, und sein Arm fiel an seine Seite, während Beaumont, der zurücktaumelte, in den Sessel fiel und mechanisch begann, seine durcheinandergebrachte Krawatte zu ordnen.

"Mein Vater!"

Es war Reginald, der mit dumpfer, langsamer Stimme sprach, sein Gesicht war gespenstisch blass und sein Blick war auf die kauernde Gestalt der Frau vor ihm gerichtet.

„Mein Vater! Ist das wahr?“

Patience versuchte zu sprechen, aber ihre Zunge konnte die Worte nicht formen, also antwortete Beaumont mit einem teuflischen Leuchten in den Augen für sie.

„Ganz wahr. Deine Mutter hat es dir gesagt.“

„Meine Mutter! Du?“

Der junge Mann schaute benommen von einem zum anderen, dann taumelte er mit einem keuchenden Schrei vorwärts und packte Patience am Arm.

„Hören Sie, was dieser Mann sagt?“ sagte er mit angespannter, unnatürlicher Stimme. „Dass er mein Vater ist – dass du meine Mutter bist! Ist es wahr – sag es mir – ist es wahr?“

"Es stimmt."

Ein Ausdruck des Entsetzens breitete sich auf seinem Gesicht aus, und als er sie von sich wegschleuderte, stürzte er mit einem Schmerzensschrei mit bleichem Gesicht und ausgestreckten Armen gegen die Wand.

„Mein Gott! Es ist wahr.“

Seine Mutter sah ihn einen Moment lang besorgt an, dann fiel sie auf die Knie und weinte bitterlich.

„Verachte mich – verfluche mich – verachte mich!“ sie weinte mit gebrochener Stimme. „Sie haben jedes Recht dazu. Ich bin Ihre unglückliche Mutter und er ist Ihr Vater. Ich habe gelogen, als ich sagte, Fanny Blake und der Squire seien Ihre Eltern. Ich habe auf Anraten Ihres Vaters gelogen, um Ihnen ein Vermögen zu verschaffen. Er hat es geplant die Verschwörung – ich habe sie ausgeführt.“

„Und ich bin von beiden getäuscht worden“, unterbrach Reginald grimmig und trat mit erhobener Hand vor, als wollte er sie schlagen. „Ich glaube das nicht – es ist eine Lüge! Du bist meine Krankenschwester.“

"Ich bin deine Mutter."

Die ruhige Art, mit der sie diese Behauptung aufstellte, ließ keinen Zweifel zu, und Reginald Blake zuckte vor der knienden Gestalt zurück, als wäre es eine Schlange gewesen.

"Meine Mutter!" er murmelte krampfhaft. „Großer Himmel! meine Mutter!“

Geduld sah, wie er vor ihr zurückschreckte, und eine große Welle der Verzweiflung erfasste ihre Seele, als sie sich auf den Knien vorwärts kämpfte und mit einem bitteren Schrei ihre Arme nach ihm ausstreckte.

„Oh, vergib mir – vergib mir!" sie jammerte. „Ich habe es zum Besten getan, das habe ich tatsächlich getan. Ich habe geleugnet, dass du mein Kind bist, um deinen guten Namen zu retten, und ich habe die Lüge über Fanny Blake nur geschworen, um dich reich zu machen. Scheue nicht vor mir zurück, meine Güte." Sohn, ich flehe dich an. Denke daran, wie ich all diese Jahre gelitten habe – wie ich mein Leben für dich geopfert habe. Hab Mitleid, Reginald, während du auf Gnade hoffst. Hab Gnade!"

Reginald Blake stand einen Moment still da, dann hob er sie mit einer gewaltigen Anstrengung unter Kontrolle und hob sie auf die Füße. Als er das tat, schaute sie ihm schüchtern ins Gesicht, sah darin aber kein Mitleid, keine Zärtlichkeit; nur der Blick eines Mannes, der unter Qualen leidet. Er setzte sie auf einen Stuhl und ging, ohne sie anzusehen, auf den Tisch zu.

„Bevor ich diese Geschichte glauben kann", sagte er mit harter Stimme, „bräuchte ich einen Beweis dafür. Nach dem Testament des Gutsherrn wurde das Eigentum der Person überlassen, die ein bestimmtes, von ihm verfasstes Papier und einen Ring vorlegte. Sie wurden beide in seinem Schreibtisch gefunden und an mich gerichtet. Wenn ich nicht der Sohn des Gutsherrn bin, wie konnte das passieren?"

„Das kann ich ganz einfach erklären", antwortete Beaumont und holte einige Papiere aus seiner Brusttasche. „Als ich vor ein paar Monaten hierher kam, hörte ich vom Wahnsinn des Gutsherrn bezüglich seiner Reinkarnation, und durch einen hypnotischen Schlaf erfuhr ich aus seinen eigenen Lippen, dass er beabsichtigte, sein gesamtes Eigentum einem fiktiven Sohn zu hinterlassen, der er selbst in einem neuen Körper sein sollte. Da er im hypnotischen Zustand unter meiner Kontrolle war, zeigte er mir, wo das Papier und der Ring versteckt waren. Ich holte sie aus ihrem Versteck und füllte das Papier mit deinem Namen und dem von Fanny Blake auf .Dann steckte ich den Ring und das Papier in einen Umschlag, den der Squire an Sie geschickt hatte, versiegelte ihn wieder, holte die Schlüssel zu seinem Schreibtisch und legte sie dort hinein, wo sie gefunden wurden. Verstehen Sie?"

„Ich verstehe; aber warum hat der Squire einen Umschlag an mich gerichtet?"

„Weil er dir helfen wollte und diesen Brief und diesen Scheck geschrieben hat, die er in einen Umschlag legte, den er dir von deiner Mutter geben sollte. Ich habe den Umschlag wie erklärt verwendet und den Brief und den Scheck bei mir behalten. Hier sind sie." gelten als Beweis der Wahrheit."

Reginald nahm die Papiere, die der Künstler auf den Tisch gelegt hatte, warf einen Blick darauf, steckte sie dann in die Tasche und wandte sich ab, nahm seinen Hut.

"Wo gehst du hin?" fragte Beaumont, alarmiert über seine Aktion.

Larcher aufsuchen und ihm alles erzählen", antwortete sein Sohn streng. „Welchen anderen Kurs kann ich noch belegen?"

„Um den Mund zu halten", sagte der Künstler eifrig. „Sicherlich bist du nicht so dumm, den Besitz eines Anwesens wie diesem aus reinem Ehrengefühl aufzugeben . Zahle mir ein bestimmtes Einkommen und ich werde meinen Mund halten. Deine Mutter wird um ihrer selbst willen schweigen, also nein." man wird die Wahrheit erfahren.

Reginald sah ihn mit unaussprechlicher Verachtung an.

„Glauben Sie, dass ich aus freien Stücken tiefer sinken werde, nachdem ich so tief in die Tiefe gefallen bin, wie Sie es getan haben?" sagte er in einem verächtlichen Ton. „Nein! Tausendmal nein. Ich würde dieses Eigentum keinen Tag mehr behalten, wenn es zehn Millionen im Jahr wären. Ich verstehe, was Ihr Plan war – mir mit Bloßstellung zu drohen, wenn ich Sie nicht zum Schweigen besteche. Sie haben sich geirrt Ich bin nicht so niedrig. Dieses Eigentum soll an seinen rechtmäßigen Besitzer zurückgehen, und Sie werden weder von ihr noch von mir einen Penny erhalten.

"Ich bin dein Vater."

„Du bist mein Vater – ja, Gott steh mir bei! Wenn ich diese Geschichte glauben darf, bist du mein Vater – ein Vater, den ich verachte und verabscheue. Ich stelle nur noch eine Frage: Bist du der Ehemann meiner Mutter?"

„Nein", sagte Beaumont mürrisch, „das bin ich nicht."

Reginald wurde etwas blasser und lachte bitterlich.

„Was habe ich getan, um so bestraft zu werden?" sagte er und hob schmerzerfüllt sein Gesicht. „Du hast mir den Reichtum genommen, den ich unrechtmäßig besaß, du hast mich meines guten Namens und meiner Selbstachtung beraubt, aber da Gott über uns steht, sollst du mich nicht in meinen eigenen Augen schändlich machen, indem du deinen bösen Willen tust." "'

Noch einen Moment und die Tür schloss sich, sodass Patience und Beaumont allein waren. Sie erhob sich von ihrem Sitz und nahm ihre Haube ab.

"Was werden Sie tun?" fragte Beaumont wütend, und seine ganze angeborene Brutalität zeigte sich nun, da die Maske fallen gelassen wurde.

„Ich werde heute Nacht hier bleiben", sagte sie und ging unsicher zur Tür, „und morgen werde ich nach London gehen und nie wieder zurückkehren."

„Was ist mit dem Gutshof?"

„Ich werde nie wieder zum Grange zurückkehren", antwortete die Frau langsam, „dort gibt es kein Zuhause für mich; du hast dein Schlimmstes getan, Basil Beaumont – dein Schlimmstes getan – und bist gescheitert."

Wieder schloss sich die Tür und Beaumont blieb allein zurück – allein mit seinen zerstörten Hoffnungen und seiner Verzweiflung.

„Gescheitert", murmelte er wütend und blickte ins Feuer. „Ja, ich habe es nicht geschafft, das Geld zu bekommen, aber ich werde es nicht versäumen, Reginald Blake dafür zu ruinieren; er glaubt, dass er immer noch die Erbin des Gutshofs heiraten wird; er kann beruhigt sein – er wird Una niemals heiraten." Challoner.

KAPITEL XL.

BEAUMONT SPIELT SEINE LETZTE KARTE.

Obwohl er dir wie ein Engel vorkommt

Lass ihn dein Herz nicht verführen,

Er ist ein Teufel aus einer seltsamen Hölle,

Unter seinem Lächeln lauert das Böse.

Rund um den alten Gutshof heulten die Winde düster, und jetzt, da das Tauwetter eingesetzt hatte, wurde die Traurigkeit des Ortes durch das unaufhörliche Tropfen des geschmolzenen Schnees noch verstärkt. Die toten Blätter im Park waren durchnässt und schwer, sogar so schwer, dass sie der scharfe Wind nicht bewegen konnte, der aus Rache die kahlen Äste der Bäume erschütterte oder trübselig durch die Ritzen und Ritzen des Parks pfiff altes Gebäude.

Una saß am Fenster des Salons , blickte in den schweren, grauen Himmel, zu dem die kahlen Bäume ihre dürren Arme emporreckten, und lauschte dem eintönigen Tropfen auf der Terrasse. Aber trotz der Trostlosigkeit und Einsamkeit des Ortes hätte ihr Herz sicherlich leichter und ihr Gesicht fröhlicher sein sollen, da sie in ein paar Tagen mit dem Mann vereint sein würde, den sie liebte. Aber der Schatten der trostlosen Landschaft ruhte auch auf ihrem Gesicht, und selbst das lebhafte Geschwätz von Miss Cassy über die Hochzeit konnte kein Lächeln in ihre traurigen Augen zaubern.

„Ich bin sicher, liebe Una, ich bin froh, dass du heiraten wirst", sagte Miss Cassy, die sich den Teewärmer auf den Kopf gelegt hatte, bevor sie das Zimmer verließ, „aber ich weiß wirklich nicht, was Du siehst so traurig aus – ganz wie ein Trauernder, weißt du – die trauernde Braut, wie er denn heißt – und dann bleibt Patience die ganze Nacht weg! Warum tut sie das? – Warum ! – Warum! – Sie hat es noch nie zuvor getan, und dann diese Briefe, die Sie heute Morgen bekommen haben, worum geht es darin? – Es ist alles so seltsam, ich weiß wirklich nicht, was daraus wird."

„Es läuft sehr gut, Tante", sagte Una mit einem schwachen Lächeln. „Patience blieb wegen des Sturms letzte Nacht die ganze Nacht im Dorf, und was diese Briefe betrifft, werde ich dir später alles darüber erzählen."

„Ja, das tun Sie, lassen Sie mich zumindest Ihr Selbstvertrauen teilen. Ich habe Sie mit Schürzen erzogen, wissen Sie, ganz wie mein eigenes Kind. Oh, ich wünschte, ich hätte eines. Warum habe ich kein Kind ? Jetzt weiß ich es." was du sagen wirst – Heirat natürlich – aber ich hatte nie die Chance, niemand wollte mich heiraten – so seltsam – ich hätte eine liebevolle Frau gemacht – ganz wie ein Efeu – wirklich ein klebender Efeu. Oh, wenn ich nur meine Eiche finden könnte."

Die kleine Dame flatterte unter Tränen aus dem Zimmer und ließ Una allein mit den Briefen auf ihrem Schoß zurück, während sie auf die trostlose Szene blickte. Sie seufzte traurig und stand, die Briefe zusammensuchend, von ihrem Stuhl auf, als in diesem Moment die Klingel an der Haustür klingelte. Una zuckte ängstlich zusammen und ihr blasses Gesicht wurde noch blasser, aber sie sagte nichts, sondern stand nur wie eine Statue mit einem erwartungsvollen Gesichtsausdruck am Fenster. Kaum hatte das harte Läuten der Glocke aufgehört, durch das Haus zu hallen, als Jellicks eintrat, sich auf Una zubewegte und mit zischendem Flüstern verkündete, dass Mr. Beaumont sie sehen wollte.

„Mr. Beaumont", murmelte Una und fuhr plötzlich zusammen, „was will er, frage ich mich? Ich sollte ihn besser sehen, es könnte etwas Gutes tun – etwas Gutes. Ja!" Sie sagte laut: „Ich werde ihn sehen; Jellicks , führen Sie Mr. Beaumont in diesen Raum."

Sie setzte sich wieder ans Fenster, als Jellicks verschwand, und kurz darauf öffnete sich die Tür, und Basil Beaumont stand mit abgezehrtem und grimmigem Blick vor ihr. Er verneigte sich, versuchte aber nicht, ihn herzlicher zu begrüßen, und sie deutete ihrerseits lediglich auf einen Stuhl in ihrer Nähe, auf dem er Platz nahm.

„Ich nehme an, Sie sind erstaunt, mich zu sehen, Miss Challoner?" sagte er nach einer Pause.

„Ich gestehe, ich bin ein bisschen", antwortete sie ruhig, „ich dachte, du wärst in London."

Garsworth gekommen ."

„In der Tat? Unser ruhiges kleines Dorf muss großartige Attraktionen haben, die Sie von London weglocken."

„Ich bin nicht ohne ein Ziel heruntergekommen, Miss Challoner", sagte er ernst, „ich habe eine Pflicht zu erfüllen."

„Gegenüber wem?"

extra aus London hergekommen, um dich zu sehen."

„Es ist sehr nett von Ihnen, dass Sie sich für mich so viel Mühe geben", sagte sie kalt und sah ihn scharf an. „Darf ich fragen, was diese Pflicht ist, auf die Sie anspielen?"

„Es ist die Pflicht eines ehrlichen Mannes gegenüber einer Frau, der Unrecht getan wird“, sagte Beaumont ruhig.

„Meinst du mich?“

„Ich meine dich selbst“, beteuerte er feierlich.

„Sie sprechen in Rätseln, Mr. Beaumont“, sagte Una und faltete die Hände. „Ich würde mich sehr freuen, wenn Sie sie erklären würden.“

„Sicherlich. Vor zwei Monaten ist Ihr Cousin gestorben und hat sein gesamtes Eigentum einem angeblichen Sohn hinterlassen, der sich als Reginald Blake herausstellte. Jetzt muss ich Ihnen mitteilen, dass Reginald Blake keinerlei Verbindung zu Squire Garsworth hat und daher das Eigentum übernommen hat ist ein Betrug.“

"Was meinen Sie?" sagte Una schnell. „Ich habe verstanden, dass Mr. Blakes Identität vollständig geklärt ist----“

„Ja, bei Patience Allerby “, unterbrach Beaumont schnell. „Sie sagte, er sei der Sohn von Fanny Blake und dem Squire, obwohl sie wusste, dass eine solche Aussage falsch war.“

„Wer sind dann Mr. Blakes Eltern?“

„Geduld, Allerby und ich.“

Una erhob sich mit wütender Farbe in den Wangen von ihrem Platz.

„Du – du Reginalds Vater – unmöglich!“

„Das ist vollkommen wahr“, antwortete er ruhig. „Patience Allerby kam vor vielen Jahren mit mir nach London, und als Reginald geboren wurde , verließ sie mich und kam hierher, um unseren Sohn unter einem anderen Namen großzuziehen. Wie Sie wissen, kam ich vor einiger Zeit nach Garsworth und sah sie noch einmal, aber sie bat mich, nichts zu sagen, also gehorchte ich ihr, aber jetzt, wo ich herausfinde, dass sie einen Betrug begangen hat, dessen Opfer Sie sind, beeile ich mich natürlich, es wiedergutzumachen.

„Wusste Mr. Blake, dass er nicht der Erbe war?“

„Das hat er von Anfang an getan“, behauptete Beaumont kühn. „Ich habe keinen Zweifel daran, dass seine Mutter ihm seine wahre Geburt erzählt hat , und da sie die Reinkarnationsmanie des Gutsherrn kannten, haben sie gemeinsam diese Verschwörung ausgeheckt, um Sie um das Eigentum zu bringen.“

„ Also hat Mr. Blake mich betrogen?“ sagte Una in einem unnatürlich ruhigen Ton.

„Ja, er hat Sie die ganze Zeit getäuscht. Ich habe keinen Zweifel, dass er alle gefälschten Dokumente vorbereitet hat, die seine Identität mit dem vermeintlichen Sohn bewiesen, und auf Ihre Liebe zu ihm gesetzt hat, dass er keine Strafverfolgung anstrengen würde, sollte etwas entdeckt werden. Ich bin froh, dass ich das getan habe." „Ich konnte dich rechtzeitig warnen. Du wirst ihn jetzt nie heiraten."

„Aber das Eigentum; glauben Sie, dass er das Eigentum behalten wird?"

„Er wird es versuchen, daran habe ich keinen Zweifel", sagte Beaumont ernst, „aber wenn Sie Ihren Fall erfahrenen Händen anvertrauen , habe ich keinen Zweifel daran, dass er seine Beute herausgeben muss."

„Aber an wen kann ich mich wenden?" sagte Una hilflos. "Ich habe keinen Freund."

Beaumont stand auf und näherte sich ihr.

„Ja, du hast eins – ich selbst."

"Du?" schrie sie und zuckte schaudernd zurück.

„Ja. Ich liebe dich leidenschaftlich, Una, und wenn du meine Frau wirst, werde ich dein Eigentum für dich zurückerhalten."

„Aber – dein eigener Sohn?"

„Ich verachte einen Sohn, der so handeln könnte wie Reginald. Ich kam hierher in der Erwartung, einen ehrenwerten Mann zu finden, aber stattdessen entdecke ich einen Schurken, einen Fälscher und einen Dieb."

„Ist alles wahr, was Sie gesagt haben?" murmelte Una und sah ihn direkt an.

„Alles wahr", antwortete er feierlich, „ich schwöre es."

"Du Lügner!"

Er zuckte verblüfft zurück, denn sie sah ihn an wie eine wütende Tigerin, mit roten Wangen und leuchtenden Augen.

"Wie meinst du das?" sagte er mit heiserem Flüstern.

"Bedeuten?" wiederholte sie verächtlich. „Das weiß ich alles, Basil Beaumont. Sehen Sie diesen Brief? Ich habe ihn heute Morgen von Ihrem unglücklichen Sohn erhalten, der mir das Eigentum zurückgab und Ihren gesamten schändlichen Plan enthüllte. Ich weiß, wer die Dokumente gefälscht hat – Sie! Ich." Ich weiß, wer gehofft hat, durch Reginald in den Genuss des Geldes zu kommen – Sie! Ich weiß, wer mit Lügen auf den Lippen kommt, um mich von dem einzigen Mann zu trennen, den ich liebe – Sie! Ja – Sie! Sie! Sie!"

Der verblüffte Intrigant stand nervös da und fingerte mit bleichem, mürrischem Gesicht an seinem Hut, da ihm all sein Mut vergangen war. So gemein, so feige, so verabscheuungswürdig sah er aus, als er vor diesem jungen Mädchen, das ihn wie eine inspirierte Pythonin überragte, an die Wand zurückwich.

„Sagen Sie mir, dass Reginald Blake von dieser niederträchtigen Verschwörung wusste", sagte sie verächtlich. „Sieht dieser Brief so aus? Sie sagen, er werde sich weigern, das Eigentum aufzugeben – in diesem Brief heißt es, dass er es aus freien Stücken aufgibt – und Sie haben die Unverschämtheit, mir gegenüber von Liebe zu sprechen. Sie – wer so schändlich ausgetrickst und verraten hat Patience Allerby – du verachtenswerter Hund!"

Er versuchte trotzig zu lächeln und versuchte, mit seinen weißen, zitternden Lippen ein Wort zu formen, aber beide Versuche scheiterten, und ohne sie anzusehen, schlich er zur Tür und sah aus wie ein geschlagener Hund.

„Ja, verschwinde wie der Feigling, der du bist", schrie sie verächtlich, „und verlasse Garsworth sofort, oder ich werde dich wegen deines schurkischen Verhaltens strafrechtlich verfolgen. Ja, obwohl du zwanzigmal Reginalds Vater warst."

„Ich habe seine Chance sowieso vertan", zischte er giftig.

„Sie haben nichts dergleichen verdorben", erwiderte sie hervorragend. „Glaubst du, ich glaube den Worten eines abscheulichen Dings wie dir gegen diesen Brief? Ich gehe heute zu Reginald Blake und werde mich und mein Vermögen in seine Hände legen – trotz deiner Unwahrheiten werde ich ihn heiraten, und er wird immer noch der Herr von Garsworth Grange sein – aber was Sie betrifft, verlassen Sie sofort das Dorf, oder ich werde Sie vertreiben lassen, wie Sie es verdienen – Sie Mistkerl!"

Er war weiß vor Wut und Scham, versuchte zu sprechen, aber mit einer gebieterischen Geste hielt sie ihn mit einem Wort zurück:

"Gehen!"

Er schlich sofort zur Tür hinaus, ein ruinierter und in Ungnade gefallener Mann.

KAPITEL XLI.

Das Herz einer Frau.

Wenn Dame Fortune am strengsten die Stirn runzelt,

Dann liebe ich dich am meisten,

Ich werde mich an dich klammern, mein Liebster,/ p>

Obwohl die Welt in Trümmer fällt.

Dr. Larcher befand sich in seinem Arbeitszimmer und unterhielt sich mit Reginald Blake, der neben dem Schreibtisch saß, den Kopf auf die Hand gestützt und den Arm auf dem Schreibtisch ruhend. Das Gesicht des guten Pfarrers war etwas getrübt, da er tiefes Mitgefühl für den unglücklichen jungen Mann hatte, und er versuchte, tröstende Worte an ihn zu richten, obwohl er spürte, wie schwierig es war, sich unter den gegenwärtigen Umständen fröhlich zu unterhalten. Reginald hatte diese zweite Entdeckung jedoch leichter aufgenommen als die erste, vielleicht weil er bereits so viel gelitten hatte, dass er nicht noch mehr leiden konnte. Auf jeden Fall war sein Gesicht, obwohl blass, vollkommen gefasst, und auf seinen Lippen lag ein Ausdruck der Entschlossenheit und in seinen Augen ein heiteres Leuchten, was Dr. Larcher große Befriedigung verschaffte .

„Ich muss sagen, mein lieber Junge", sagte er freundlich, „dass du großen Grund zum Kummer hast, aber du musst Widrigkeiten wie ein Mann ertragen, und ich bin sicher, dass das Ergebnis früher oder später für dein zukünftiges Leben von Vorteil sein wird." Wir alle spüren das, was Goethe „Welttrauer" nennt, und es ist das, was uns von der sorglosen Jugend zum nachdenklichen Mann verwandelt – Ihre Prüfung kam früher und war bitterer als die der meisten Menschen, aber glauben Sie mir, aus Dieses scheinbar böse Gute wird kommen; erinnern Sie sich an den Ausspruch des alten römischen Lyrikers *Perrupit Acheronta Herkules Arbeit* – die Zeit wird dir Erleichterung bringen, und wenn du mannhaft Widerstand leistet, wirst du auch in der Lage sein, diesen Acheron des Kummers und Schmerzes zu durchbrechen."

Reginald hörte dieser langen Rede aufmerksam zu und hob am Ende stolz den Kopf.

„Ich stimme mit allem überein, was Sie sagen, Sir", antwortete er ruhig, „und hoffe, von Ihrem Rat zu profitieren, aber Sie dürfen mich nicht für einen bloßen Schwächling halten, der kampflos nachgibt, wenn Prüfungen kommen. Nein, ich denke, Ihre Ausbildung hat es getan." Ich habe mehr gelehrt als das. Die Umstände meiner Geburt machen mir bitter zu schaffen, und weil ich Eltern habe, kann ich sie weder ehren noch respektieren, aber der schlimmste Schlag von allen ist, dass ich jede Hoffnung auf die Frau, die ich liebe, aufgeben muss – es ist sehr schwer , in der Tat, den Preis fast zu gewinnen und ihn dann ohne mein eigenes Verschulden zu verlieren."

„Ich glaube, Sie schätzen Una falsch ein", sagte der Pfarrer ruhig, „sie ist nicht die Frau, die sich so verhält – tatsächlich glaube ich, dass sie Sie jetzt, wo Sie das Unglück erlebt haben, noch mehr lieben wird als zuvor."

„Das hoffe ich, aber ich bezweifle es", antwortete der junge Mann düster; „Aber jetzt, da meine ganze Vergangenheit ruiniert ist, muss ich in die Zukunft blicken und versuchen, einen angesehenen Namen zu gewinnen – den ich jetzt nicht habe. Aber zuerst: Was soll ich mit meinen Eltern tun?"

„Was deinen Vater betrifft", sagte der Pfarrer nachdenklich, „ich glaube nicht, dass du ihn noch einmal sehen wirst, da er wahrscheinlich heute das Dorf verlassen wird – jetzt, da er nichts mehr von dir zu gewinnen vermag , wird er dich wahrscheinlich verlassen." allein – aber was deine Mutter betrifft, so ist dein Platz sicherlich an ihrer Seite."

„Aber schau, wie sie mich betrogen hat."

„Wenn sie sich geirrt hat, dann aus Liebe zu Ihnen", antwortete Dr. Larcher ernst, „und schließlich ist sie durch die Bande der Natur an Sie gebunden. Ja, Sie müssen sich um sie kümmern; aber was ist mit Ihnen selbst?"

„Ich werde nach London gehen und mit meiner Stimme ein Vermögen machen."

„Ihr letzter Aufenthalt in London hat zu keinem guten Ergebnis geführt", sagte der Pfarrer sanft zurechtweisend.

„Vielleicht nicht, aber wenn ich mich geirrt habe, dann mit meinem Kopf, nicht mit meinem Herzen. Mir ging es elend und ich habe versucht, meine Sorgen in Verschwendung zu ertränken, aber jetzt gehe ich unter ganz anderen Umständen in die Stadt – ein armer Mensch, wo ich einst reich war – – also wird meine einzige Zerstreuung jetzt harte Arbeit sein.

„Das ist richtig", sagte der Pfarrer anerkennend. „Ich freue mich, dass Sie das Unvermeidliche in einem solchen Geist akzeptieren – *Levius fit Patientia Quidquid korrigieren est nefas* .

„Das ist der einzige Geist, in dem ich die Zukunft akzeptieren kann", antwortete Reginald traurig, „da ich den Rest meines Lebens ohne Una verbringen muss."

„Wie ich bereits sagte, du tust ihr Unrecht; sie ist eine zu edle Frau, um dich zu verlassen, jetzt bist du in Schwierigkeiten.“

„Ich wünschte, ich wäre so sicher wie Sie“, sagte Blake, stand auf und ging auf und ab , „aber nach dem, was vergangen ist, habe ich Angst zu hoffen.“

In diesem Moment klopfte es an der Tür und gleich darauf trat Una Challoner ein. Sie sah in ihren dunklen Trauergewändern blass aus, aber in ihren Augen lag ein sanftes Leuchten, als sie auf Reginald ruhten, was den Pfarrer sehr tröstete.

„Willkommen, meine Liebe“, sagte er herzlich, erhob sich und nahm ihre Hand, „du hättest zu keinem glücklicheren Zeitpunkt kommen können. Reginald braucht dich sehr, deshalb werde ich euch beide zusammen lassen, und ich hoffe, ihr werdet es beweisen.“ David zu seinem Saul, um den bösen Schatten zu vertreiben, der auf ihm ist.

Als der Pfarrer gegangen war und die Tür hinter ihm geschlossen hatte, stand Una schweigend da und sah Reginald an, der sich wieder gesetzt hatte. So traurig, so verzweifelt war seine Haltung, dass sich die ganze Liebe ihres Herzens ihm zuwandte, und als sie sanft auf ihren Geliebten zuging, berührte sie seine Schulter.

„Reginald.“

„Ja“, sagte er und richtete seinen schweren Blick auf ihr Gesicht. „Was ist los? Bist du gekommen, um mir Vorwürfe zu machen?“

„Was soll ich dir vorwerfen, mein armer Junge?“ fragte sie zärtlich und kniete neben ihm. „Was hast du getan, dass ich mit harten Worten zu dir kommen sollte?“

„Du bist eine gute Frau, Una“, sagte Blake traurig und legte ihr liebkosend die Hand auf den Kopf, „aber ich denke, selbst deiner Nachsicht sind Grenzen gesetzt.“

„Was für einen Unsinn du redest“, sagte sie leichthin. „Ich verstehe alles – du bist nicht für die Sünden deiner Eltern verantwortlich.“

„Ich kann dich jetzt nicht heiraten“, antwortete er mit leiser Stimme. „Ich kann dir nichts bieten außer Armut und einem entehrten Namen.“

„Sie können mich selbst anbieten“, sagte Una mit einem Lächeln, „und das ist alles, was ich will. Was Ihren entehrten Namen betrifft, vergessen Sie, dass Sie ihn aufgegeben haben – Ihr Name ist jetzt Reginald Garsworth .“

„Das war es, aber ich gebe es mit dem Eigentum ab.“

„Das sehe ich kaum, da es keine Frage der Kapitulation gibt. Ja“, fuhr sie fort, als sie das Erstaunen in seinem Gesicht sah, „die Dinge werden genau so bleiben, wie sie sind. Du wirst immer noch der Titelherr des Herrenhauses sein, und wir werden diese Verschwörung Ihrer unglücklichen Eltern betrachten, als hätte es sie nie gegeben.“

„Unmöglich“, murmelte er. „Ich kann Ihnen Ihr Eigentum nicht rauben.“

„Sag ich dir nicht, dass es keinen Raub gibt?“ sie antwortete schnell. „Als Mann und Frau werden wir das Eigentum gemeinsam teilen, daher besteht für Sie keine Notwendigkeit, auf das zu verzichten, was Ihnen durch die Heirat bald zurückkommmt.“

„Ich hatte alle Hoffnung auf eine Heirat aufgegeben!“

„Ah! Du weißt nicht, wie entschlossen ich bin, wenn ich mir etwas in den Kopf setze“, sagte sie spielerisch. „Wir werden nächste Woche heiraten, und Sie behalten das Eigentum, als ob nichts passiert wäre. Niemand außer Ihren Eltern kennt die Wahrheit über die Angelegenheit, und sie werden nicht sprechen.“

„Mein Vater wird es tun, ich kenne seine rachsüchtige Natur.“

"Dein Vater!" wiederholte sie verächtlich. „Sprich nicht mit diesem Namen von Basil Beaumont. Er war kein Vater für dich, und was das Sprechen betrifft, kannst du beruhigt sein. Er hat mich heute Morgen besucht, und ich habe bald alles geklärt.“

„Er hat dich besucht?“

„Ja, er hat eine Menge Lügen im Munde, aber ich habe gedroht, ihn strafrechtlich zu verfolgen, wenn er das Dorf nicht verlässt, also glaube ich, dass er inzwischen nicht mehr in der Nachbarschaft ist . Machen Sie sich keine Sorgen, meine Liebe, Beaumont wird durchhalten.“ seine Zunge um seiner selbst willen.“

"Und meine Mutter?"

„Ich habe im Vorbeigehen bei Kossiter vorbeigeschaut“, antwortete sie, „und festgestellt, dass deine Mutter heute Morgen nach London gefahren ist. Wir müssen sie finden und ihr etwas Geld zum Leben geben, denn was auch immer sie übernommen hat.“ Diese Verschwörung geschah aus Liebe zu dir.

„Genau das, was Dr. Larcher gesagt hat.“

„ Sie sehen also , dass alles geklärt ist“, sagte sie freudig und erhob sich von ihren Knien, „wir werden nächste Woche heiraten und Sie werden der Herr von Garsworth Grange sein.“

Reginald war von ihrem edlen Verhalten zutiefst berührt, er erhob sich und umarmte sie liebevoll.

„Sie sind eine edle Frau“, sagte er mit Tränen in den Augen, „aber kann ich dieses Opfer annehmen?“

„Warum willst du so ein Wort verwenden ? – Es gibt kein Opfer bei dem, was ich für den Mann tue, den ich liebe.“

„Denken Sie daran, dass ich Ihnen nichts mitbringe.“

„Du bringst mich selbst mit, das ist alles was ich will. Lass die Vergangenheit vergessen. Wenn wir verheiratet sind, wirst du alle Probleme vergessen, die du hattest.“

Er küsste sie lächelnd.

„Du bist mein guter Engel“, sagte er einfach.

KAPITEL XLII.

DER ANFANG EINES NEUEN LEBENS.

Auf dem Berg liegt nur das Mondlicht.
Schwache Schatten verschleiern den westlichen Himmel. Auf jedem Strom
schimmert das Sternenlicht. Und alles ist Geheimnis und Träume. Aber
jetzt faltet die Nacht ihre düsteren Flügel.
Die Lerche, die sein Morgenlied singt, Ein rosiges Licht erstrahlt über dem
Rasen, Und siehe da! in Pracht bricht die Morgendämmerung an.

Es war etwa ein Jahr her, seit Una und Reginald geheiratet hatten, und sie
standen auf der Terrasse ihres Hotels in Salerno mit Blick auf das Meer. Tief
unten lag der blaue Ozean mit seinen weißen Wellen, die sich an einem Ufer
brachen, das sich in einer Kurve um den Fuß der hohen Berge erstreckte,
deren Gipfel sich deutlich vom opalfarbenen Himmel abhoben. Und was für
ein wunderbarer Himmel es war, denn die untergehende Sonne hatte den
reinen Äther in herrlichste Farben getaucht . Große goldene Wolken im
Westen, die einen Baldachin über dem unerträglichen Glanz der
untergehenden Sonne bildeten, verschmolzen zu einem zarten Rosa , das sich
beim Aufstieg zum Zenit unmerklich in ein kaltes, klares Blau auflöste, aus
dem einige Sterne hervorlugten. Auf dem Meer waren einige Boote mit
breiten Segeln unterwegs, und das junge Paar auf der Terrasse konnte hin
und wieder die schrille Stimme eines Minnesängers hören, der zu den
scharfen Tönen der Mandoline ein beliebtes italienisches Lied sang.

Es war eine wunderbar malerische Szene, die das Auge eines Künstlers
entzückt hätte, aber Mr. und Mrs. Garsworth , die sich über die Terrasse
beugten, blickten nicht auf die Pracht von Meer und Himmel, sondern waren
mit Lesen beschäftigt Andere hörten sich einen Brief an, der sie anscheinend
sehr interessierte.

Sie waren viele Monate lang ziellos über den Kontinent gewandert und hatten
alle möglichen altmodischen Städte mit ihren Schätzen vergangener Zeiten
erkundet. Sie hatten die Pracht der Alhambra in Granada bestaunt , den
strahlenden Glanz des Pariser Lebens genossen, waren durch ruhige
Schweizer Täler unter dem weißen Gipfel des Mont Blanc gewandert, hatten
die Wagnerfestspiele in Bayreuth gesehen und in den engen Gassen von Paris
vom Mittelalter geträumt Nürnberg und Frankfurt. Als sie dann nach Süden
kamen , hatten sie mit entzückten Augen das weiße Wunder des Mailänder
Doms erblickt, verzauberte mondhelle Stunden in den palastseitigen Kanälen

von Venedig verbracht, waren inmitten der beeindruckenden Ruinen der Ewigen Stadt faulenzend und nachdem sie den rauchenden Kamm des Vesuvs über dem Meer aufsteigen sahen Er verbrachte einige Tage in der wunderbaren Bucht von Neapel in Salerno, dieser wunderbar malerischen Stadt, die dem Schüler von Longfellow Erinnerungen an Elsa und ihren fürstlichen Liebhaber wachruft.

Reginald war vollkommen glücklich. Er hatte zwar alle fröhliche Sorglosigkeit der Jugend verloren, aber an ihrer Stelle hatte er die tiefere Freude gefunden, die aus einem großen Kummer erwächst. Es gab nie eine hingebungsvollere Frau als Una und keinen ergebeneren Ehemann als Reginald, und der bittere Kummer, der ihnen beiden gezeigt hatte, wie aufrichtig sie einander liebten, hatte gute Früchte getragen, denn sie hatten gelernt, einander zu vertrauen, zu lieben und zu ehren so implizit, dass nie ein Schatten zwischen ihnen auftauchte, der ihr Eheleben verdunkeln könnte. In Salerno hatten sie jedoch einen Brief von Miss Cassy gefunden, die für Garsworth Grange zuständig war , in dem sie alle Neuigkeiten mitteilte und sie aufforderte, wieder nach Hause zurückzukehren. Die Bitte war auch nicht unwillkommen, denn nun, da seine Herzwunde einigermaßen geheilt war, begann Reginald der leuchtenden Landschaften Südeuropas überdrüssig zu werden und sich nach dem kalten nördlichen Land zu sehnen, das unter seinen Nebeln und Regen so frisch und grün war.

Una las den Brief und Reginald, die Arme auf die Balustrade des Balkons gestützt, blickte gedankenverloren auf die fantastische Pracht der Szene vor ihm und lauschte gespannt den Nachrichten, die ihm die langen Sumpfgebiete, das trostlose Grange usw. so lebhaft vor Augen führten das ruhige Dorfleben von Garsworth .

„Ich wünschte, Sie würden zurückkommen, Una", schrieb Miss Cassy, die übrigens genau das schrieb, was sie sagte, „es kommt mir so seltsam vor, wie lange Sie weg waren. Ihren Anweisungen zufolge war es der Grange." Wunderschön hergerichtet, und ich bin sicher, Sie werden sehen, wie mein Geschmack es verbessert hat. Es ist jetzt kein bisschen trist, sondern hell und heimelig, und ich bin sicher, Sie und der liebe Reginald werden es lieben, wenn Sie es wiedersehen. I Ich werde so lange warten, um von deinen Reisen zu hören – Rom und Santa Lucia, weißt du – es ist ein Lied, nicht wahr –?"

Seltsamerweise brach der unsichtbare Minnesänger unten, während Una dies las, mit seinem charmanten Refrain in die wohlbekannte Melodie ein. Reginald und Una sahen einander an und lachten.

„Was für ein wunderbarer Zufall", sagte Reginald und spähte über den Balkon, um den Musiker zu sehen; „Wenn wir das Miss Cassy erzählen würden , würde sie es nicht glauben; aber egal, fahren Sie mit dem Brief fort."

neulich einen Brief von Dr. Nestley bekommen", las Una. „Natürlich wissen Sie, dass er Cecilia Mosser geheiratet hat und nach Hause in sein eigenes Haus in eine Stadt im Norden gegangen ist – ich habe ihren Namen vergessen. Er ist jetzt ziemlich geläutert und ein ausgezeichneter Ehemann. Ich habe gehört, er macht einen Sie haben viel Geld, und Cecilia ist Organistin in einer Kirche dort oben. Erinnern Sie sich, wie schön sie gespielt hat?

„Ich bin froh, dass sie glücklich sind", unterbrach Reginald herzlich. „ Das Leben des armen Nestley wurde von meinem geizigen Vater beinahe ruiniert."

„Ich sehe, dass Tante etwas über ihn sagt", sagte Una schnell. „Sie schreibt: ‚In dem Brief, den ich von Dr. Nestley erhalten habe , sagt er, er habe gehört, dass Mr. Beaumont – erinnern Sie sich, Una? – der in Garsworth geblieben ist – ein charmanter Mann – in Amerika ist und geheiratet hat eine sehr reiche Dame.'"

„Ich wünsche ihr Freude an dem Geschäft", sagte Reginald grimmig. „Ich nehme an, er hat meine arme Mutter ganz vergessen."

„Macht nichts, Liebes", antwortete Una. „Ich bin sicher, deine Mutter ist jetzt viel glücklicher."

„Als Schwester der Barmherzigkeit", sagte Reginald nachdenklich, „in den Slums von London herumstöbern. Es ist ein seltsames Leben für sie."

„Ich glaube, sie hatte schon immer eine solche Neigung", antwortete Una seufzend; „Und es wird sie die Vergangenheit vergessen lassen."

„Ich wünschte, sie würde etwas Geld annehmen, um es ihr bequemer zu machen."

„Ich glaube nicht, dass sie das tun wird", sagte Mrs. Garsworth und faltete den Brief zusammen. „Aber wenn wir wieder zurückkehren, gibt sie vielleicht London auf und kehrt nach Garsworth zurück ."

„Ich fürchte nicht", antwortete Reginald ernst. „Meine Mutter ist eine Frau mit starkem Willen, und sie glaubt, eine Sünde zu sühnen, also wird sie dort bleiben und arbeiten , bis sie stirbt. Nun, was sagt Miss Cassy sonst noch?"

„Nichts Besonderes", antwortete Una und steckte den Brief in ihre Tasche. „Mrs. Larcher arbeitet immer noch unter ‚The Affliction'. Dr. Larcher war in London, um an einem archäologischen Treffen teilzunehmen. Dick Pemberton ist wegen seines Geldes hierhergekommen und hat, wie Tante denkt, die Idee, Pumpkin zu bitten, seine Frau zu werden."

"Kürbis?" wiederholte Reginald schockiert. „Nein, Una, du vergisst – Eleanora Gwendoline."

Sie lachten beide und Una fuhr fort, die Neuigkeiten zu verkünden.

„ Jellicks und Munks geht es beiden gut, und Ferdinand Priggs wird einen neuen Gedichtband herausbringen."

„Ist er das wirklich?" sagte Reginald leichthin. „Macht mir die unglückliche Öffentlichkeit nicht leid! Aber all diese Neuigkeiten machen mir Heimweh, Una."

„Mir geht es genauso", antwortete sie, stand auf und schlüpfte in den Arm ihres Mannes. „Lass uns wieder nach Hause gehen."

„Ja, ich denke, das werden wir", sagte Reginald nach einer Pause, „es macht mir nichts aus, in Garsworth zu leben , jetzt bist du bei mir, Una."

„Und was ist mit deiner Stimme?" sagte sie spielerisch. „Deine wundervolle Stimme, die dir ein Vermögen einbringen würde?"

„Ah, das ist ein Traum der Vergangenheit", sagte er halb traurig. „Ich werde mich als normaler Landjunker einleben, Una, und der einzige Einsatz meiner Stimme wird darin bestehen, dir Lady Bell vorzusingen."

Dann legte er seinen Arm um sie und sang die letzte Strophe der urigen alten Ballade:

„My Lady Bell, in Goldbrokat,
sah nicht so schön und süß aus wie eine Magd, als damals, in einem
leinenen Wollkleid ,
verließ sie die laute Stadt aus Liebe."

Seine Stimme klang reich und voll in der sanften Dämmerung, während der Minnesänger unten aufhörte zu spielen, als er das Lied durch die schattige Luft schweben hörte. Die Sonne war im Meer versunken und die Sterne leuchteten strahlend. Ein langer Streifen aus leuchtendem Licht erstreckte sich am Rande des Horizonts, und die Luft war voller Schatten und dem Duft unsichtbarer Blumen.

"Sehen!" sagte Reginald und zeigte auf das Lichtband, „es ist wie die Morgendämmerung."

„ Ja! – der Beginn eines neuen Lebens für dich und für mich, Liebes", flüsterte sie; und dann wanderten sie durch die Schatten über die Terrasse, mit dem heiseren Rauschen des fernen Meeres in ihren Ohren, aber in ihren Herzen mit den neugeborenen Gefühlen der Freude und Zufriedenheit.

DAS ENDE.